The Monstrous,
the Wondrous and the Human

IMAGINARY ANIMALS

神獸、怪物與人類

Boria Sax

伯利亞・薩克斯 ～著　顏冠睿～譯

獻給龍！

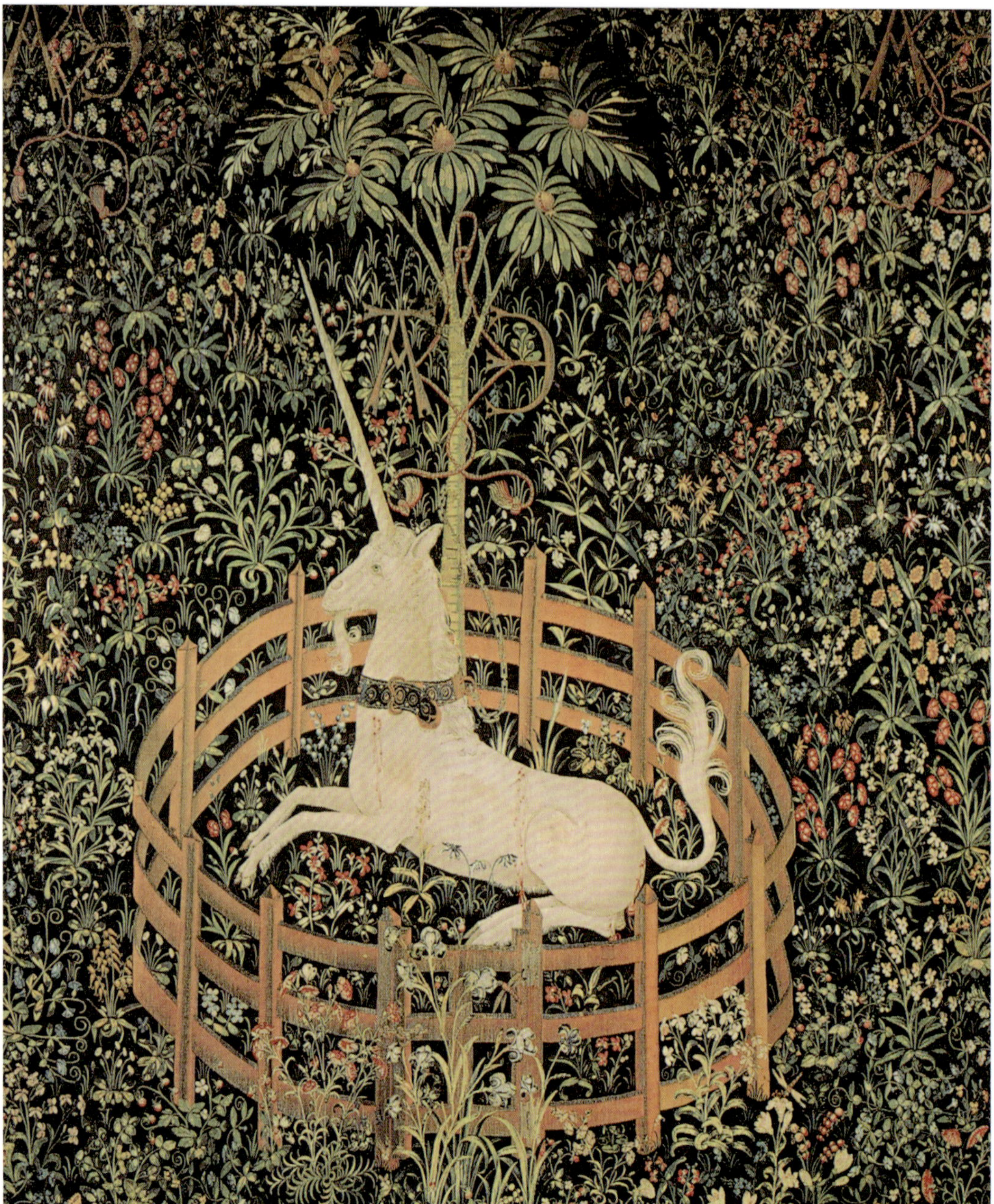

CONTENTS

第一章	真實的獨角獸	007
第二章	與動物相遇	023
第三章	什麼是「幻想動物」？	037
第四章	幻想的真實動物	053
第五章	真實的幻想動物	079
第六章	怪物	095
第七章	珍奇異獸	131
第八章	水屬性生物	163
第九章	火屬性、風屬性生物	187
第十章	地屬性生物	209
第十一章	變形生物	221
第十二章	機械生物	237

結論	249
參考資料	257
延伸閱讀	267
致謝	269
圖片來源	270

貝爾圖赫（F. J. Bertuch）所著《兒童故事書》（暫譯，*Bilderbuch für Kinder*，1801 年）中的寓言生物。較常見的神秘生物包含：圖 1，大鵬（洛克鳥）、圖 2，雞蛇、圖 3，不死鳥（芬尼克斯）、圖 4，獨角獸、圖 5，植物羊、圖 6、龍形生物。

第一章
真實的獨角獸

現在我終於相信，
世上真有獨角獸；在阿拉伯半島上，
有一棵樹，是不死鳥的御座，不死鳥正在那裡統治著。
　　　　——莎士比亞，《暴風雨》（*The Tempest*）（第三幕，第三場）

在十七世紀初期，知識分子普遍懷疑獨角獸是否真實存在。而愛德華‧托普塞爾（Edward Topsell）牧師在 1658 年的著作《四足野獸、巨蛇與昆蟲的歷史》（暫譯，*History of Four-footed Beasts and Serpents and Insects*）一書中，對於懷疑論者有以下評論：

> 對於真正的獨角獸，世界上還有更多的相關證據，但由於它的角極為高貴，人們始終心存懷疑。對我來說，人類內在的墮落本質中，藏有一些敵人，不斷遮蔽人類見到上帝的眼睛，使他的子民無法看見，並相信上帝的偉大作為。[1]

這裡的語法有點混亂，但該作者其實是在控訴懷疑論者都是無神論者，甚至可能是受到魔鬼力量的影響。

事實上，托普塞爾本身是相對比較開明的人，也從來不會參與任何獵巫行動。他這樣指責別人可能主要是為了自保，避免有人說他在搞個人的偶像崇拜。托普塞爾寫書的時空背景正好是英國與歐洲大陸宗教衝突最激烈的時期。作為英格蘭教會（Church of England）的神職人員，他相信自己可以在超越教義的普世語言，也就是在整個自然界中，找到來自上帝的引領。

托普塞爾從未表示自己是個自然學家，但他曾透過古書研讀動物的相關知識，為了找尋其中的道德範例；而這些古書大多來自基督教盛行之前。舉個例子，他在著作的獻辭中提及：「年幼的鸛鳥或啄木鳥會餵養並照顧自己年邁的父母；對自己雙親不孝或是不知感恩的人，如果讀到這些鳥類的故事，有誰能夠不後悔，並且改過自新，讓自己變得更有情感呢？」[2] 他還高舉螞蟻做為產業的楷模；獅子則是堅毅不搖的象徵；鶇鶉代表著勇氣。他從自然界中找到許多典範，大多都是道德上或實務上的案例，而無關宗教。但仍有例外，像是捕捉獨角獸的故事情節早已成為基督誕生、受難與受刑的象徵，兩者關係密不可分。

許多早期的神學家也都曾提過獨角獸，並將獨角獸收錄至一本名為《博物學者》（*Physiologus*）的通俗作品當中，該書很有可能是亞歷山卓的狄多摩斯（Didymus）在西元二世紀末完成付梓。根據《博物學者》

獨角獸，出自瑞士博物學家康瑞・蓋斯納（Conrad Gesner）的《動物誌》（*Historia Animalium*，1551年），雖然這張圖出自自然史書籍，但這隻獨角獸卻擺出一種尊貴的使者姿態。

的記載，獨角獸沒辦法透過蠻力捕捉，雖說如此，它卻願意低下頭，依偎在保有童貞的處女腿上，並且自願追隨處女的帶領。作者顯然是透過處女代指聖母瑪利亞，獨角獸則象徵著基督；作者還寫道：「獨角獸是侯國、權力、皇室或是王座都無法真正理解的生物，就連地獄也無法將它束縛。」[3] 教宗哲拉旭一世（Pope Gelasius I）看不慣這種將動物神化的行為，因而在 496 年譴責處女與獨角獸的故事，將其視為異端，並將《博物學者》納入教會的禁書列表當中，但是該故事卻在社會上持續流傳，知道的人越來越多。事後，不但有許多人抄寫、複製《博物學者》一書，甚至還有人將該書的內容擴增並整合到其他的書籍當中；到最後，書中的自然歷史道德思想變得極為重要，成為中世紀動物寓言故事集的基礎，並在十一世紀左右不脛而走、蔚然成風。

獨角獸的象徵意義在中世紀的歐洲扮演要角，甚至比這種動物是否真實存在還來得重要許多。人們認為整個自然界就是由寓言所組成，上帝會透過這些寓言向世人揭露他的神蹟。而中世紀動物寓言故事集的作者也不在乎這些關於動物記載的故事，他們只專注於闡述其中的象徵意義而已。獨角獸的傳說不僅反映出傳統基督教的思想，還代表著騎

《純潔少女捉捕獨角獸》（Virgin Capturing a Unicorn），擷取至十二世紀歐洲動物寓言故事集之插圖。我們無法判斷圖片中的少女是在呼喚拿著武器的男子，還是正試圖保護該獨角獸。

出自於1495至1505年間，法蘭德斯地區的獨角獸掛毯。圖中獨角獸的側邊被長矛刺傷，狀況與基督的傷口十分神似；脖子上的冬青花環則令人想起基督的荊棘王冠。圖片左邊伸手指著獨角獸的男子似乎正暗示著這隻動物即將復活。

士精神的實踐，特別是針對宮廷愛情的描摹（譯按：宮廷愛情意指中世紀歐洲的高貴騎士向貴族女子表達愛慕之意，通常都是地下戀情）。人們普遍認為騎士應該要跟獨角獸一樣，在戰場上叱吒風雲、無所畏懼；在面對心上人的時候，則永遠展現溫柔的一面，並無私地替她服務。

早期動物寓言故事集當中的寓意都相對簡單，舉例來說：鷹鷲並不會接受不敢直視太陽的小鷲鳥，就如同上帝會拒絕任何不能承受神聖光芒的子民。漸漸地，這些延伸出來的譬喻方式變得越發複雜、模糊不清、甚至還增添一絲神秘色彩。因為這類觀念不斷疊加，最終在韋爾特伊掛毯（Verteuil tapestries）中達到巔峰，這部作品又稱為「獨角獸掛毯」（Unicorn Tapestries），創作時間約為十五世紀末，目前存放在紐約大都會美術館的分館——修道院藝術博物館。該圖描繪出一位純真的少女和獵人正在進行捉捕獨角獸的殘忍工作，並將其視為一種莊嚴的儀式；整個過程有點像是彌撒，他們知道自己都是罪人，同時也意識到這樣違背上帝是必要之舉，這麼做都是為了懺悔，並且得到最終的救贖。中世紀晚期與文藝復興時期的畫作中，曾有作品描繪出一位保有貞節的少女將一隻遭殺害的獨角獸抱在膝上，與《聖殤》（Pietà）十分相似，描摹聖母瑪利亞抱著已逝世基督肉體的場景。

但是，這類的寓意真的有必要嗎？我們知道，其目的絕對不是要向未受教育的文盲百姓解釋基督的故事，因為寓意的內容跟原先的故事一樣複雜；這樣的故事設計更像是要

IMAGINARY ANIMALS

《視覺》（Sight），六幅代表感官的掛毯系列作品之一，約 1480 至 1500 年在布魯塞爾或是法國北部地區製作而成。鏡子是古羅馬女神維納斯的經典特色，在近代早期的作品當中，通常也作為女性虛榮的象徵，但這裡恰好與傳統相反，圖中的女子並沒有凝視著鏡中的自己；她反而是將鏡子放在獨角獸面前，並讓獨角獸把前腳放在自己的腿上。這部作品與其它同系列掛毯中的複雜寓意目前尚未有明確的解釋。然而，有一理論表示，該獨角獸象徵著該名女子已逝世的愛人，但她仍然決意對其永保忠貞、至死不渝。

第一章 真實的獨角獸

《獨角獸的自我防衛》(The Unicorn Defends Itself)，出自 1495 至 1505 年在布魯塞爾或法國北部地區的獨角獸掛毯。圖中受傷的獨角獸象徵著基督，而周遭的獵人皆以一種特定且莊嚴的方式進行追捕，其畫面有點像是在重新演繹基督在彌撒時遭人捕捉並受刑的場景。

IMAGINARY ANIMALS

《遭囚禁的獨角獸》（The Unicorn in Captivity），出自 1495 至 1505 年布魯塞爾的獨角獸掛毯。這是該系列掛毯的最後一幅作品，描繪出獨角獸的狩獵、謀殺及復活，並組成複雜的寓言，其中的寓意至今還無法明確解釋。在此畫作中，戰勝死亡的獨角獸僅僅被一條薄薄的鏈條與低矮的圍籬束縛，但它卻欣然接受這種愛情的束縛。

將宗教意涵隱藏其中，而非多加解釋。這樣刻意隱瞞會讓人覺得這是受到管制的禁忌宗教，只能偷偷摸摸在地下從事宗教行為，而非主流宗教信仰。但現在的問題是，基督徒之間本來就充滿著激烈的衝突，即便是最虔誠的信徒在討論自身宗教時，也難免會偶爾冒犯到其他人。

托普塞爾在寫作的時候經歷時代文化的轉變，當時伊莉莎白一世女王逐漸式微，清教主義則開始崛起；所以在傳統的民間傳說或是童話故事中，如果動物所扮演的角色是嚮導、智者或同伴，那它們都會被妖魔化，當成是女巫召喚出來的妖精。任何有超自然力量的故事都可能會被貼上輕浮的標籤，更慘的話，還會被當作是在搞偶像崇拜，甚至會被人們認為是邪惡的內容。然而，托普塞爾在另一本著作《四足野獸大歷史》（暫譯，*History of Four-footed Beasts*）當中不僅提到獨角獸，還包含薩堤爾（羊男，Satyr）、史芬克斯（Sphinx）、蠍尾獅（Manticore）、戈爾貢（蛇髮女妖，Gorgon）、巴西利斯克（蛇尾雞，Basilisk）、飛龍、拉米亞（半人半蛇的女妖，Lamia）等傳說動物；不過，現今學術界普遍不認為這些生物真實存在。托普塞爾的著書中充滿著各種奇幻故事，涵蓋希臘羅馬神話以及英國民間傳說；他曾描述黃鼠狼透過耳朵生出小寶寶，而大象可以透過食用曼德拉草根而懷孕等故事。對於托普塞爾以及其他近代早期的人們來說，奇幻動物的傳說可作為暫時的避風港，因為當時的清教規範中，並不鼓勵這類型的幻想。

1642至1651年間，保皇派與議會派人士

純潔的青春女子之墳，出自十六世紀初期，現藏於法國羅浮宮。因為該名女子年紀輕輕就香消玉殞，未能有機會嫁娶，所以獨角獸在旁與她永恆相伴。

之間爆發英格蘭內戰；保皇派希望擁護原先的天主教傳統，議會派則大多由清教徒所組成。事後，時任英國國王的查理一世被新政府反叛軍所擒，其王位也被廢除，並且以叛國罪受審並獲判有罪；查理一世在1649年被處決。1653年，清教徒的領袖奧立佛·克倫威爾（Oliver Cromwell）解散議會，並以護國主之名施行對英格蘭的治權，不過這麼做讓他變得越來越邊緣，不受人民愛戴。克倫威爾於1658年撒手人寰後，托普塞爾選擇在同一年發表《四足野獸大歷史》的完整版書籍（雖然有部分內容先前已經發表了）。在當時，英國政局幾乎陷入一片混亂，克倫威爾的兒子理察繼承父親的護國主之位，但隔年就辭職下台。1660年，新的議會在軍隊的支持下成立，並邀請國王查理一世的長子查理二世結束在法國的流亡生活，回到英國復辟。

那麼，托普塞爾在這些衝突中的個人立場是什麼呢？托普塞爾本人幾乎沒有直接針對宗教衝突或政治紛爭作出評論，但我們可以從他的自然史著作中看出一些端倪。他曾這麼寫道：

> 如果蜂王失蹤了，所有蜜蜂都會憑藉著敏銳的嗅覺進行搜查行動，永不放棄尋覓，直到任務完成；就算找到蜂王的時候，發現它已經無法飛行，蜂群也會將之背負在自己身上⋯⋯看完蜜蜂的案例，難道人們不會更加敬重上帝替他們安排的好國王嗎？

《一隻薩提爾》（A Satyr），出自愛德華·托普塞爾的著作《四足野獸、巨蛇與昆蟲的歷史》（1658），這類生物據報生活在印度。這基本上是中世紀野人的變種體，但是受到探險家從偏僻之境帶回歐洲的猿猴所影響，才呈現圖中樣貌。

但托普塞爾為了平衡觀點，繼續補充道：「蜂王雖然握有螫針，但從不願意使用；看到這樣的情形，有哪位國王能不對人民施行懷柔，遠離暴政呢？」[4]托普塞爾顯然是個君主主義者，同時他也是高教會派的英國聖公會教徒。

獨角獸的傳說包含著許多羅馬天主教的元素。獨角獸的長角，或稱為「獨角」（其實是獨角鯨的尖角）常被視為聖徒的遺物，

第一章 真實的獨角獸

《我是教宗》（Ego sum Papa）是一份反對教宗亞歷山大六世的傳單，出自十五世紀末、十六世紀初的法國。這位本名叫做波吉亞（Borgia）的教宗是個幹練的外交官，也是藝術贊助者，但是他以腐敗和不檢點聞名，而他的種種作為成為日後宗教改革運動的主要導火線。

英國詩人約翰・泰勒（John Taylor）的著作《惡魔變成的圓頭人》（The Devil Turn'd Round-head，1642年）封面。在與惡魔發生性關係後，女巫產下了一名清教徒。圓頭人右手所拿的物品是從壁爐中取下來的倒置「薪架」，這是用來固定烤肉串的器具；而他的左手附近有一根拿來穿刺和翻轉烤肉的烤叉。這些物件放在一起象徵著這名男子若不是剛從地獄之火中出現，就是即將要回到地獄的爐火之中。

但這一點是清教徒所厭惡的；人們也認為這些長角有治癒的力量，幾乎就像是神蹟一般神奇。獨角或是其碎片都妥當安置在精細的寶盒裡，通常是由黃金、白銀或是寶石所製成，與聖物箱十分相近；這些東西被存放在禮拜堂內，並且會被製成牧杖、聖餐杯以及權杖等物。基本上，這些獨角可以跟著羅馬天主教教會一起共享著全然的神秘、迷人與隆重。對於托普塞爾來說，獨角獸（可能還有其他的奇幻生物）說穿了就跟基督教一樣，特別是羅馬天主教，都是透過神蹟來證明自身信仰的真實性。

15

IMAGINARY ANIMALS

獨角獸作為聖靈的象徵,與教宗並列,出自保羅斯·斯卡利格爾(Paulus Scaliger)的《圖像解說》(*Explanatio Imaginum*,1570 年)。獨角獸受到中世紀的輝煌與神祕所包圍,通常在宗教衝突當中,與天主教的立場息息相關。

約翰內斯·約翰斯頓(Joannes Jonstonus)所繪的獨角獸,出自《四足野獸的特性描述》(*A Description of the Nature of Four-footed Beasts*,1678 年)。雖然自然學家從十六、十七世紀開始就懷疑獨角獸存在的真實性,但是許多自然史相關書籍仍然收錄獨角獸的內容;探險家們也仍然堅持到遙遠的地區找尋獨角獸的行蹤。

在西方,獨角獸常常被捲入現代宗教、政治或科學的紛爭當中。可能因為如此,獨角獸通常被描繪成既火爆又害羞的性格,並且常常躲藏在偏僻的山林之中。除了解釋我們為什麼不容易看到獨角獸之外,這也說明為何人類對於獨角獸的存在與否都會抱持著保留的態度,因為提到這種生物往往都可能會引發爭議。或許,就連托普塞爾本人都可能暗自懷疑獨角獸是否真實存在;畢竟,如果獨角獸成為知識範疇中的討論題材,那它就不太可能成為信仰的對象。

雖然我們現今所處的社會相較之下已經沒有極為強烈的基督信仰,但是我們看待獨角獸的態度卻無異於當時的托普塞爾。你認

為獨角獸真實存在嗎?我相信你我可能都跟大多數人一樣,很難回答「相信」獨角獸的存在;但同時,也不太願意直接「否認」。整個十九世紀一直到二十世紀初期,許多探險家涉危履險,深入荒蕪之境尋找獨角獸的蹤影,從中亞平原至非洲雨林,各種蠻荒地區都曾走過。數千年來,獨角獸已經演變成一種標誌性的力量,超脫所有的信仰系統。如果真要推翻獨角獸存在的物理事實,那我們也可能會跟著否認該生物本身所代表的意義:人類想像力的超脫力量。

托普塞爾可能會被分類為非常早期的歐洲浪漫主義者,但他的情感中又具有普遍性,並非超脫於世人。而他的感官和想像之間碰撞所產生的動物認知,卻可以讓我們部分地、暫時地得到解脫,逃離文化的制約與限制,例如宗教、哲學與政治所設下的先入為主觀念。就像是本書想要呈現的那樣,我們開始質疑關於生命、死亡、時間與身分等基本價值。這一點在獨角獸等相關的動物身上更為明顯,我們會直接認為獨角獸是「虛構的」生物,但是這樣的想法卻也可以延伸到其他的動物身上,蜻蜓或是巨龍是否也都是虛構的呢?

佛德(H. J. Ford)繪製的《兩位少女從暴民中解救羅傑》(The Two Damsels Rescue Roger from the Rabble),插圖出自蘇格蘭作家安德魯・朗恩(Andrew Lang)所著的《浪漫紅皮書》(The Red Book of Romance,1921年)。雖然獨角獸漸漸地不再收錄至自然史的相關書籍之中,但是它們卻也成為想像力超脫力量的代表;在圖片中,獨角獸是兩位純潔少女的專屬坐騎,她們身上發出的貞潔氣息驅散了邪惡的小鬼和怪物。

《淑女和獨角獸》（*Woman with a Unicorn*，1505 年），拉斐爾·聖齊奧（Raphael Sanzio）的作品。畫中的年輕女子可能是朱莉亞·法爾內塞（Giulia Farnese），她曾是教宗亞歷山大六世的情婦。根據一則中世紀的傳說，只有保持貞潔之身的純潔女子能夠捕捉獨角獸，但圖中的獨角獸看起來就像是玩具一樣；該名女子的神情透露出一股世故的老練，同時也散發出孩童般的純真與脆弱。

《真實的獨角獸》（The True Unicorn，約 1610 年），圖片為其中一種獨角獸的樣子，出自魯道夫二世博物館。在近代早期，人們通常會透過品種差異來解釋不同獨角獸形象之間的矛盾。這隻獨角獸看起來就像是一隻驢子，頭上長著羚羊角。

IMAGINARY ANIMALS

法國插畫家 J. J. 格蘭維爾（J. J. Grandville）繪製的《身體餐食》（*Repas de Corps*），約 1842 年。在此圖中，獨角獸雖然是種「虛構的」動物，但它在「真實的」動物夥伴之間似乎具有一種特殊地位。

追尋獨角獸的蹤跡

我們現在暫時假設一下，美國明尼蘇達州北部突然出現一系列獨角獸的目擊報告；有些人或許會為此感到興奮不已，但也有人會因此變得精神恍惚，當地市長也在壓力之下，不得不跳出來對外說明事情的詳細資訊。林務人員搜遍了整座森林，仍然找不到該生物的蹤跡；事先藏在森林裡的攝影機也只有拍到一些黑熊的可愛照片，除此之外，就沒有其他動物了。設置要捕捉獨角獸的陷阱也是一無所獲，只有偶爾抓到誤踩陷阱的獵人而已。但是獨角獸的目擊報告仍然持續出現，因此，在所有能夠嘗試的方法都宣告失敗後，政府當局決定採取古老的做法，根據中世紀動物寓言故事集中所描述的那樣，找來一位純潔的年輕少女，身穿漂亮的夏季連衣裙坐在野花旁的草地上。不出所料，不久後就出現一隻獨角獸，羞澀地走近該名少女，並且將頭輕放在她的膝上；同時，躲在一旁的男子一擁而上，齊力捕捉獨角獸。就跟先前預期的一樣，這隻有著馬匹外型的動物長有一支大角，從頭頂中央向外突出。

這隻獨角獸被安置在一座寬敞的牧場當

瑪麗・丘吉爾（Mary Churchill）的藏書票，比利時，二十世紀。在這則迥異的古老傳說當中，有一頭獨角獸受到少女的吸引而出現；旁邊有一頭獅子正透過畫筆捕捉該場景，而非使用武器捕捉獨角獸。

中，周圍高牆環繞；人們擔心獨角獸可能會脫逃，所以在它的脖子上配戴一個無線電的項圈。但現在才是最困難的部分：我們該如何判斷這隻獨角獸是真的？雖然傳說中獨角獸只能透過純潔少女坐在草地上當作誘餌捕捉，這樣的前提看起來似乎是個很有力的證據，但是這只是一種情境上的描述而已，不能當作證據。有人可能會對獨角獸做 DNA 測試，但是檢測結果要拿什麼動物來進行比對呢？事實上，DNA 檢測只能用來證明某種生物不存在，例如，如果獨角獸的基因結果跟馬十分相近，那我們就可以說這隻生物其實「就只是一匹馬而已」。根據 DNA 的結果，人們可以決定該動物是一頭羊，甚至是一個人，而不可能是一隻獨角獸。到頭來，我們唯一能做的驗證方式就是將這隻動物跟古老的獨角獸圖片進行比對，但是要用哪一張圖片呢？真實的獨角獸體型是大還是小？它頭上的尖角是筆直的嗎？還是有點上彎呢？它的身體是黑色的，還是白色的呢？或許，我們所有捕捉到的獨角獸都會判定是「假的」，因為獨角獸永遠不可能滿足人類的所有期待。

古斯塔夫・莫羅（Gustave Moreau）的作品《伊底帕斯與斯芬克斯》（*Oedipus and the Sphinx*，1864年）。伊底帕斯與斯芬克斯直視對方的眼睛，眼神中帶有一絲恐懼，同時也散發出驚奇感。圖中的伊底帕斯看起來有些雌雄同體；這部作品至少部分受到夏娃還有蛇足女怪（dracontopede）的描述所影響。

第二章
與動物相遇

因為我會考慮我的貓傑佛瑞。
因為他是永生神的僕人,朝夕供奉著他。
因為他看見東方的神聖榮耀時,會以自己的方式膜拜。
因為他在崇拜上帝時,會輕巧優雅地將自己的身體纏繞七次。
因為他接下來就會向上跳躍、捉捕麝香,那是上帝替他祈禱的祝福。
——英國詩人克里斯托弗·斯馬特(Christopher Smart),
《因為我會考慮我的貓傑佛瑞》(*For I Will Consider My Cat Jeoffry*)

在所有幻想動物當中,最深奧、最奇妙的無疑是那個經常被稱為「人」或「人類」的生物。我們很難對於「人類」的外貌有一套清楚的形象,因為人類的肉體幾乎都會覆蓋在毛皮、紡織品或是塑料之下。或許「人類」曾經有個完全自然的狀態,不過這個狀態完全是個謎。更令人困惑的是,人類不斷地模仿其他動物,像鳥一樣戴著羽毛;像狼一般放聲嚎叫。

這些都只算是入門等級而已。人類不僅會遮蔽著自己的身體,還使用剃鬚水、香水或是除臭劑掩蓋身上的體味;他們還會將毛髮染成不同顏色,並且使用顏料或是永久性的墨水畫在自己的肉體上;他們將自己的影像投射在一塊塊的箱子或是屏幕上,並且將聲音播送至全世界。對於其他動物來說,特別是那些生活在野外的動物,它們一定會認為人類是沒有軀體的生物。森林中的動物可能會覺得人類是一種夢影、幻覺或是變形者。

身為人類,我們個人的觀點也常常受到集體榮譽、羞辱、恐懼以及渴望等情感混淆。如果要說明人類到底是什麼物種?我們很有可能只能說出自己希望人類是什麼樣貌;或者是我們害怕人類變成什麼樣子。對於「人類」有個非正式,但說得通的定義,那就是:「我們中的一員」。因為,界定人類的方法可能會天差地別,不同文化、不同歷史時代、甚至是每個人生當中,不同的生活體驗都可能會有非常不一樣的人類的定義。好比說,古代以及中世紀早期的歐洲認為,雖然熊科動物並不完全是「人類」,但是它們與人類還算得上相似,所以當時就傳出很多公熊與人類女性交配的故事,而且北歐地區的許多國王身上都可以追溯到熊的血統。[1]西方國家的知識領袖也曾經認為猿猴也是人類,但同時,他們卻不把特定部落、國家、宗教、種族或是特定人士當成人類看待。[2]相較之下,新幾內亞的卡拉姆族人(Karam)把鶴鴕視為人類,這是一種與鴯鶓有關的大型鳥類,但是它不會飛[3];而對於居住在馬來

J. J. 格蘭維爾的作品,《動物冒充人類》(Animals Masquerading as Human Beings,1842 年)。可以注意到地上有一只掉下來的面具,朝上看著假冒人類的動物,這只面具似乎象徵著人類。

西亞森林中的丘翁族人(Chewong)來說,他們所認為的「人類」(就是我們所熟知的那種人類)是一種不斷改變的親近感知,而並非基於形態或血統來進行認定。在某些時候,因為相同的領域經驗而產生的歸屬感可能會向其他物種延伸,有些人會把一隻鸚鵡或是一片香蕉葉當作自己人;但同時,也可能會因為歸屬感不同而排斥某些男性或女性。[4] 在現代社會中,許多人會將自己家中的寵物犬當成「家庭的一份子」,事實上,也就是把它們當成人類看待。

人類不斷地嘗試尋找可以區分自己與其他物種的特徵,例如:使用火或是製作工具等等,但這些特徵都飽受質疑。如果我們就像部分思想家所提出的那樣,把埋葬死者當作是人類獨有的特徵,那麼我們要怎麼解釋也會埋葬死亡象隻的大象呢?對於這個問題,我們可以選擇放棄或是修改對於「人類」的定義;或者保留這個定義,並且認定大象實際上也是人類。事實上,這兩個選項都會部分保留,並不會真的做出非黑即白的選擇;而我們也會盡量將我們所想像的樣子與實際上的觀察進行連結。

我們可以從不同層面定義「人類」,包含法律、生物學、人類學、神學以及文學等,但這些定義方式都只有聚焦於我們看待人性的單一面向而已。由於人類的每一個特徵都不斷地受到掩蓋、修飾、重新解讀、隱藏、誇大或是以其他的方式進行改變,從生理特質到宗教信仰都是如此,所以人類的身分非常難以捉摸。不論是真實的動物,或是虛構的生物,它們都不像人類一樣這麼難定義。如果你不知道什麼是「蜘蛛猴」,找出答案絕非難事;你只需要翻閱百科全書,並且找到定義就可得出答案。但是,如果你不知道什麼是「人類」(當然,沒有人知道人類該怎麼定義),就算你找遍全世界,你也找不到一份令人滿意的答案。任何對於人類的定義都只是暫時的、推測的、時序錯置或是隱晦的,同時也都備受挑戰;「人類」這個概念背後的真實邏輯不斷地受到數千年的錯覺所影響。

人類創造出幻想動物最主要的原因,是將自身多變的本質投射到其他生物上,總之,我們可以說「人類創造了自己」。大約在二十世紀中期開始,不論是存在主義或是社會建構主義,許多歐洲大陸的哲學家或多

或少都抱持著上述的觀點；也就是說，這並不是一種過度簡化的說法。但是，人類從古至今從來沒有與世隔絕、離群索居，所以就如美國環境保護主義者保羅・薛巴德（Paul Shepard）所言，或許說「動物使我們成為人類」可能會比較合理。[5] 我們主要透過與動物相遇來構建我們對於人類的認識；而這個過程自二十世紀末開始，成為人類與動物關係學者的學術研究領域，並將之稱為「人類動物學」（anthrozoology）或是「動物學研究」（animal studies）。

人類動物學發展的動能主要來自基思・湯瑪斯（Keith Thomas）和哈麗特・里特沃（Harriet Ritvo）等人，他們在 1980 年代提出人類支配動物與自然界的象徵主義，這種現象普遍出現在近代早期以及維多利亞時期的歐美地區，特別是在英國境內[6]。我們可以明顯看到許多案例，包含花園的設計採納人類的幾何結構，以及把老虎等大型的掠食動物關在狹小的籠子裡等等。然而，這兩位學者的分析是建立在人類與自然是極端對立的前提之上；這種假設方式已經不太能直接視為理所當然，因為越來越多學者表示，即便是看起來非常原始、自然的地景，例如亞馬遜盆地等，至少在過去數千年來也不斷受到人類定居的強烈影響。

這本書會將人類動物學的範疇再向外延伸，拓展到想像、神話以及傳說，因為這些領域很少會以人類為中心進行討論。在世界各地的民間故事當中，所有形式的生命，不論是人類、狐狸還是樹木，所有角色都以近乎平等的方式進行互動。我會在這本書中解釋文明與自然如何在想像的世界中融合，最後證明我們人類對於支配地位的主張其實是虛幻的。

夏娃的蛇

在整部《聖經》中，如果我們不算巴蘭的驢子，唯一會說話的動物就只有伊甸園裡的那條蛇，而且它也只有單一的說話對象，那就是夏娃。我們都知道，這條蛇勸使夏娃吃下知識之樹上的果實，並把果實也分給了亞當。接著，上帝將第一個男人與女人驅逐出樂園，並且詛咒這條蛇，讓它從此以後都只能匍匐於地行走（創世紀 3:1–19）。

在近代早期，全世界發生的種種壞事，舉凡作物欠收乃至於各種疾病，夏娃以及所有的女性通常都必須背負罪名，成為眾矢之的。還有傳說聲稱夏娃曾與惡魔生下孩子，而這些孩子後來就成為折磨人類的魔鬼；但同時，也有人尊稱夏娃為聖人，並且認為她是聖母瑪利亞的前身，所以瑪利亞又可以稱為新夏娃。人們相信夏娃的罪惡，以及她和亞當後來被驅逐出樂園，都是為了人類最終救贖的必要之惡，因此人們對於夏娃的情感是既感激又憤怒。

無論是罪人還是聖人，夏娃可能是整個西方文化當中，代表人類與動物親近互動中最重要的典範；相似的案例還有很多，例如聖安東尼對著魚傳道、聖方濟各對鳥傳教等等，但是後來的這些關係都缺乏人與動物之間的互惠性。歐洲中世紀以及文藝復興的畫作當中，通常都會特別把夏娃與蛇描繪成

IMAGINARY ANIMALS

《夏娃被蛇足女怪誘惑》（Eve Tempted by the Pracontopede），出自倫敦的《瑪麗皇后聖經畫冊》（Queen Mary Psalter），約 1310 至 1320 年。在這幅畫中，蛇足女怪的頭髮更加精心打扮，面部特徵也更為細緻，但是下半身是由多種動物組合而成。

交換目光的樣子，其眼神意義深遠、曖昧不明，而亞當則是茫然地凝視著虛空。

　　大約到了十一世紀下半葉，伊甸園中夏娃跟蛇的形象漸漸開始融合在一起。到了中世紀晚期和文藝復興時期，有越來越多的厭女主義布道和文獻，將夏娃以及所有相關的女性描述成跟蛇一樣，或是野獸般的存在。一直到十二世紀末，惡魔都被描繪成可怕的形態，有著凸出的眼睛、巨大的嘴巴還有可怕的尖牙。然而，深具影響力的法國牧師彼得．科麥斯托（Peter Comestor）後來主張，那條蛇曾經把自己轉換成與夏娃相似的形式，也就是彼得所說的「蛇足女怪」，它這麼做就是為了取得夏娃的信任。從此之後，蛇足女怪的形象通常就是蛇的身體上有著一顆女人的頭，長相通常都描繪成與夏娃相似，但是為了凸顯女性虛榮的形象，這個怪物的頭髮通常都經過精心設計。這個蛇女還可能會戴著一頂王冠，體現出對於權力的渴望。夏娃與蛇足女怪之間彼此偷偷摸摸交換眼神，暗示著一種情色關係。

　　在過去的數個世紀間，蛇足女怪的形象逐漸變成女性和動物特徵的複雜結合。蛇的波動形狀常常被用來暗指女性身體的曲線。在許多版本中，蛇足女怪擁有女性的手臂、乳房和軀幹，但下半身卻長得跟蛇一樣；而在

馬索利諾（Masolino）的作品，《亞當和夏娃的誘惑》（Temptation of Adam and Eve），藏於聖瑪利娜德卡爾米諾教堂，約於 1434 年繪成。在這幅畫作中，蛇或蛇足女怪的長相與夏娃幾乎一模一樣，唯一的差別就是蛇足女怪的髮型更為時髦。亞當和夏娃準備吃蘋果，他們的臉上都沒有透露出太多情感，但亞當看起來有些害怕，夏娃則顯得更有自信和清醒；蛇足女怪以一種洞悉一切的姿態盤旋在夏娃的上方。

人類，女性跟自然之間的連結仍然會催生出許多厭女言論。然而，如果大自然成為人們遠離城市生活嘈雜和壓力的避難所時，女性與自然的親近則會變得溫和，甚至有時候會近乎神聖。

過去幾個世紀以來，我們逐漸喪失與野生動物之間的連結，特別是大型掠食性動物。曾經令人聞風喪膽的食肉動物已經在世界各地變得非常罕見或滅絕，因此很多人將真實的獅子和熊與它們在紋章、卡通或廣告中的形象混淆在一起。人們渴望重新與動物建立起那股已失落的親近感，因此寵物成為十九世紀新興中產階級的新寵兒；還有些人以更深入了解其他物種為由，開始在家中飼養野狼、老虎、公牛、雄鹿、水牛、熊、鬣狗、黑猩猩、鱷魚或是有毒的爬蟲類動物等，導致自身性命與他人安全備受威脅。如同中世紀晚期和文藝復興時期畫作中的夏娃一樣，這些新興飼主認為自己與動物之間存在著一種神秘的羈絆，這種連結可以確保他們與動物互動過程中的安全性，因而可以忽視「普通人」提出的危險警告。[8]

格雷絲‧懷利（Grace Wylie）就是「現代夏娃」的其中一個例子，她早年非常害怕蛇，但是後來居然學會不使用任何工具或保護手套就能夠應付蛇，她甚至能夠從容應對

其他版本中，蛇足女怪則變成一半是女人，另一半是蜥蜴。這些圖像啟發了近代早期的混合形象。[7]

到了現代，人們的觀念還是普遍認為女性比男性更接近大自然。一旦大自然開始威脅

帶有劇毒的蛇類，此舉讓觀眾都感到驚訝不已。她曾在芝加哥的布魯克菲爾德動物園擔任爬蟲類動物學家，並讓眼鏡蛇和蟒蛇自由地在辦公室裡活動，因為她認為這些大蛇都已經馴化完成。不過，這樣的行為導致她被解雇，隨後她帶著豐富的蛇類品種蒐藏搬到好萊塢，並擔任電影顧問；同時，將她的蛇出租給電影公司進行拍攝使用。1948年，懷利同意讓媒體拍攝她與新得到的巨蛇照片，這條眼鏡蛇來自印度，身長高達5英尺（譯按：約152.4公分）。懷利輕輕地拍著巨蛇的背部，希望它能夠擺出適合拍攝的姿勢，不料，這條眼鏡蛇卻突然反咬懷利；九十分鐘後，醫院宣布懷利搶救失敗，與世長辭。心理學家卡爾・梅寧格（Karl Menninger）指出，懷利對於大蛇的「圖騰附著」（totemic attachment），顯示出她在潛意識裡藏有一種「性愛和受虐的元素」，就像蛇足女怪和夏娃之間存在的特殊連結。[9]

主教的雄鹿

根據傳說，聖胡伯特（St Hubertus）曾是法蘭克王國統治者佩平（Pepin）的宮廷成員，十分熱衷於狩獵。有一次，聖胡伯特在耶穌受難日時追逐一隻鹿，結果和同行狩獵的夥伴走散。他發現自己獨自一人迷失在森林深處，這個時候，突然有一隻鹿轉過身來、正面對著他。雄鹿的雙角之間有個小小的十字架，並且從它口中傳出一個聲音，勸告聖胡伯特結束他昏愚的行為。之後，聖胡伯特決定不再狩獵，把所有財富分送給窮苦人家，並且將餘生致力於服務上帝，最終成為比利時列日地區的主教。這裡顯示出動物不斷挑戰我們重新思考自身的價值並且改變生活方式。

然而，每個人與動物相遇的故事都不盡相同，所以我們很難去歸納這些動物所代表的含義。或許，這也就是聖胡伯特從未譴責過狩獵活動的原因；事實上，他至今仍然是獵人的守護聖人。賦予動物權利的努力常常陷入困境，因為自然界（動物的領域）與人類社會的規範大相徑庭；我們只能在自身的社會當中授予特定的權利，也就是我們口中所謂的「文明」；但這些權利在不同的文化當中，絕對存在著各種差異。

在人類社會裡，那些被稱為「竊盜」和「謀殺」的行為在動物界裡不僅司空見慣，而且所有動物都會毫不猶豫或毫無悔意地從事這些勾當。殺戮和死亡在動物的日常生活中十分普遍，所以一點都不稀奇。在一群成千上萬隻小蝌蚪當中，或許只有一隻能夠成功蛻變成青蛙，然後卻成為蒼鷺的獵物；或許，一窩的小白兔當中，只有一隻能夠成功茁壯，但也逃不了弱肉強食的命運，成為雀鷹或是浣熊的美饌佳餚。如果我們用人類社會的標準來看待自然界，好比說人均壽命或是醫療照護等面向，那麼田野和森林中的生活就會顯得無比荒涼，程度遠遠超過我們已知最荒涼的貧民窟。

這種情況導致十八世紀末和十九世紀的知識領袖，像是威廉・佩利（William Paley）和威廉・斯梅利（William Smellie）等人，開始質疑掠食的存在算不算是整體創造本質

柯里奧蘭（J. B. Coriolan）所繪，收錄於烏利塞·阿爾德羅萬迪（Ulisse Aldrovandi）的著作《怪獸歷史》（*Monstorum historia*，1642 年）當中。直到大約十九世紀，歐洲人都認為雄鹿的角其實就是從頭上長出的枝幹，就跟樹上的一模一樣。圖片中雄鹿的角甚至還更加奢華。

聖胡伯特畫像，威廉·科隆（William of Cologne）所繪，1380 年。我們可以注意到聖人手中的聖經上有著一幅雙角之間帶有十字架的雄鹿圖像。就是這個畫面激勵了他將一生奉獻給上帝。

的缺陷。斯梅利問道：「為什麼大自然會創造出這麼殘忍的體系？」、「為什麼自然之母要讓動物們彼此殘殺，如果它們不消滅其他動物，自己就無法生存呢？」最後，他接受了這個現實，並將這個現況稱之為神聖之謎；然而，其他不相信宿命論的人還是希望修正錯誤，並大量獵殺自然界裡的掠食者，像是野狼等食肉動物，但卻矯枉過正，導致狼隻幾乎在野外滅絕。[10] 儘管我們現在在談論這類問題時不像維多利亞時期的人們那般直言不諱，但我們對於動物互相掠食行為的接受程度並沒有更高。然而，當我們在春光明媚之際漫步在草地上時，腦海裡也從來不會出現任何自然界的悲慘情況。儘管兔寶寶的生活充滿各種不確定性，但它們在嬉戲玩樂時，所有生命似乎都融合在一起，共同組

Une jeune brebis fort tendre ouvrit le bal avec une panthère sur le retour; ce couple, valsant à peine du bout des pattes, captiva longtemps mes regards. Un quadrille délirant composé de singes et de guenons coiffées à l'épagneule fut exécuté ensuite et suivi d'un menuet plein de grâce et de modestie. Un renard faisait les yeux doux à une poule. Une perdrix coquette tenait en arrêt sous son coup d'œil fascinateur un braque amoureux.

出自 J. J. 格蘭維爾的作品《另一個世界》（*Un autre Monde*，1844 年）。在一場化妝舞會上，一隻年輕的小羊跟一隻母豹共舞；一旁的狐狸正向身邊的母雞投以愛戀的眼神。格蘭維爾藉此嘲諷文明的種種偽裝掩蓋了現實生活中的弱肉強食，而這對於維多利亞時期的歐洲人來說特別令人不安。

成單一的狂歡節奏。先不管我們怎麼看待狩獵的道德地位，在不是為了獲取食物的前提下，我認為狩獵可以算是一種嘗試，透過與其他生物近乎平等的方式參與自然界的運作，來克服我們對大自然的矛盾情感。

中世紀的歐洲人通常認為狩獵只是一種單純、無害的享受，透過這種方式，他們可以參與森林和草地裡的盎然生機。就像許多現代人會養寵物一樣，狩獵對當時的歐洲人來說，是一種可以暫時逃離複雜人際關係的庇護所，並提供人們感受微風、陽光與森林美景的機會。

狩獵本身並沒有讓人感到反感，因為在現代醫學問世以前，人類比現在的我們還更加習慣看到鮮血或是死亡場景。有時候，女性會為了讓自己的纖纖玉手變得更加白皙透亮，而將雙手插入雄鹿被割開的脖子當中，浸泡在鮮血裡。[11] 同時，狩獵也可以讓人們釋放憤怒，避免因為無法排解情緒而陷入麻煩之中。但是，就跟現今人們飼養寵物一樣，有時候狩獵會被汙名化，並不是因為活動本身很殘忍，而是因為參與狩獵會給人輕浮的感覺；狩獵、宴會還有性愛都一樣，被當時的人們認為是充滿野性的歡愉享受。

為了讓狩獵變得更加文明，貴族獵人會隨身帶著宮廷日常的生活用具。領主和貴婦身穿華服前去狩獵，獵人們組成大型隊伍，根據在宮廷中的地位來分配各自勞務。狩獵結束後，獵物的屍體會根據參與者的貢獻進行分配，領主或可分得動物的頭部，其餘參與人以及一同打獵的獵犬也能獲得屬於自己的戰利品。雄鹿是基督的象徵，人們相信雄鹿可以像基督一樣死而復生，透過吞食蛇、脫掉舊皮和換角來恢復活力。因此，狩獵成為基督受難的儀式展現，但這種宗教象徵並未影響人們對狩獵的狂熱。畢竟，狩獵只是反映出我們作為墮落人類的地位而已。[12]

聖胡伯特的故事並不獨特，也不是原創內容；聖普拉西多（St Placidus）和聖尤斯塔斯（St Eustace）也有十分類似的故事，其背景可以追溯到羅馬帝國晚期。當時，人們並不認為雄鹿是森林的統治者，鹿肉只是平民百姓的日常食物來源；同時，一般人被禁止獵豬殺熊，只能捕鹿。[13] 但這並不代表故事內容都是假的，故事當中的部分元素不僅看起來十分合理，還符合自然法則，撇除掉當中奇幻的部分，這些內容可能不斷發生，且許多人都曾經碰過類似的情節。首先，故事描述雄鹿讓聖胡伯特與他的同伴走散的情節；實際上，這樣做是要讓他離開宮廷的環境，也就是遠離對他來說的「文明」，接著讓他進入充滿奇蹟的新領域。同樣地，尋找聖杯的冒險故事也是以亞瑟王的騎士們在追捕白鹿的過程中，不小心迷失在森林裡作為故事的起點。

此外，雄鹿有時候會直接轉身，正面看向他的追捕者。在森林裡迷路，又遇到這樣的場景，我們不難看出這是一種與命運的直接對抗。如果少了平時的慶典、習俗與儀式活動等等，殺鹿的行為本身就不存在太大的意義。聖胡伯特在這樣的情況下，可以用非常親密的方式重新檢視自己的人生。而所有的動物都可以跟聖胡伯特所遇到的雄鹿一樣，引導我們進入其他未知的領域。亞倫・卡

奇（Aaron Katcher）是動物輔助治療的先驅者，他相信人類與動物接觸所帶來的治療力量源自於動物身上發散的那股能量，那比我們熟知的文明更加「原始」。更具體來說，因為動物都在循環的時間裡生活，如果我們與動物一同沉思或互動就可以暫時遠離建構人類生活的線性時間軸，並且超脫於其中的恐懼與焦慮。亞倫寫道：「動物的恆常性就是循環時間的恆常性，因為它們生活在每日、每月、每季與一生的循環當中。」[14]

我們的抽象概念並不完全適用於自然界，因為這些分類是為了描述人類世界而創造的。人類對於動物的描述往往淪為陳腔濫調，內容不完全錯誤，但也不完全正確；動物並不缺乏「意識」，但它們也沒有「意識」；它們既非「能言」，但也不是「啞巴」；動物既非「聰慧」，但也不「愚昧」；它們不「善良」，但也不「殘忍」；它們沒有「道德感」，但也不是「不道德」，也不會是「道德扭曲」。動物相較於人類，並沒有等級上的「低劣」、「優越」或是「平等」之分。總之，動物跟人類就是全然地不同，所以我們的概念不足以完整地描述它們。

目前並沒有社會普遍接受的術語，能夠用來描述人類與動物之間的深遠差異，也無法透過哲學方法來探討雙方根本上的本質差異。當然，我自己也不太願意去替任何的名稱背書；因為創造名稱這件事本身就充滿矛盾，又或者說這樣幾乎就是與現實背道而馳，我們不該隨意替未知概念貼上標籤，這個概念本身早已超越人類框架或是分類方式的限制。另外，如果要用標準化的詞語來定義每一種知識上的微小差異，可能會產生很多術語，這只會把事情變得更加模糊，無法真正地解釋清楚。在大多情況下，我比較偏好詩人的方式，盡量提升日常語言的力量；而不是哲學家的做法，因為他們通常喜歡創造新的詞語。然而，為了平衡視聽，我還是必須指出，這類型的本質差異或是其他類似的狀態其實已經有非常精闢的討論，例如英國歷史學家喬安娜・柏克（Joanna Bourke）提出的「否定生物學」（negative zoélogy）標籤，以及義大利人類學家羅伯托・馬切西尼（Roberto Marchesini）所使用的「非人類異質性」（non-human alterity）標籤等。[15]

人類就是會忍不住把我們的分類方式加諸在動物身上。所有的生命在某種程度上都可以視為一體，但我們卻將生命區分為較小的單位，變成不同的「存在」；人類會用相同標準衡量不同動物的利益，把蒼鷺拿來跟青蛙比較、拿兔子與雀鷹對比等等。我們會在黑猩猩的身體上塗一點紅色的油漆，然後讓它站在鏡子前，測試它是否會去觸碰該紅點，藉此顯示出它的「自我意識」。這就是人類的行為，我們沒有辦法克制自己，就像是蝙蝠無法控制自己不抓昆蟲、蜘蛛也沒辦法抑制自己不織網一樣。我們會把一切化作實體概念；並把人類化的特質強加在動物身上。

但是，生物絕對會捨棄我們施加的概念，就像蛇會脫去舊皮一樣。動物帶領我們回到最初始狀態，那時人類還沒開始使用不同的名稱、分類及精密的概念框架來建構這個世界；動物讓我們得以再次思考整體的人類文化，甚至重新建立出新的文化內容，同時我

奧迪隆・雷東（Odilon Redon）所繪的《獨眼巨人》（*The Cyclops*，1914 年）。畫家將圖中的怪物描繪成富有同情心的樣子，象徵著對社會的疏離感。它似乎羞澀地凝視著我們，彷彿我們剛剛打擾到它，但它的思緒可能都集中在那名女子身上，不過要獲得她的愛可能難如登天。

們也能在這個過程當中，不斷地創造出新的想像動物。

哲學家的貓

至少在某些方面來說，我們家中的動物朋友幾乎也跟獨角獸一樣，算得上是「虛構」的動物。這是法國哲學家雅克·德希達（Jacques Derrida）的洞見（或者說是類似洞見的觀察），那時他看到家中的貓凝視著自己赤裸裸的肉體，腦海突然閃過以下頓悟：

> 不，不可能。我的貓，那隻待在臥室或是浴室凝視著我肉體的貓，或許並不是「我的貓」或是我的「可愛小貓貓」；它在這裡並不是要像一位外交大使一樣，背負著人類文化賦予貓科動物的巨大象徵責任，如同拉·方丹（La Fontaine）、提克（Tieck）、波德萊爾（Baudelaire）、里爾克（Rilke）、布伯（Buber）等等哲學家所賦予貓咪的責任一樣。如果我說這是一隻「真正的貓」看到我裸體，我只是想要凸顯出它不可取代的獨特性。我的貓聽到我叫它名字會有回應⋯⋯這代表著它並不是以「貓」這個物種的身分來回應我，更不用說是「動物」分類中的屬或是界⋯⋯，它做為一種不可替代的生命形式來到我身邊、進到這個空間與我相遇，看著我，甚至是看著我一絲不掛的肉體。世界上沒有任何東西可以剝奪我對這種存在的確定；這種存在也不能夠化

作實體的概念。

德希達接著表示，自己在貓咪面前赤裸著身體有點不太好意思[16]，這種既恐懼又興奮的感覺就好像自己變成獵物一樣，無異於遠古時期的猿人祖先，面對貓科掠食性動物時的感受。

就算是不發一語、單純地看著動物，我們也能夠把該動物從大環境中抽取出來，然後讓它在某種程度上進入我們的世界。[17]野生動物並沒有名字，或者說它們的名字不是人類可以認得的；我們賦予動物名字，然後進一步給它們人類化的特徵，我們正在「文明化」其他生物。在《創世紀》的記載當中，亞當替動物命名（創世紀 2:20），其實就是在展現對動物的支配權。然而，我們現今不只是替動物命名，我們還把動物的演化線都畫出來，將它們分類到特定的科、屬、種當中。其中，貓咪的學名就是 Felis catus，也有人會稱為「Cleopatra」（克麗奧佩脫拉）等等，人類不單只給它一個名字，而是一整套的名字。不論是哪種名字，動物都背負著不同文化下所決定出來的人類期望，同時，在大多數情況下，我們透過名字展現出人類對該動物的希望或害怕。人類的主要特徵就是語言，而名字（常常不只有一個名字）就是用來彰顯成員的身分標記。

我們將動物分門別類，放進複雜的分類系統當中，進而減輕因不熟悉而產生的那種初始恐懼，不論是生理上或心理上的。我們透過這種方式減緩面對動物時的心理衝擊，因為動物可以讓人感到不安地「像人」，但同

時卻又極其陌生。看著貓咪的眼睛，或是盯著蜘蛛結網，這種體驗會把我們拉回到產生文化之前的時期；這可以喚醒我們的原始本能，至少在某些時候會是一種提醒，讓我們知道平常傳統上所認為的「文明」到底有多麼專制。

一則關於德希達的貓咪文章評論也同樣小有名氣，評論人唐娜·哈拉威（Donna Haraway）寫道：

> 他（德希達）正處於給予尊重的邊緣……但是他的思想被自己選擇的西方哲學和文學文本所蒙蔽，同時，他也受到自己在貓咪面前裸體的擔憂所影響……德希達並沒有履行作為動物同伴的基本義務，他並沒有對貓咪感到好奇，沒有思考它可能在做什麼、有什麼感受、在想什麼、或者貓咪那天早上看到他赤裸的身體時，它可能會想對主人做什麼等問題。[18]

換句話說，德希達只有寫到動物帶給他什麼樣的啟發以及感受，某種程度上，這樣做有點太過於自我中心；有可能這隻貓最後成為一個動機，引出他對於笛卡兒（Descartes）、康德（Kant）、邊沁（Bentham）、海德格（Heidegger）和阿多諾（Adorno）等人的反思。然而，假設德希達事先參考過動物學家的文章或是貓科動物照護手冊，他可能也不會得出更好的想法；或許，德希達當時正以詩人的方式寫作，但忽然想起自己其實是一位哲學家。

這種詩人與學術哲學家之間的張力貫穿在德希達的寫作當中。詩人不斷地想要與貓咪這個陌生的存在建立連結，但哲學家卻認為這是不可能的；詩人可以感受到，或至少會渴望那種超脫現實的瞬間，但哲學家堅持這種感覺並不存在；詩人想要整個下午都看著貓，跟它玩耍，但哲學家卻認為他應該趕快去閱讀邊沁和笛卡兒的著作。有時候，詩人會跳出來說幾句話，但哲學家總會突然搬出一些偉大的著作打斷詩人，並要他趕快去閱讀。但是，詩人被打斷之前，通常都能夠發表一些重要的見解，而哲學家無法要求詩人把這些話收回。詩人認為動物超出我們可以具體概念化的範圍，即便是學術界也做不到。

而且，德希達內心的衝突也可以在簡單的矛盾中看出一些端倪；雖然他堅稱所有存在都不能被分類或是命名，但他卻不斷使用「貓咪」來稱呼該動物。事實上，德希達說完貓科動物的概念不能被具象化後，他的文章卻花了一大篇幅具象化貓咪的概念，這種感覺就好像有人一直滔滔不絕，強調他自己非常需要安靜。但是，如果德希達是替這種生物畫一張圖，而不是貼上標籤，這樣會更好嗎？或者，他替這生物寫一首詩呢？又或是替這種存在寫一兩個故事呢？如果他這麼做，他就是承認這種生物的自主性，而不需要我們賦予它任何名字。

旅行者的故事插圖，出自十五世紀法國。在中世紀的尾聲，旅行的故事記述變得越來越奇幻；在這張圖片中，美人魚（或是海妖）正吹著號角，旁邊還有海豚等不同的海洋動物一同伴奏。旅行者登上一座島嶼，上頭還有一匹白馬用來象徵原始的純潔。

第三章
什麼是「幻想動物」？

……事情出了差錯，或有點不對勁
老鼠可以長出翅膀，並且長有一張人類的臉。
　　　　——美國詩人西奧多・羅斯基（Theodore Roethke），《蝙蝠》（*The Bat*）

　　假設動物學家經過深入調查後宣布：「雪怪其實是一種熊。」許多人可能會因此認為雪怪不存在，但如果我們稍微跳脫字面解讀，就會發現這句話的意思並非如此。它反而告訴我們雪怪應該分類到哪一種動物類別當中。我們仍然可以認為這樣的評論是帶有否定意味的，因為跟雪怪相比，熊不是什麼太稀有的動物。但雪怪可能也不是「一般」的熊；它可能是一種先前無人知曉的熊類品種，有著極大的力量與智慧。而且，就算事實並非如此，該動物學家的說法或許也可以解讀成一種對於熊科動物的致敬。

　　所以，什麼是「熊」？在一般情況下，什麼是「真實的」動物呢？現代生物學的起源通常可以追溯到卡爾・林奈（Carl Linnaeus）於1735年出版的《自然系統》（*Systema naturae*），該書嘗試替所有生物進行系統化的分類。然而，林奈的分類學基本上就是依照傳統或是「常識」的建議，進行系統性的排序。如果某一動物感覺可以放進許多不同的類別，這種分類法就會產生問題，蝙蝠就是個例子，林奈跟許多當代的生物學家一樣，認為蝙蝠就只是一種長出翅膀的老鼠。在後續的版本當中，他把蝙蝠分類為靈長目，但最後還是給它們自己專屬的分類，稱為「勞亞獸總目」（Laurasiatheria），並沿用至今。

　　林奈和同時代的其他自然學家一樣，把鯨魚還有海牛歸類為一種魚類（當然，現今科學家將它們歸類為哺乳類動物）。河馬常常被視為部分像豬，部分像馬，但林奈卻將其歸類為嚙齒類動物。他的分類標準對於當時的人來說，大都非常直觀易懂，但科學漸漸地教導人們不可以相信表象，所以專業知識跟實際經驗之間的鴻溝就越來越大。距今約莫兩百年前，哥白尼提出地球並非固定不動的想法，而且其他星體也不是繞著地球運行；克卜勒證明星體並非沿著完美的圓形軌道運行，而是橢圓形；同時，伽利略也發現這些星體表面並非完全平滑。更近的時候，牛頓證實白光並不是完全均質，而是由許多種顏色所組成。化學家正試圖證明物質並非完全都是固體，而是包含許多元素。

　　從林奈的時期一直到現代，這種不斷有新發現的過程持續加速發生。現今的動物學家已經動搖許多傳統的分類方式，有些甚至跟我們平常的印象背道而馳，例如，河馬與其他陸地上的哺乳類動物關係甚遠，它們其

實更接近鯨魚或是其他鯨豚類動物。現在，動物界不僅推翻鯨魚是魚類的概念，還認為「魚」不是一種適當的生物類別，因為證據顯示，傳統上認為屬於魚類的生物並沒有一個共同的演化祖先。[1]但是，把動物從生活經驗中抽離出來會使人們容易陷入新的錯覺，因為隨意觀察法已經不再是檢驗真實性的有效方式。也許這就是為什麼文藝復興時期的科學革命會伴隨著奇幻生物的目擊報告數量增加，像是美人魚或是其他古代神話生物等。

我們要如何得知某種動物是「幻想的」還是「真實的」呢？這個問題其實很難回答，不容易面對；或許我們可以把它視為一種分類學上的維度，也可能是一種擴增，這樣想的話會感覺比較心安一點。畢竟，幻想動物並不單純只是人類的期望或是恐懼所建構出來的生物，在大多情況下，它們還跟其他有形的物件息息相關，像是獅鷲的爪子、獨角獸的長角、北美野人（大腳怪）的足跡，或者尼斯湖水怪的照片等。通常還有目擊報告，甚至是非常詳細的冒險故事指出有人曾與傳聞中的生物互動。當然，我們現在的測試方式絕對比文藝復興時期的要來得精確，但卻未能達到毫不含糊或是萬無一失的程度。如果雪怪毛髮中的遺傳密碼感覺起來與人類相似，相信該論點的人可能會說這是因為雪怪與人類算是遠親關係；若要決定雪怪是否真實存在，我們就必須要先判定雪怪到底屬於熊類、人猿、人類，或是其他類別。非洲的倭黑猩猩算是黑猩猩嗎？像蘑菇這樣的真菌是動物還是植物？貓熊真的算是一種熊嗎？尼安德塔人可以歸類為現代人類的一種嗎？已滅絕的袋狼會嚎叫、獵食，甚至長得跟狗很像，但是卻會把幼獸放在肚前的育兒袋當中，這樣我們要說它是食肉動物還是有袋動物？分類學家不斷嘗試透過更加科學的方式來建立自身的學科領域，並努力創建各種精密的衡量標準、圖像與圖表，但是，他們最終還是得要仰賴自然法則的直覺。[2]

同樣的想法也適用於那些主要存在於謠言或傳統中的動物分類。獨角獸是一種馬嗎？還是羊？還是犀牛？還是說它是截然不同的物種呢？薩提爾（羊男）是人類嗎？聖靈是鴿子的一種嗎？美人魚屬於海豚嗎？還是海豹、海牛或是女人呢？犬頭人是人類嗎？還是犬類？又或是狒狒？在多數情況下，我們的答案最終都會決定我們所討論的生物到底算不算是「虛構的」。

托馬斯・布朗（Thomas Browne）否定獅鷲是真實存在的生物，對此，十七世紀中期的蘇格蘭牧師安德魯・羅斯（Andrew Ross）曾寫下這樣的回應：

> 雖說其他作家認為獅鷲是虛構的，但他們的說法顯然不足以證明獅鷲是真的不存在，因為這世界上還有許多這種「混合與模糊」的動物存在著。阿科斯托（Acostos）告訴我們印度的羊駝（草泥馬），有些地方像驢子，有些地方像綿羊。萊里斯（Lerius）表示巴西的貘科動物，外表看起來既像驢子又像小牛。其他還有很多我們所讀到的混合動物，像是飛行的貓、會飛的魚，以及一種長有狗頭的猿猴，稱為犬頭人；我們

認識的蝙蝠既像鳥類，又像獸類。[3]

在羅斯寫下這些話的五十多年前，克里斯多福‧哥倫布（Christopher Columbus）才剛踏上新大陸，當時的探險家紛紛使用十分費解的敘述來形容美洲駝以及貘科動物，為了讓人們知道這些動物的存在。當時看到新的動植物物種都非常奇特，所以人們難以準確地描述，必須要透過他們較為熟悉的生物來作類比，而這樣通常會產生具有奇幻元素的敘述方式。科學家現今會認為把美洲駝描述為綿羊與驢子的結合是種錯誤的說法，或把它當成一種類比的方式而已，但我相信，羅斯所提出的觀點至今大多都還說得通。有很多動物感覺起來只是奇怪的混合體，但卻是真真實實存在的生物。

什麼是幻想呢？

或許除了現代的科幻小說家與藝術家外，很少有人會刻意創造出一種虛構的動物；而我們現在大多所熟知的幻想動物形象，都是一種跨越文化與歷史巨大鴻溝的存在。對於描述、雕刻、繪畫這些生物的人來說，它們似乎是真實的動物。雖然這些幻想動物的形象並不一定是針對單一個體的字面描述，但是，如果我們把其中的象徵性、寓言性以及情感維度排除，這種「字面」事實的概念內，絕大部分是現代西方文化下的產物。「事實」跟其他的經驗變得越來越涇渭分明，在這兩者的界線當中，就會出現一種名為「想像」的領域。根據塞繆爾‧薩杜恩（Samuel Sadaune）主要針對法國的說法，他表示「一直到十三世紀才出現如此明確的界線，區分現實與非現實、正常與不正常、自然與超自然。而這個界線就是『奇幻』。」[4]

「imaginary」（幻想）是「fantastic」（奇幻）的近義詞，到了十四世紀才正式成為英文單字。我們很難不去推測「imaginary」（幻想）跟「magic」（魔法）這兩個字之間是否存在字源上的影響，因為「magic」這個字也是在十四世紀首次出現在英文中。不過，「imaginary」其實源自於拉丁文的imago，意思是「某事或某物的相似品」；而「magic」則出自拉丁文的magos，意為「巫師」，根源可追溯至波斯文中的magus（魔法師）。不管這兩個字之間是否有直接的關聯，這兩個概念始終緊密相連。一直以來，那些相似品總會帶著一點「神祕」的元素，所以也具危險性，這也是《聖經》禁止「雕刻肖像」的原因，而這樣的限制或多或少也可以在猶太教、伊斯蘭教或是基督教的不同派別中看到。「真實」是「幻想」最主要的反義詞，該詞是十五世紀才進入英文當中，字源可以追溯到拉丁文res，即「事物」的意思。這三種概念都跟「事實」的新想法息息相關，是從現代科學與宗教教義中逐漸興起而成。

在後現代時期，純粹字面的事實概念逐漸受到人們的質疑。「經驗」與「幻想」可能聽起來迥然不同，但最近的認知心理學研究以及其他相關領域顯示，這兩者之間的關係其實更加錯綜複雜。「感知」很大一部分

這幅插圖出自十三世紀由義大利比薩的魯斯蒂謙（Rustichello）用古法文寫成的《奇觀之書》（*Book of Marvels*），其故事內容係根據馬可·波羅的冒險。畫面右下角的前景是一隻鱷魚的形象，但為迎合大眾對獵奇的喜好，藝術家誇大了作者的準確描述。

是由「幻想」所組成，因為我們每個人在建構物體時，都必須要仰賴概念框架、視覺刺激、聲音、記憶等等，整個過程涵蓋文化以及生理層面，通常都是一眨眼就結束，但這其實一點都不簡單。我們的經驗會決定自身該注意什麼刺激物；而事先具備的想法則會默默地影響我們對於該刺激物的分類與解讀。[5]

連人類將生命體區分成不同有機物的過程都十分主觀，就算我們通常認為這種分類法是不證自明的，但事實並非如此。例如，我們為什麼認為人體中的細胞屬於身體的一部分，而腸胃中用來幫助消化的細菌就是獨立的個別有機體？胚胎算是獨立的人類個體嗎？還是因為它在子宮裡，所以屬於女人身體的一部分？我們為什麼不將蜂窩視為一個有機體，把其中高度分工的各種蜜蜂看作該蜂窩的一小部分呢？美國俄勒岡州東部的蜜環菌（Armillaria ostoyae）是一種真菌，占地面積約四平方英里，那麼它是世界上最大的生物嗎？還是僅僅是微小生物的集合體？現在生物學家認為真菌在基因上比較接近動物，而非植物，所以如果它算是個別的生物，我們應該很難不將其視為「怪物」吧。但這類問題屬於生物學與哲學間討論範疇的交界處，我們並沒有最終答案。

什麼是「動物」？

「animal」（動物）一字源自拉丁文的anima，代表「呼吸」、「靈魂」或是「蝴蝶」的意思。這三種意思之間有著微妙的關聯，都有助於幫助我們理解動物是什麼。其中，比較偏向生物學的定義就會強調生理過程，像是呼吸等機能；比較偏向宗教或哲學的定義就會把重心放在是否具有靈魂或是其他世俗化的靈體；而靈魂的形象呈現方式通常會是以蝴蝶，或是一個小小的人形，背後長著一對翅膀來顯現。現今，我們對於「動物」的理解是整體世界觀中的重要一環，有時將其稱為「科學」，就跟其他重要的典範一樣，動物的概念只是一種假設，很難講清楚、闡明或是解釋，而且不太可能證明。

許多非西方語言，例如中國的文言文，並沒有對應於西方「動物」概念的詞彙[6]；像是生活在亞馬遜雨林中的阿秋爾族（Achuar）希瓦羅人原住民就認為植物跟動物有自己的社會，並且有特定的規則與習俗；澳大利亞原住民或是其他文化則認為包含植物、動物以及地景特徵在內的部落歸屬感遠比物種之間的區別更加重要。我們有時候會把生命的區別視為理所當然，認為生物都可以區分為固定的幾個類別，像是動物、植物、人類等等，且這些類別還可以再進一步細分。我們的科學、宗教以及法律大多是建立在這樣的分類方式之上，但是這種分類法絕非表面上的清楚明瞭。對於一些原住民的文化，特別是美洲的原民文化，生命體的身分是流動、難以捉摸、稍縱即逝，並且十分複雜，很難恰好放進固定的分類當中，更別說是階層式的分類標準。[7]

人類學家提姆・英戈爾德（Tim Ingold）提出他的觀察並表示，在西方文化中，人們誤解「萬物有靈」（animism）這個術語，變

成將意識灌輸給無生命物體的錯誤觀念。然而，在萬物有靈的文化當中，意識根本不侷限於特定的物體中，而是與這些物體的互動方式中產生而成。他的原話是：

> 有生性……並不是把人類的特性透過想像力投射到我們所認知的周遭物體上；相反地，它是彼此關係環環相扣的整體世界中，一種動態、變革性的潛能，在這之中的各類生物，無論是偏向人類或是偏向物體，都不斷地互相影響，並且成為對方存在的基本要件。簡單地說，生命世界中的有生性並不是靈魂注入物質的結果，也不是行動注入實質性的產物；真正重要的反而是我們區分生命之前的本體論。[8]

生活在西方的人通常會藉由習慣跟傳統，認為意識就是笛卡兒（Cartesian）典範中，吉爾伯特・賴爾（Gilbert Ryle）所稱呼的「機器中的鬼魂」。[9] 基本上，人們認為意識是一種擁有物，可以獲得、增加或是喪失；但是這種模式受到許多傑出的西方科學家與哲學家強烈質疑[10]，並且從未被大多數的人類文化所接受。

或許這聽起來有點諷刺，但過去幾十年才開發出來的新科技現在卻能成為一種隱喻，讓我們更能夠理解曾經認為是「原始」的思維模式。如同網路可以擴散到許多不同的電腦、行動電話、印表機、掃描機以及其他裝置上，我們的意識也能夠擴散到許多不同的思想當中，而這種現象有時被稱作「分散式意識」。至於網路，人們可能會想知道我們的圖片、聲音、文字、旋律、表情符號等等到底都存放在哪一個裝置中？唯一可能的答案似乎是「以上皆是」或是「以上皆非」。同樣地，意識並不是一個獨立的存在，而是出現在與其他意識之間的連結中。換句話說，如果我們要透過萬物有靈的視角來描述意識的載體，那它可能會是一個包含頭部在內，具有多種生物特徵的奇幻生物。

法國人類學家菲利普・德斯科拉（Philippe Descola）區分出四種用於組織人類生活經驗的基本典範，包括圖騰主義、萬物有靈主義、類比主義以及自然主義等。[11] 澳大利亞的原住民保留了最純粹的圖騰主義；萬物有靈主義通常會跟圖騰主義結合，主要出現在美洲以及非洲的原住民文化當中；類比主義在文藝復興時期的西方社會中占主導地位，同時也大量出現在比較近代的中國以及東亞大多數地區的文化當中；而自然主義則奠基在把經驗區分為「文明」和「自然」的分類上，從近代早期一直到現在都是西方文化的主要典範。

萬物有靈主義及圖騰主義的觀點可能會排除幻想動物的概念，至少在西方文化中，人們所熟知的方式便是如此。這些觀點會模糊，甚至是抹去幻想動物概念的分界，不再區分人類與動物、生命體與無生命物體以及現實與想像。從類比主義的角度來看，真實動物與幻想動物之間的區別並不一定那麼重要，因為我們都是透過複雜的寓意以及隱喻模式來認識心靈世界與物理世界。只有在自然主義的觀點下，基本上就是現代科學的視

角,會比較偏向把幻想動物跟真實動物完全區分開來。然而,儘管上述四個觀點中的任一想法曾在某個文化或是歷史時期中占有主導地位,但這些觀點從來就不是互斥的。[12] 萬物有靈主義者可能會向他的貓尋求建議;自然主義者可能會研究貓的品種特徵;圖騰主義者或許會宣稱自己是「貓派」,而類比主義者則是會看著貓的眼睛,希望從中獲得智慧。當然,許多養貓人士會同時做上述四件事。

甚至連科學家大多時候也需要試著相信,並接受我們的基本感知方式,因為其他替代可能性的範圍太過廣泛且難以捉摸。或許,我們在使用「幻想動物」一詞的時候,必須要加一點諷刺的意味,並要求各位讀者在心中加上引號,特別是這些幻想動物所出現的文化與我們所熟悉的天差地別的時候。我們必須承認,某些我們稱之為「動物」的生物,在其他的文化背景下,可能更趨近於人類、神祇或是靈體等。而所謂的「幻想」在另一種與我們背景南轅北轍的文化環境之下,也有可能是可感知的現實。然而,這些並不是我們自小習慣的文化,即便我們試圖以相對抽象的方式去理解,但到頭來還是無法真正進入其中。

將個別動物辨識為單獨的存在,並將其從環境中抽離出來,就算沒有賦予它們名字,我們已經是強加人類,或者說西方的秩序在這些動物的生命之上。有時候,專家學者會暗示性地假設,他們在學界中的派別不僅是全體人類的範本,甚至適用於所有動物。關於動物是否具有「自我意識」或「心智理論」的理論,似乎一直預設所有的動物都會在身體中探尋自我,甚至是身體的特定部分,像是大腦。這是一個非常奇怪的假設,因為這個模型並不普遍,甚至對於人類來說,也不是如此。有些人會在不同地方找到自我,像是土地、部族、文字、祖靈之地、血統、各種行徑等等,而這種模式也適用於動物。熊跟鹿這類的動物,就像是萬物有靈主義文化一樣,可能並沒有將意識分割成不同的「心智」,它們反而擁有一種永遠流動的自我意識。

同時,魚群也很可能視自己為單一有機體,而非不同個體的集合。除此之外,主要仰賴其他感官而非視覺的動物對於自我的認定方式可能也跟我們人類截然不同。狗主要透過嗅覺而非視覺來幫助自己找到正確的路,它們可能會認為自己是一種氣味,並把這個味道留在家中,稍後可以沿著氣味回到原地。蝙蝠利用聲納定位,或許它們會認為自己是聲音的一部分;而海葵可能會感覺自己就像是海洋中的洋流一樣。

成為動物

美國博物學家愛德華·威爾森(Edward O. Wilson)所提出的「親生命理論」(theory of biophilia)提供初步解釋,將幻想動物定義為「人類與其他生物之間的天生情感連結」。[13] 因為絕大部分的幻想動物身上都會有部分的人類生理或心理特徵,或許,幻想動物就是這類連結的象徵。例如,那些比較親近馬的人可能會創造出半人馬這類的幻想動物。

「親生命性」在 1980 年代晚期和 1990 年代成為學術上的流行語，該詞向環保運動的量能借鑑，並提供像是動物輔助療法等新興領域合理的解釋；這個想法似乎符合當時許多思想的趨勢，但很快地就漸漸淡去。雖然這個概念深具啟發，但支持者仍不太能嚴謹、清晰地描述其核心概念，就連滿足軟科學的要求都做不到。

然而，義大利人類動物學家羅伯托・馬切西尼提出「動物性理論」（theory of zootropia），為上述想法提供更清晰的闡述。他認為，人類的身分並不在於擁有較大的腦袋或是已知用火等特別的特徵，反而是透過與其他生物的認同感建構而成。[14] 其中最好的證明方式就是透過動物形象來象徵人類身分的狀況無所不在，不論是個人身分或集體身分都是如此。我們可以在人類社會中的各個面向看到相關的案例，舉凡古埃及到現代都能看到。各國也經常使用動物作為象徵，像是英國的鬥牛犬跟中國的貓熊等；運動隊伍也常常以動物來當作隊名，例如多倫多藍鳥隊或巴爾的摩烏鴉隊等。在美國，驢子象徵民主黨，大象則代表共和黨。不論是鴿子還是老虎等動物都用來代表熱門的產品，流行社會學有時候還會將人類區分為「狗派」或「貓派」。

在宗教上，人們至今仍會以羔羊或獅子來象徵基督，鴿子則是聖靈的代表。傳統上，猶太教對於經文中禁止偶像崇拜的解釋更為嚴格，但仍然以猶大之獅作為宗教代表；穆罕默德的人頭馬（Al-Buraq）則是伊斯蘭教中最具代表性的形象；象頭神甘尼許（Ganesh）是印度教中深受愛戴的動物神祇之一；能夠騰雲駕霧的齊天大聖孫悟空則在佛教中享有高人氣。

雖然大多是在幾乎完全沒有意識的層面，但食物與個人或是集體身分的概念緊密連結。一方面，人類基本上會成為平常飲食內容物的樣子，所吃的東西都會顯示出來，所以人們擔心吃肉會讓自己野獸化。他們相信如果吃牛肉，或吃太多牛肉，就可能會漸漸變得有點像牛。另一方面，因為我們在創造自我身分時，有一部分是來自與動物的認同感，所以吃牛肉的人可能也會變得像是掠食性動物一樣。[15] 在露意莎・奧爾柯特（Louisa May Alcott）的中篇小說《超驗派野人》（Transcendental Wild Oats）當中，故事發生於 1860 年代，當時一位美國素食主義者看到年輕的女孩吃魚而感到震驚，說道：「你們這些吃肉的人，難道不知道這樣做是在滋養內心的狼和老虎嗎？」[16]

食物在人類身分中扮演至關重要且複雜多變的角色，所以會牽涉許多強烈的文化或次文化禁忌。[17] 我們認為食用肉類算是輕微違反同類相殘的禁忌，因為不論是來自牛隻、人類還是青蛙，血肉的樣子看起來並無太大差別。吃肉同時帶給我們違反禁忌的憎惡感和興奮感。《聖經》中提及詳盡的飲食規則，要求人類禁止食用，甚至是不可接觸「不潔」的動物，像是爬蟲類、兩棲類、猛禽類、食肉類、螞蟻跟豬隻等（利未記 11:1–23）。

已故獸醫和人類動物學先驅伊莉莎白・勞倫斯（Elizabeth Lawrence）寫道：「透過

騎著人頭馬布拉克（Al-Buraq）的穆罕默德，出自十五世紀的伊朗。《古蘭經》並未提及布拉克是否真的有一顆人頭，而這個形象似乎來自伊朗的民間傳統；這匹坐騎的名字在阿拉伯語中的意思是「閃電」，也許是象徵它的飛行速度很快。

……象徵化，存在著某種特性的結合——動物具有人類的特性，而人類也擁有動物的特質。」就算這些結合並沒有直接用來當作符號或是隱喻，動物仍然是人類定義重要特徵時的基本參考點。狂暴的特質至今仍然可以用獅子、野狼等肉食性動物來類比，而柔軟纖細則與築巢的鳥兒有關。即便現在有越來越多的野生動物從我們的日常生活中消失，但人類文化還是充斥著圖騰主義的蹤跡。

總而言之，動物是建構人類普遍身分、部落身分或是個人身分的主要範本。特別是幻想動物，它們是人類社會改變的紀錄，因為我們會從其他已發現的生物上吸收學習、據為己有或是全盤否定它們的身體特徵；也因為人類不斷地吸收其他動物的外貌、習性或是能力，甚至借用它們的身分，其方法就跟動物本身的種類一樣包羅萬象，所以人類文化和個體之間就存在著非常大的差異。

什麼是幻想動物？

所以，究竟什麼是「幻想動物」？我們大多時候都會認為自己知道，或至少可以辨識出幻想動物。然而，我們會發現，光是要給出定義就出奇地困難，而且經常會遇到模稜兩可的案例。例如，擁有人類身體以及狗頭的犬頭人算是「幻想動物」嗎？還是應該稱它們為「幻想人類」呢？我們可能會認為，有著人類上半身軀體的埃及神祇阿努比斯本質上算是一種犬科動物，但是有著狗頭的聖克里斯多福似乎仍被視為人類；這是因為後者比較接近我們的傳統，所以感覺上就比較沒有那麼陌生。

某些概念，比如「幻想動物」，雖然難以提出確切的實證定義，但不代表這種概念就一無是處；如果非得要提出明確的定義，那麼所有抽象的討論都會變得不可行。例如，律師，甚至還有哲學家，不斷地在法律與道德的討論中引用「權利」的概念，但他們通常都沒有擔心過權利要如何定義，甚至不曉得權利是否真實存在。要求對方提出完全精準的資訊，而自己又達不到所設立的標準，這樣的做法非常不合理，但學術界卻常常這麼做。試圖透過非常嚴謹的定義方式使用抽象概念，很有可能導致大家都在吊書袋，而非追求內容的精準。語言會進而遵循人類感知的斷層帶發展，並忽略這些內容到底能不能充分理解。

出於以上原因，我們並沒有太多選擇，只好用相對天真的方式理解「幻想動物」一詞。有個定義方式有點粗糙，但還算是說得通，並且可以彈性調整，應用到許多不同的文化界線當中，那就是把「真實」看作是我們平常所認為相對普通的事情，而「幻想」則是代表不符合我們現實預期的事物；「人類」指的是「我們這個物種」，「動物」則代表「其他的物種」（也就是跟我們不同的物種）。幻想動物屬於本質上與我們不同的世界，但是從某些方面來看，又跟我們有些連結。最基本的特性就是它們結合人類相對熟悉的特徵，卻又存在一些明顯的不同。這讓奇怪的特徵顯得熟悉，同時，讓熟悉的特色看起來又有些奇怪。這個概念隱藏在許多用來稱呼幻想動物的名詞當中，像是「怪

第三章 什麼是「幻想動物」?

柯里奧蘭所繪的《犬頭人》(Cynocephalus),收錄在烏利塞・阿爾德羅萬迪的著作《怪獸歷史》中。阿爾德羅萬迪認為這些有著人類身體、犬隻頭型的生物住在小亞細亞,它們身強體壯、頭腦精明,能夠抵抗韃靼人。

物」、「奇葩」、「驚奇」、「怪胎」、「奇蹟」、「驚喜」等等。[19]

定義幻想動物最有效的方式可能就是透過它的心理、精神或是社會角色來看。幻想動物對於個人、群體、甚至是整體人類社會來說,算是一種「第二自我」,它們可能是我們本來應該成為的樣子,也可能是人類未來的型態、害怕變成的東西或是渴望轉變的目標。甚至,它們也會是我們自己變身而成的生物,可能會出現在夢中,或是其他的平行宇宙裡,像是變成狼人等。從這個角度理解,幻想動物至少非常接近法國哲學家勒內・吉拉爾(René Girard)所提出的「動物替身」概念;也很接近羅馬尼亞歷史學家盧西安・博亞(Lucian Boia)所謂的「另類人性」(l'homme différent)想法;或是羅伯托・馬切西尼口中所說的「野獸型態」(theriomorph)。[20] 雖然說在不同文化、宗教和哲學當中會有迥然不同的概念,但使用動物做為第二自我似乎算是一種普遍的現象。世界各地的神話都講述人類與動物所建立的親密氏族關係,無論是現代的變形者還是遙遠古代的祖先,都是很好的例子。

大多數在人類文化當中占有重要地位的幻想動物,身上都有部分人類的物理特徵,像是臉部、軀體、手腳、聲音等等。一些明顯的例子包含半人馬、美人魚、海妖、狼人以及犬頭人等。在主流文化的角色中也有類似的案例,例如米老鼠。除此之外,飛龍還有獅鷲等生物可能沒有具體的人類特徵,但它們顯然也是人類寓言或是紋章概念的一種呈現。無論幻想動物有多麼奇怪或是異常,它

1806 年,歐洲自然歷史書籍中的猴子。在達爾文(Darwin)提出論述之前,猿猴的「人類」特質似乎不會令人感到不安,人類也不會抑制自己,拒絕賦予猿猴人性。這些不同品種的猴子看起來像是精靈或是人類小孩。

們總與人類世界脫離不了關係。

動物主要會透過人類聲音擬人化,這樣的傳統是由傳說中的傳奇說書人伊索(Aesop)所設定,據說他在西元前六世紀左右生活在希臘的薩摩斯島(Samos)。這邊就舉一個伊索模式的寓言故事:「一隻母狐嘲笑母獅,因為它每次只能生一隻小獅子。母獅說:『是的,只有一隻,但它是獅子。』」。[21] 在這個例子當中,這兩個動物分別代表人類社會的不同階層,但是這種單一維度的心理描述讓這些生物感覺起來一樣只是動物,有時候會讓人覺得有點格格不入。如果它們暫時代表人類,這些動物角色就幾乎代表著不同的教訓,類似伊索所處時

第三章 什麼是「幻想動物」？

一隻樹懶跟猴子，出自 1806 年的歐洲自然歷史書籍。如果我們翻閱兩百多年前的自然歷史書籍，可能會覺得自己進入一個幻想世界。這些生物都有野獸的身軀，但是它們的臉顯然就是人類。

代中的神諭者，他們會從鳥類飛行的樣子取得旨意。

中世紀寓言故事集當中的動物象徵比較詳盡，因為它們的行為所傳達的不只是實質的教訓，而是含有宗教的訊息。我們無法得知中世紀動物寓言故事集的作者和讀者是否真的相信其內容，像是其他所有動物都會追隨美洲豹的芳香氣息，而龍會因恐懼而癱瘓等。當然，他們對於故事的真實性不太感興趣，他們比較關心的是故事背後的寓意：「真正的美洲豹，我們的主耶穌基督，從天上降臨，拯救我們脫離邪惡的龍魔掌控」。[22] 無論如何，這些動物都從森林跟平原向上昇華，進入思想的領域當中，所以變得更人性

THE GORILLA.

《大猩猩》（The Gorilla），出自英國博物學家菲利普・戈斯（Philip Henry Gosse）的《自然歷史的浪漫》（*The Romance of Natural History*，1860年）。在達爾文之前，人類通常將猿類動物描繪成溫和、仁慈，幾乎與人類相似的形象；進化論讓它們看起來充滿威脅，因此就被描繪成擁有巨大獠牙的兇惡怪物。

化,也更加奇異。

十二世紀後期的史詩級詩歌《鳥的會議》(The Conference of Birds)中,波斯的蘇非主義詩人法里德・阿丁・阿塔爾(Farid al-Din Attar)曾經描寫成千上萬隻鳥在戴勝鳥的領導下展開一場朝聖之旅,前往晉見國王——阿拉伯鳳凰,或稱鳳凰鳥。這是一段既危險又漫長的冒險旅程,鳥兒們不斷面臨各種威脅,包含疲勞、火山、口渴、暴風雨、豔陽和絕望等等。在出發之前,戴勝鳥召集鸚鵡、孔雀、鴿子和老鷹等不同鳥類準備啟程,但夜鶯卻猶豫不決,因為它深愛著一朵玫瑰,而那朵玫瑰也只為它綻放。戴勝鳥回應道,玫瑰只是在用她的塵世之美嘲笑夜鶯,用刺保護自己,並在一天後凋謝。然後,戴勝鳥講述一個公主曾經對貧困的苦行僧微笑的故事;這位可憐的苦行僧誤把她的同情當成愛情,站在公主的門前連續哭了七年,出盡洋相且危及自己性命。

在其他鳥兒也猶豫不決的時候,戴勝鳥會以各種愛情故事來提振士氣並鼓舞它們繼續前進,這些故事有些是圓滿的、有些以悲劇收場,而有些則是愚蠢不已。鳥兒們也會相互分享宗教寓言和寓言故事,藉以陶冶性情並消磨時間,但是,還是很少有鳥兒能夠忍受這次旅程的困難,堅持到底。最後,只剩下三十隻鳥成功接近鳳凰鳥的所在地,卻發現鳥中之王其實就是它們自己在清澈湖泊水面上的倒影而已。對於作者來說,這故事顯示出蘇非神秘主義者哈拉吉(Hallaj)的智慧,而哈拉吉本人則因為高呼「我就是真理」而殉道。[23] 我們在這裡獲得的教訓比較溫和:人類在尋找奇幻生物的過程中,我們得到最深刻的啟示可能都是關於我們自己。

貝爾圖赫（F. J. Bertuch）所著《兒童故事書》（暫譯，*Bilderbuch für Kinder*，1801 年）中的寓言生物。右邊是對應到風、土和水元素的希臘生物：1、哈比（harpy，鷹身女妖）；2、獅鷲；3、薩提爾（羊男）；4、泰坦（titan）；5、海馬（或稱「馬頭魚尾怪」）；6、涅瑞德（nereid，海仙女）。左邊則是來自古代神話和傳說的其他生物：1、半人馬；2、奇美拉（chimera）；3、希臘斯芬克斯；4、埃及斯芬克斯；5、格里爾（grylle，又稱為「西洋穴怪」或「怪誕怪物」）；6、海妖。

第四章
幻想的真實動物

我夢到自己變成一隻蝴蝶,在空中翩翩起舞,然後我醒來了。
於是我就想:我是人夢到自己變成蝴蝶;還是蝴蝶夢到自己變成人呢?

——莊子(譯按:此為莊周夢蝶的典故內容,出自《齊物論》)

或許最早關於奇幻動物起源的理論可回溯到西元前五世紀,生活在西西里島的希臘哲學家恩培多克勒(Empedocles)。根據他的說法,人類的身體器官都是由「愛」所打造而成,然後會「隨機」組合在一起。眼睛會努力尋找額頭、手臂也會四處遊蕩,不斷地找尋肩膀、無頭的軀體,以及沒有身軀的頭顱。這些器官沒有固定的拼湊方式,所以會出現人類的頭接在乳牛的身體上;而牛頭則與人類的脖子相連等狀況;臉可能會接在身體的反面;男人跟女人的生理特徵也可能會混合在一起。在以上各種不同的搭配組合當中,只有少數幾種能夠真正存活下來,並且進行繁殖。這個理論成為達爾文天擇說想法的先驅,其來源可能是作者將早期神話當中的生物拿來與身邊的現實生物進行比較而來。恩培多克勒跟蘇格拉底處於同一個時代,年紀稍長一些。該時代的思想家也都相對理性,大都對海希奧德(Hesiod)提出的幻影世界感到困惑。

恩培多克勒認為,宇宙內部長久以來就一直存在著一種爭端,交戰雙方是將事物結合的「愛」,以及將其拆散開來的「爭執」。在某些時代中,「愛」占有支配地位,所以就會有秩序;有時候「爭執」會占上風,並且造成混亂。[1] 這類說法跟後來的幾個理論有著異曲同工之妙,例如西格蒙德·佛洛伊德(Sigmund Freud)晚年曾提出一套理論,認為人類文化,甚至生命本身,都是愛欲(Eros)和死亡(Thanatos)之間衝突的產物,並且因此綿延不絕,不斷繁衍。[2]

更重要的是,恩培多克勒詳述他的原創想法,解釋了神話、傳說、宗教甚至是科學中的奇幻動物。他認為創世後迎來一段混沌時期,在這段時間內,各式各樣的怪物占領著這個世界;這樣的想法不單單出現在西方文化中,世界各地都有類似的說法。生活在阿拉斯加與加拿大西北部的阿薩巴斯卡(Athabascan)原住民相信,來自混沌時期的奇幻生物數量大大減少,它們試圖以「韋丘格」(wechuge)的形式存活下來。這些生物在許多方面與人類相似,但我們還是可以透過它們的野蠻特徵來識別,例如尖牙、瘋狂亂瞪的眼睛和充滿體毛的身體等。[3] 這種典範甚至已經進入生物學界當中,像是史蒂芬·古爾德(Stephen Jay Gould)等部分古生物學家都表示,距今超過五億年前的前寒武紀結束後,世界迎來了一個新的時代,地表

這些奇幻生物出自於康拉德・馮・梅根伯格（Konrad von Megenbergs）的《自然之書》（*Buch der Natur*，1478 年）。這上面幾乎所有的幻想動物都是由熟悉的動物組合或變種而來，其中大約有一半具有部分人類特徵。

上的動物形式車載斗量、五花八門，創造出史無前例、後無來者的豐富生物多樣性。[4] 在世界各地，許多人認為奇幻生物的出現預示著混沌，其繁衍代表整個宇宙秩序的崩潰。為了維持有序的生活，我們必須摧毀這些怪物，儘管這樣的勝利永遠不會是最終的。這些怪物很可能會在某個遙遠的地方潛伏，或者也可能再次重生。

怪物是原始的嗎？

大約在十八世紀末到二十世紀晚期，研究人類的主要典範認為，歷史是一段記錄人類不斷成長的理性過程，而歐洲與北美的學者則跑得比較前面。這過程可以再細分出不同階段，各個階段都有不同的思想或風格特色，這些特徵能夠讓我們了解某一文化在整個歷史長河中有多麼「先進」。

對於幻想動物來說，這個模型就跟其他歷史上重要的想法一樣，有許多人提出詳盡的論述，同時也飽受人類學家與歷史學家的質疑。二十世紀下半葉，德國歷史學家海因茲・莫德（Heinz Mode）在 1975 年的著作《神奇野獸與惡魔》（暫譯，*Fabulous Beasts and Demons*）中寫到，奇幻生物只有在「城市」和「寫作」出現後，即所謂的「文明」出現時，才會隨之誕生。根據莫德的說法，「神奇野獸」起源於埃及與美索不達米亞等早期文明，後來在印度文明中逐漸浮現出來，到了希臘、羅馬以及其他地中海文明時，這個概念開始蓬勃，並且向東傳入中華文明。[5] 也就是說，神奇野獸遵循從十九世紀到二十世紀中葉被認為是高度文明社會的典型模式發展。

但是，莫德大大低估了在文字出現以前的文明創造力；對他來說，在那些他認為是「原始的」文化藝術當中，任何不真實的特

第四章 幻想的真實動物

（Hohle Fels）洞穴中發現，其歷史可追溯至西元前三萬年左右。儘管莫德提出相反的觀點，但其實在史前洞穴的壁畫中看到想像的複合生物並不特別罕見。[6] 同時，莫德也未能充分認識到原住民文明的創造力，像是美洲印地安人、非洲人或是澳大利亞原住民等，他們能夠把許多不同動物的特徵混合在一起，並產生一種全新的型態。

莫德最根本的錯誤可能是把神奇生物與創造這些生物的方式混淆在一起。古希臘羅馬的怪物相對於其他的文化來說，創造方式比較有公式可循，所以至少對於接受西方文化教育的人來說，這些怪物更容易識別和描述；就連最奇幻的生物通常都能夠根據通用的解剖特徵，或是使用類似自然歷史學家的分類方式，將其歸納到一個相當具有系統性的分類當中。例如，希臘斯芬克斯通常都有女人的頭、獅子的身體、雄鷹的翅膀，有時候還會有一條蟒蛇的頭當作是尾巴；另外，只要看上一眼，就可以輕易地把人們石化的女妖美杜莎據說擁有女人的臉以及充滿蛇隻的頭髮。然而，在視覺呈現的作品當中，這些形象看起來並沒有特別可怕，而這可能是因為這些生物所展現的形象已經有一個固定的方式。所以說，如果人們對於該生物的背景或故事沒有足夠的認識，就算是最巧妙的畫作和雕塑也幾乎很少，或者說從來不會帶出人們心中的恐懼，遠遠不及原先由狂熱想像力所創造出來的懼怕感受。

相較之下，在阿茲特克以及中美洲民族的神話當中，羽蛇神—魁札科亞托（Quetzalcoatl）身上具有鳥類的羽毛、蛇類

大盧卡斯・克拉納赫（Lucas Cranach the Elder）刻畫一個據稱是在 1496 年從羅馬的台伯河（River Tiber）中捕獲的怪物，該圖出自於西元十六世紀初的紐倫堡。這個怪物叫做「教宗的驢子」，身上混合許多不同動物的特徵，雜亂無章，隨機拼湊在一起，目的就是要創造出混亂的形象。

徵或是元素都算是一種錯誤，而同樣的東西在「文明的」文化當中，就變成是一種創意的展現。目前已知最古老的想像動物可能是一個雕像，它有獅子的頭以及人類的軀體，是在 2003 年德國烏爾姆附近的洪勒費爾斯

IMAGINARY ANIMALS

中美洲人更有發明創造的能力，只是他們的方法可能沒有那麼科學，比不上那些奠定西方文明基礎的民族。[7]

舊骨上長新肉

　　有些幻想動物很有可能是根據現實的原型生物發展而來，只是這些動物天生帶有嚴重的身體缺陷，例如有兩顆頭的幼牛、或是在臉部中央只有一隻眼睛的羔羊等；有些也可能是人們在緊張或是混亂的情境，特別是在不熟悉的地景環境中，將某些現實動物誤認為奇異生物。然而，還有人會認為已經滅絕的動物也可以用來解釋幻想動物的創造，特別是在最後一次冰河期末期就絕種的大型哺乳類動物，例如猛瑪象跟大地懶等。這些與已滅絕古代生物有關的記憶傳承可能早就透過口述的方式流傳好幾個世代，人們會特別記得它們的巨大體型以及兇猛特性，然後再與還存活的物種在腦海裡進行融合，變成傳說中的怪物。

　　幻想動物的概念還可能會受到已經絕種或十分罕見的動物遺骸所影響，特別像是恐龍或巨大猛瑪象等。我們現在處於地球溫度相對溫暖的時期，所以可以在西伯利亞等寒冷區域發現來自更新世時期的動物，由於冰川正在逐漸融化，先前包覆在冰雪裡的動物遺骸過了好幾千年幾乎仍然保持著新鮮的狀態。直到十九世紀初期，在法國動物學家居維葉（Cuvier）提出的滅絕理論尚未獲得認可之前，人們普遍認為這些動物遺骸絕對屬於其中一種現在仍然存活的動物。人們先後

《美杜莎》，卡拉瓦喬於 1597 年繪製而成。美杜莎最明顯的特徵就是她一頭蛇髮，她的形象通常已經成為一種傳統。在古希臘的描繪當中，她的臉上經常掛著詭異的笑容；但是到了文藝復興時期，藝術家卻賦予她美麗卻帶有悲劇感的臉龐。卡拉瓦喬將兩種做法整合在一起，並賦予她誘人的特徵，但表情卻充滿恐懼。

與人類特徵，並以不同方式組合在一起，羽蛇神可以是男性，也可以是女性，它同時可以有人類的臉龐，也能有蛇類的臉孔。至少在沒有詳細分析的情況下，我們沒有辦法單從魁札科亞托的圖像中分辨出它身體上的羽毛是人類手臂、羽毛或是鱗片。也就是說，它的形式並非固定不變，感覺起來它的樣貌一直不斷地變化和演進。從許多面向來看，

第四章 幻想的真實動物

在北卡羅來納州以及肯塔基州挖掘出毛絨絨的猛瑪象遺骸，並將這種剛挖掘出來的生物稱為「美洲大象」，並期待有朝一日可以在野外看到它的蹤影。

雖然說我們很難找到巨大生物的傳說與任何特定動物之間的連結，但現今許多相關的傳說故事可能都是受到巨型生物的啟發。[8] 一項根據非常早期的玉器研究而得出的理論指出，麒麟，或稱「中國獨角獸」，最初是一種犀牛品種，只是後來在中國滅絕[9]；美洲的原住民也一直有著關於「快樂狩獵地」的傳說，也許這是指最後一次冰河時期結束前，那些大型古代哺乳類動物還沒有滅絕的時代；幾乎在每個文化中都有著巨人的故事，我們甚至在某種程度上可以想像，這些巨人可能是受到關於尼安德特人、丹尼索瓦人和其他早期類人物種的記憶所啟發，並透過口述傳統一代一代傳承至今。

但是，為什麼美洲印地安人沒有將猛瑪象的骨頭僅僅視為已經滅絕生物的遺骸，就跟現今的我們一樣？為什麼歐洲人不認為雙頭蜥蜴只是一種身體缺陷，而是一種龍呢？為什麼世界各地的人們不斷地創造奇幻生物的樣貌，並且賦予它們詳盡的故事內容呢？有許多試圖透過錯誤認知來解釋幻想動物的理論，除了少部分的例外狀況，通常都會涉及大量的推測和猜測。例如，乳齒象的頭骨中間有一個大洞，該洞口正是原先象鼻所處的位置；有人認為，這個空洞似乎象徵著獨眼巨人（Cyclops）的模樣，但這兩者之間不一定真的存在這一層關係。更重要的是，這些人類的誤解通常只能讓我們了解單一幻想生物的部分特徵，而非全貌；在中世紀時期，獨角鯨的尖角就常常被誤認為是獨角獸的長角；而犀牛角則被誤認為是獅鷲的爪子而對外展示。然而，這樣的錯誤只能夠解釋獨

阿茲特克壁畫中的羽蛇神魁札科亞托。飛蛇出現在許多文化的神話當中，魁札科亞托甚至可能是中華龍的遠房親戚。這張圖就跟其他飛龍的形象一樣，具有鳥類、蛇類和人類特徵的複雜結合。

57

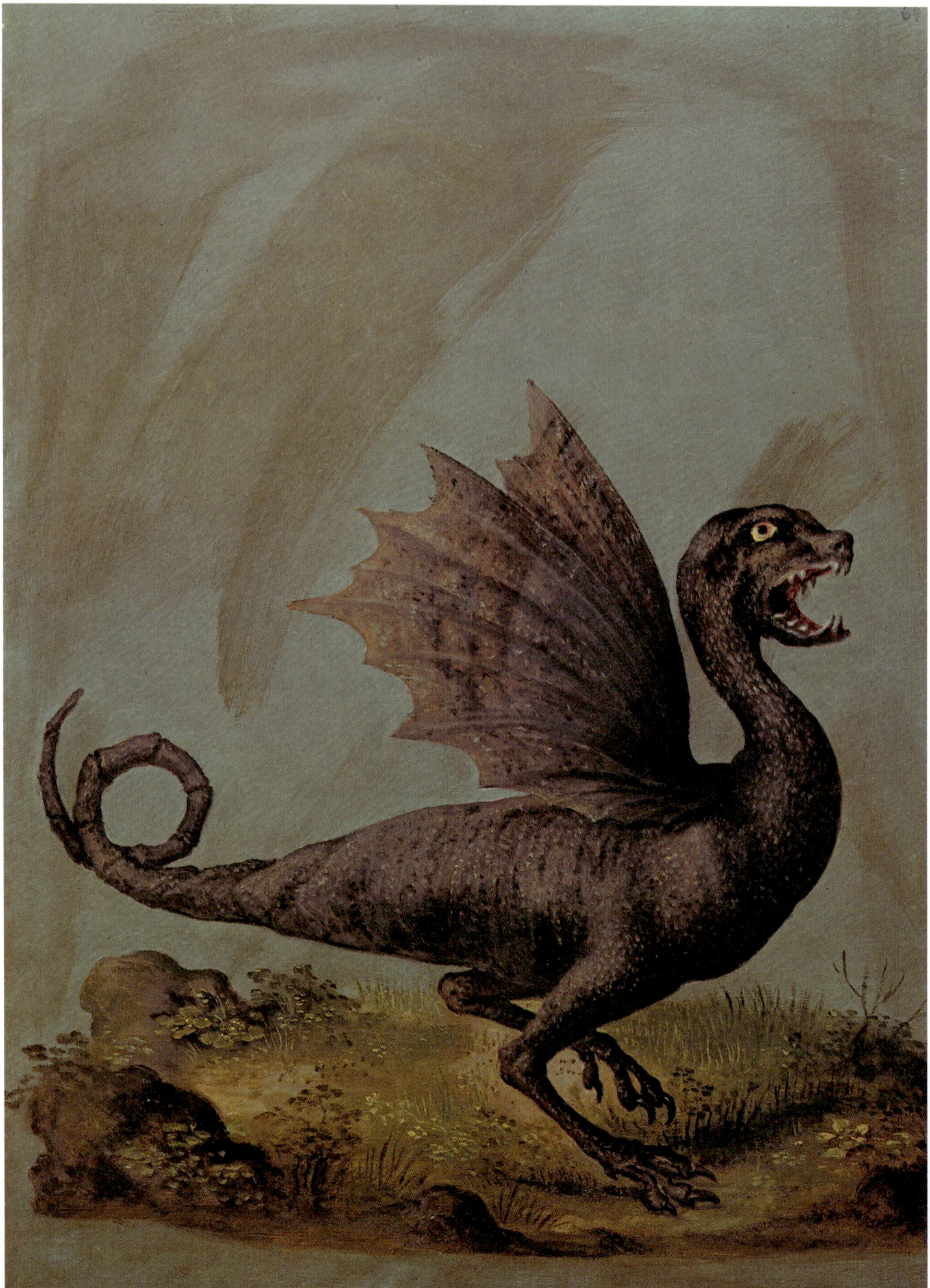

一條龍與其骨架，原藏於魯道夫二世博物館，1610年左右，布拉格。皇帝魯道夫二世（Rudolf II）不問國事，沉迷於自然奇觀和珍奇物品的廣博收藏，其中包含一粒上帝創造亞當時的大地沙粒。這副骨架便是皇帝從東方進口的蒐藏品，是他委託製作龐大圖像清單的一部分，用來展示自身蒐藏的寶物。雖然人們都說這是龍的骨架，但其實它是貓的骨骼再配上鳥的翅膀而已。旁邊的圖片很有可能是根據這副骨架重新建構出來的飛龍形象。

《真實的獨角獸》（The True Unicorn），海獨角獸，原藏於魯道夫二世博物館，1610 年左右，布拉格。從中世紀晚期開始，人們經常將獨角獸描繪成具有獨角鯨螺旋尖角的外型；圖片中間的生物顯示出，人們在十七世紀就已經開始讓獨角獸和獨角鯨之間產生關聯。這麼做並沒有大大地改變獨角獸的描繪方式，或許正是因為人們相信每種陸地動物都會有生活在海洋中的對應生物，所以在陸地上和海洋中都可能找到非常相似的獨角獸長角。

角獸和獅鷲傳說中的一小部分而已；就像是人類的拇指只能讓我們了解人類知識中的片段，該爪子或許也只存在一小段獅鷲的資訊。

幻想動物從何而來？

人類學家史蒂芬‧密森（Steven Mithen）認為，賦予動物人性特徵是創造出幻想動物的重要一步，也是人類演化的關鍵因素。根據他提出的時間表，人類的祖先大約在五十萬年前就發展出一套「心靈理論」，也就是說，我們都有能力透過「其他人的信仰與欲望」來解釋不同個體的行為，如此一來，人類就可能打造出有著相對複雜分工的社會。大約在五萬年前，這樣的想法也可以應用到動物身上，人類開始進入與其他生物建立各種不同關係的階段，而不是單純的獵食者與獵物關係而已。密森將其稱之為「認知流動性」（cognitive fluidity），基本上就是不以嚴格劃分的方式對各種現象進行回應。更重要的是，先前區分人類與其他物種之間的認知界線也已經不復存在，這讓藝術家們開始能夠描摹人類與其他生物的奇幻元素。認知流動性讓早期的人類能夠使用更精巧的手段狩獵：人們不單單只會襲擊個別動物，而是開始使用不同的戰術獵捕，像是把整群獵物趕到埋伏處或是推下懸崖等。到最後，這也讓人們開始與動物建立日益複雜，並且具有共生性的關係，我們將這個過程稱為「馴化」。野狼可能是第一批定居人類最早馴化的動物，當時大約是在最後一次冰河期的晚期，在此之後，野狼就快速演化，變成我們現在熟知的家犬；而綿羊與山羊也在一千年至兩千年後，進到人類的世界當中。[10]

把自己和其他生物視為獨立個體的感知讓我們看待動物的認知變得極為複雜；我們一旦開始「進入動物的想法」中，就會把自己的認知區分成兩個部分：一個是我們直接看到的動物本身；另一個則是肉眼看不到的「內在自我」，其中至少會有一小部分是連自己都未能發覺，我們賦予看不見的那個小部分許多稱呼，像是「意識」、「靈魂」、「知覺」或是「生命力」。動物的「心靈」變得可以與其軀體分離，從而開啟動物不同變形的可能性。同時，這也開啟了我們對無形心靈的想像——那些可能潛伏在任何地方的鬼魂、精靈、仙子或惡魔等。簡單來說，認知流動性讓我們能夠融合自我與其他生物，以及將現實與幻想結合在一塊，這樣不只能夠創造出幻想動物，還造就出大多數的人類文化。

認知流動性不僅創造團結與操控的新方法，也帶來困惑與焦慮。這會讓人產生心理弱點，進而導致人們需要複雜的自我防衛機制，例如「投射」，也就是指控他人，藉此來隱藏自身的罪疚；以及「否定」，意指拒絕承認非常明顯的事實。人們學會欺騙與糊弄，同時也開始自欺欺人。人類不只要預防自己挨餓或是成為野獸的獵物，還開始害怕喪失社會地位，甚至要擔心丟失自尊等。個人的身分無論是生理上或是心理上都變得更加脆弱，並且需要好好地保護。

人類的心理弱點也明顯地反映在洞穴的壁畫上，這些史前時代的藝術家似乎都不太願

此圖描繪在波斯詩人尼扎米（Nizami）的《五首詩》（Khamsa）作品中，穆罕默德進入天堂的模樣，出自伊朗，製作時間介於 1539 年至 1543 年間。這邊可以注意到穆罕默德的馬匹（人頭馬）有一張人類的面孔，而穆罕默德的面部特徵則被一塊薄紗所蓋住。

第四章 幻想的真實動物

拉斯科洞穴中的獨角獸，大約為西元前一萬六千年繪製而成。其頭上長長的平行尖角是一個幾何圖形，看起來相對比較能夠代表野牛的形象，其目的或是象徵意義至今仍無人知曉。

意讓壁畫如實呈現人類面孔的真實相貌。[11] 法國考古學家安德烈・勒羅凱恩（André Leroi-Gourhan）針對洞穴壁畫中的史前藝術進行主題上的廣泛調查，發現其中有幾幅圖畫可以代表人類的面容，但是這些畫像的逼真程度遠遠比不上同一時期的野牛或是馬頭圖畫。幾乎無一例外，所有的人臉都有動物的形象，特別是許多男性的頭顱都跟動物十分相似，並且還有「具有圓圓的鼻子的動物口鼻」。[12] 另外，上面還會有「鬼魂」的畫像，其中兩顆大大的眼睛會從看起來像是裹屍布的圓形物體中向外凝視著某處。許多看起來像是人類的圖像幾乎都有長角。[13] 例如，位於法國境內的肖維岩洞中有一幅超過三萬年歷史的畫作，其中有一個畫像是野牛的頭部與上半身再搭配人類的腿；而三兄弟洞穴（Trois-Frères cave）中著名的圖畫《巫師》（Sorcerer）則是一種上半身有著雄鹿的尖角與頭部，軀體則類似人類的身體，並長有一條毛髮濃密的尾巴。[14]

或許，這種避免寫實肖像的現象跟《聖經》當中禁止「雕刻肖像」的禁忌有異曲同工之妙。洞穴藝術家會把動物的頭放在人類身上，或是取代部分的人類軀體，藉此創造出類似古埃及動物頭神祇的形象。然而，在此之後，伊斯蘭的繪畫傳統也出現相仿的做法，開始透過太陽或是面紗取代穆罕默德的特徵。人類的臉孔是「靈魂」的所在之處，也是細膩情緒最能真情流露的地方，在藝術中描繪出面部特徵可以賦予該作品令人震懾

的力量。

美國作家馬克・德爾（Mark Derr）在洞穴藝術中發現另一個非常相似的禁忌。在肖維洞穴內，有一個約莫八歲男孩的腳印，大約是在兩萬六千年前跟著一匹狼比肩走過這個地方；而大約在他們走過這個洞穴的一萬兩千年前，穴壁上早就畫滿了各種畫作。這些腳印可能是我們目前現有最早的遺跡，記錄不同物種之間的合作，而當時的狼最終也演變成我們今天所熟知的狗。狼跟人類在當時是最常見的獵食者；但是，雖然狗與狼在當時有著很高的存在感，但是在肖維洞穴的壁畫，以及一般其他舊石器時代的藝術作品中，卻鮮少出現有關這兩種動物的描繪。或許，這是出自不便明說的禁忌，不准描繪神聖的存在之類的規定。[15]

人類與動物結合的角色在洞穴藝術的幻想動物之中最引人注目，但角色種類卻不僅如此而已。這些幻想生物可能在身體構造的複雜度上都比不上希臘的奇美拉或是中國的龍，但是它們卻更能展現人類的想像力。洞穴的牆壁上有許多原創的圖案至今都還無法完全解讀，但都很有可能是神話生物的描繪。[16] 其中最廣為人知的作品就是拉斯科洞穴中的「獨角獸」（見63頁圖），外型基本上類似歐洲的野牛，但頭上卻有兩根不自然的直長尖角，看起來有點像是昆蟲觸角。[17] 這個生物的尖角畫起來幾乎就是兩條直線，與野牛和雄鹿頭上繪製的波浪形尖角形成對比。這兩個尖角似乎不是「獨角獸」身體的一部分，而更像是在上方疊加一種抽象符號。

獵食者與獵物

能夠與其他生物產生共鳴的能力難道真的是人類特有的嗎？像是狼群、海豚以及渡鴉等許多獵食者也都會集體合作狩獵，在某種程度上，這樣的做法至少顯示出它們也有能力將自身的想法傳遞給同伴知道。在過去幾十年間，跟心智理論有關的討論都圍繞在「鏡子測試」上，在這個測試中，研究人員會用顏料在某一動物身上畫一個小點，然後把該動物帶到鏡子面前，並觀察它是否能夠認出鏡子中的自己。如果動物擦掉、碰觸或甚至是仔細觀察該色點，研究人員就會將其視為一種心智理論的證據。至今，雖然不可能讓所有的動物都參與測試，但有一些黑猩猩、紅毛猩猩、海豚、大象以及喜鵲等都成功「通過」心智測試，未來一定還會有更多動物加入通過者行列。然而，這只不過是動物是否有自我意識的間接證據而已，因為通過這個測驗僅僅需要意識到色點與反射圖像之間的連結而已。除此之外，無法認識這個連結也並不能證明該動物就缺乏自我意識，最多只能說該生物沒有辦法將自己與身體的反射圖像連結起來。[18] 無論如何，假如除了人類之外的動物確實具有心智理論，那麼創造奇幻生物的能力可能也不僅僅限於人類。

其中一個推翻該論點的原因就是動物感同身受的能力，獵食者似乎不太會，或是說根本不顧及其他物種的獵物是否感到痛苦。黑猩猩會直接撕開剛抓到的猴子四肢；野狼也會在麋鹿還活著的狀況下就開始吞食；然而，是否具有同理心或許不應該只侷限在是

否會對其他對象造成痛苦而已，相反地，功利主義者抱持不同的觀點，認為人類在許多情況下甚至會主動尋求痛苦，像是參與極限運動、戰爭、自我引爆或是殉教等。人們也不斷地在各種場合中從觀眾的角度尋求替代性痛苦，像是古羅馬的競技場或是現代的恐怖電影等場合；這不一定是對自然秩序的扭曲，因為人類有時候也會假定動物也可能有這類型的偏好。

例如，野狼可能會感受到它殺害的麋鹿身上的痛楚，但是這種痛苦感反而讓它更興奮。這可能不是我們平常說的憐憫，但也不太符合虐待狂的定義。相反地，這種關係可能很難讓我們透過擬人的詞彙理解。憐憫跟虐待狂的發生前提都是兩個全然獨立的參與個體，但是捕食行為往往涉及身分的融合。

狗具備讀懂人類心思跟手勢的能力，有時候這種能力還蠻不可思議的。而大多數黑猩猩通常沒辦法理解人類用手指某處是什麼意思，但是狗甚至在沒有人教導的情況下，就能夠理解其意涵；這種能力的養成很可能是過去長時間以來，狼隻扮演獵食者的角色，而類人猿或是生理構造與我們類似的現代人類都曾是它們的獵物。獵食者跟獵物會一直觀察對方，以至於他們對對方的理解程度遠高於自己的同伴。

在《宗教思想大歷史》（暫譯，*History of Religious Ideas*）一書中，羅馬尼亞宗教史學家米爾恰・伊利亞德（Mircea Eliade）提出「獵食者和獵物之間的神秘團結」概念[19]，並將其視為宗教的基礎。這類情況似乎在聖餐禮當中曾經提及，信徒基本上就像是獵食者一樣，食用基督的肉體和鮮血。我認為我們可以在自然世界的許多關係中看到這類型的「團結」。如果真是這樣的話，那種導致物種融合，並進而創造出奇幻生物的心理複雜性可能就不僅僅侷限於人類而已。在每個物種的個別想像當中，野狼跟麋鹿加在一起可以是一個新個體，成為「狼鹿」；在貓頭鷹的想像當中，它跟它抓到的老鼠結合在一起，而老鼠也與貓頭鷹融合在一塊。同樣地，或許我們家中的寵物犬也會認為自己至少算是個半人類，又或者是人類算是半條狗。

雖然人類充滿韌性，努力地存活下去，但還是有人會擁抱死亡，認為這是脫離苦海的方式、迎向美好世界的途徑、這是命運的結局或是一場新的冒險故事。看起來結束自己的生命充滿誘惑，導致我們的社會還要施加嚴格的禁忌，防止人們輕生。有可能許多其他的動物都有類似的情況，像是鯨魚很可能就會故意讓自己擱淺沙灘，藉此結束自己的性命。像是平原印第安人等原始狩獵社會成員都相信，有些動物會自願犧牲讓獵人捕捉，有可能是這些動物和獵人或其部落之間，有種神秘的約定[20]；而動物自我犧牲的對象也不單純只是獵人而已。同樣地，傳統小農也認為他們所飼養的動物會知道自己的死期到來，並讓主人知道這件事。[21]

我們可以觀察到動物通常會犧牲自己讓獵食者捕獲。這種情況大多發生在鳥或是豬的身上，通常會是鳥媽媽或是豬媽媽把自己暴露給獵食者看到，藉此來分散注意力，保護幼鳥或是幼獸的周全。長腳蚊，又稱為長腿叔叔，會把自己的一條腿留給獵食者當作是

一種撫慰；而許多爬蟲類動物則會提供自己部分的尾巴給獵食者。[22] 在第一種情況下，某一生物會自願犧牲生命，好讓其他同伴可以存活下去；而後面兩種例子則是犧牲身體的一部分，藉此保全自己的性命。如果動機沒有那麼明顯的話，它們自我犧牲的原因可能就沒有那麼容易發現；我們也非常難，或者說完全不可能知道該動物的死亡是否是刻意為之，但那種看起來沒有明顯目的，只有自我毀滅的輕生行為已經能在非常多不同的動物身上發現，包括蝴蝶、黑猩猩、冠企鵝、白蟻以及裸鼴鼠等。[23]

野生動物一直都過著非常不安全的生活，它們的死因或是有時候我們所說的「自然因素」都不得而知。如同加拿大作家歐尼斯特・西頓（Ernest Thompson Seton）的作品中所寫，「野生動物的生命總會是以悲劇收場。」[24] 我們會說「躺在床上結束漫長的一生」就可算是安然離世，但是野生動物的死因不外乎就是遭到捕食、疾病或飢餓等。從某種程度上來看，野生動物可以選擇自己死亡的時機點，我還蠻容易可以想像它們刻意讓自己被獵食者捕獲的各種原因，例如厭倦、好奇或同情獵食者等等。

章魚看待這個世界的方式為何？蝙蝠又是怎麼看待呢？鵝呢？鹿呢？這類問題永遠都不會有完整的解答，但是美國動物學家天寶・葛蘭丁（Temple Grandin）卻認為，動物有一點像是人類自閉症患者，都會透過圖像來看這個世界，而非使用抽象的概念。[25] 大多數人會簡化自己的知覺，通常會用分類，甚至是刻板印象來思考。葛蘭丁的原話是：

「自閉症患者跟動物是不一樣的：人類無法把東西過濾掉；這世界上有無數的感知細節都會進到我們的意識當中，並因此感到不知所措。」[26] 換句話說，人們都是透過故事、圖像或許還有奇幻生物來理解各種想法，而不是透過理論來達成。這裡指出一種幻影世界，有一點點像是可能患有自閉症[27]的畫家耶羅尼米斯・波希（Hieronymus Bosch）所描繪的那樣，當中沒有任何物種，只有無限種類的個別生物。畢竟人類終歸來說也算是動物，或許這種幻影世界只是一種默認的感知方式，每當我們遇到嚴重的危機而影響原先的習慣或是思考方式時，就會回歸這種看待世界的角度。如果是這樣的話，或許以我們作為人類來說，相對的獨特性不單單體現在創造出奇幻動物上，甚至我們還能創造出「真實的」動物。

格里爾

恩培多克勒的創世神話相當符合某一特定的視覺傳統，並可以追溯至古埃及、克里特島、伊朗和中國等地，進而創造出「格里爾」（grylle）這種怪物，它又稱為「怪誕生物」（drollery）或是「西洋穴怪」（grotesque）。這種怪物是由多種生物組成，其中最著名的例子來自哥德式教堂的浮雕或中世紀彩繪手抄本的邊緣裝飾。在古代社會中，人們會將這些怪物描繪在壁畫、硬幣、寶石、金屬工藝品或任何適合裝飾的表面上。如今，我們仍可以在巴黎和紐約等城市建築的外牆上看到這些怪物的蹤影，它們

第四章 幻想的真實動物

由美國畫家穆瑞兒・帕克（Muriel Parker）根據中世紀原創作品所繪製的怪誕生物。中世紀藝術家在怪誕生物的創造中展現出無拘無束的想像力，這與他們激情澎湃但高度制式的宗教作品形成鮮明的對比。

會繼續存在於神廟和宮殿之中，並成為內部所描繪英勇事蹟的對比。

雖然格里爾展現出毫無拘束的想像力，但是它在各個時代和不同文化中所呈現的風格卻出奇地一致。它們展示了幾乎無窮無盡的植物與動物的組合、頭部和四肢的搭配，以及人類和野獸的結合等。有些格里爾有頭和腿，但沒有身體，而有些格里爾則是在肚子或臀部上長出一張臉；有些格里爾擁有鶴的長頸和頭部，並長在人類的頭骨之上；或

阿拉德・杜・哈梅爾（Allard du Hameel），出自一幅描繪最後審判的銅版畫，取材自十五世紀耶羅尼米斯・波希的畫作。這個怪物不符合任何標準類型，但它幾乎同時具有植物、動物和人類的特徵。

67

IMAGINARY ANIMALS

會在我們走進看到神聖內殿的壯麗畫作之前就出現，這種情況跟中世紀大教堂中發現怪誕生物的地方也十分相似。[29] 我們很難猜測這些相似之處是否都源自於某一持續相傳的傳統。然而，在古老的洞穴藝術和中世紀設計當中，奇幻生物的形象都隱含著原創的特性，與恩培多克勒所描述的情況有些相似。

立陶宛藝術家尤吉斯‧巴特莎蒂（Jurgis Baltrušaitis）曾表示「毫無疑問，這些帶有肖像的雕刻石頭被認為具有神奇力量，一股超自然的力量從置換、重複、怪異的誇大和不

惡魔排列成英文字母「T」，插畫出自十二世紀的法國書法手稿《聖維塔爾捲軸》（*Rouleau mortuaire de Saint Vital*）。中世紀的抄寫員可以利用書法字母的曲線線條進行創作。

是擁有魚的身體，但卻是由人類的腿部所支撐。半人馬、狗和鳥都有特別加長的尾巴，並在末端長出第二顆頭，並看向第一顆頭的後腦勺等等。[28]

事實上，這個傳統可能比最早的城市文明還要古老。法國考古學家勒華古罕（Leroi-Gourham）在歐洲古代洞穴藝術中發現類似的現象，在每個包含野牛、雄鹿、馬匹、貓科動物以及長毛象巨大圖像的洞穴中，總是可以看到沿著牆壁和天花板刻劃或描繪而成的蜿蜒線條區域，看起來就像是未完成但有時候卻是精細打造出來的圖像與符號。有趣的是，這些圖案往往位於洞穴的入口附近，

意大利文藝復興時期的支架雕刻，刻有一個綠色人的臉，具有許多薩提爾（羊男）的特徵。該名綠色人主要是由植物組成，這個主題可以追溯到遠古的美索不達米亞地區。這種藝術風格在中世紀晚期透過與伊斯蘭世界的接觸傳入歐洲，進而蔚為風行。

第四章 幻想的真實動物

同類型生命的融合中發散出來。」³⁰ 我們沒有理由把格里爾與制式的做法或信仰聯繫起來；然而，格里爾描繪出一種原始的創生力量，不僅可以生成新的生物，還能夠創造出新的生命形式。

這些圖像非常受歡迎，所以常常可以在最神聖的地方看到它們的蹤影，但這也時不時招致虔誠信徒的抗議，像是克萊維尤的聖伯爾納德（St. Bernard of Clairvaux）在1125年就曾抱怨：

> 這些淫蕩的猴子和憤怒的獅子到底有什麼樣的含義？還有可怕的半人馬、野人和嘶吼的獵人又代表了什麼？你會在這看到好幾具軀體連接到同一顆頭；

出自十四世紀，巴黎聖母院的石像鬼。這個石像鬼的注意力聚焦在巴黎的某件物體上，並且非常專注地向下鳥瞰整座城市。

> 到那裡又看到好幾顆頭接在一個身體上……到處都是這種五花八門、令人眼花撩亂的形狀，導致人們現在都寧願閱讀石頭上的雕刻，而不是著眼於書籍上，成天都在讚嘆這些奇特生物的細節，而不把時間花在冥想跟禱告上。³¹

大約一百年後，即將成為大主教的西班牙牧師盧卡斯・圖伊（Lucas de Tuy）則替這些圖像說話，表示雖然這些圖像缺乏任何可以陶冶性情的象徵，但它們仍然吸引許多人走進教堂，並藉此作為服務上帝的一種方式。³²

在歐洲中世紀的全盛時期，藝術家和工匠通常必須遵守行會以及教會所制定的嚴格規則，但在打造教堂屋頂與牆壁上的石像鬼時，他們可以恣意揮灑想像力。這些石像基本上以真實的動物為基礎，但又隨意地結合

出自十三世紀的聖佩雷・蘇・韋薩萊教堂（Church of St Père Sous Vézelay）的石像鬼（譯按：又可譯為雨漏或是滴水嘴獸，歐洲哥德式建築中裝在水管口的雕塑，有著辟邪和排水等雙重功能）。下方的矮人似乎正在俯瞰整座小鎮，而上方的石像鬼注意力則是集中在遠處的某個物體。

69

威廉・馮・考爾巴赫（Wilhelm von Kaulbach）的作品《狐狸雷納德晉見獅子國王》（Reynard the Fox appearing before King Lion，1867 年）。這幅畫在精神上接近中世紀晚期雷納德的故事，當中的所有動物本質上都是一種紋章象徵。在這幅畫中，獅子對暴發戶狐狸展現喜愛，而曾經所向披靡的大熊現在則是受到嘲笑和羞辱，無奈地在一旁看著。

人類、鳥類、哺乳動物、昆蟲和爬行動物的各種部分，擁有幾乎無限多種排列組合方式，創造出各種融合生物的大型動物園。[33] 當時創作的圖像預示著現代藝術家所主張的自由，在創意方面至少可以與現代藝術家的作品相匹敵。

同一時期的紋章設計者就沒有這樣的自由了，但他們的作品同樣令人驚奇。紋章最早可能是在十二世紀末期，為了辨識在比武中全副武裝的騎士而製造出來，這些設計很快地就在整個歐洲傳播開來，並用來代表王國、家族、城市，最後甚至還拓展到商業公司。如果上述這些機構出現任何改變，無論是因為婚姻、戰爭、條約、利益還是其他考量，其對應的紋章也都會跟著進行修改，藉此反映出其象徵意涵，但不太考慮實質層面是否真有其道理。紋章有點像是象形文字，就是把各種圖像融合在一起，創造出更加奇幻的複合圖案；因此，我們會看到長出翅膀的獅子、魚尾、皇冠、光環或人頭等圖像。在大多情況下，獅子幾乎是用兩隻後腳站起來，並且透過前爪拿著類似船錨、十字架、長劍、戰斧、玫瑰或是旗幟等物品。隨著紋章設計變得越來越複雜與神秘，其象徵意涵對大多數人來說已變得不太能夠產生連結，人們單純在欣賞其奇幻設計而已。

邊緣生物

可能是因為格里爾並未與特定的宗教或哲學觀念有密切關聯，進而順利地在各個國家與文化間傳播開來，最後還傳到波斯和歐亞草原地區。從遠古時期一直到中世紀早期，格里爾可能代表著我們現今所謂的「狂野自然」，話雖如此，在格里爾出現的時代裡，這種概念然仍處於萌芽階段而已。在哥德藝術的全盛時期，格里爾經常會跟超自然力量劃上等號；然而到了浪漫主義時期，它們則是呈現出一種無拘無束的奇幻意境。無論如何，它們都代表某種原始狀態，早在文明出現之前就已經存在。

在大部分地區，主要的邊緣生物就是格里爾這類的奇幻生物。人們可以在祭壇畫作或

第四章 幻想的真實動物

J. J. 格蘭維爾的作品,《被囚禁的紋章生物》(Caged Heraldic Animals),約 1860 年。紋章生物就像動物園的動物一樣,一直都是人們拿出來展示的對象。

是彩繪手稿等較主要的文化遺產周遭發現它們,因為在這些區域中,人們並沒有太高的期望,也沒有施加嚴格的規範。例如,我們可以在門窗的邊緣、神廟的屋頂、壁爐邊的小故事、民間傳說、童話故事、漫畫、B級片、刺青、電動等地方看到它們的蹤跡。在中世紀時期,作者經常會在手稿的角落位置畫一隻格里爾,因為這些生物代表著我們的認知極限。而在中世紀晚期到近代早期,地圖繪製者會在遙遠的海域或是世界盡頭的島嶼畫上一隻格里爾。世界各地的傳說也常常會讓這些奇幻野獸出現在人類文明的邊緣地帶,像是沙漠、森林深處、偏僻之島、冰川、深海、高山、洞窟或是沼澤等地;科幻小說的作者也常常把這些生物描述成生活在外太空深處或是平行宇宙當中的存在。根據

71

《聖約翰啟示錄》的記載，當我們的世界接近末日時，格里爾的數量會變得越來越多。也因為它們挑戰著人類的認知能力，所以這些怪物似乎都存在於我們語言的極限當中，有時候我們很難透過語言描述它們。

這類型的生物悄悄地躲藏在這些角落區域，至少可以逃避一些神聖文物或儀式專屬的嚴格審查。同樣地，這些想像動物早已深植在我們的潛意識中，在夢境、幻想或是放鬆警戒的瞬間經常會浮現出格里爾的樣貌。我們可以在雲朵、墨點以及風化的石頭等圖形中發現它們的蹤影。雖然在正式的文學與藝術作品裡面，比較少看到格里爾的身影，但是它們似乎代表著原始的混沌，是人類一直試圖理解和控制，但卻只能部分認識與掌控的狀態。在不確定的時代裡，格里爾偶爾會從邊緣走進主流，出現在諸如十六世紀的波希和法蘭德斯地區的揚‧布魯赫爾（Jan Breughel）的幻影畫作，或是十九世紀法國 J. J. 格蘭維爾的版畫當中，還有二十世紀美國蘇斯博士（Dr. Seuss）的兒童書，以及墨西哥瓦哈卡（Oaxaca）的現代木雕作品當中。

總結來說，神秘生物的創作並不是某一特定時期、文化或是傳統的產物。相反地，這是一種存在於全人類社會，甚至就連其他動物都可能擁有的基本特質，是我們超乎實際生活任務所需的想像力產物。我們不甘於只在每日的單調現實中生活，所以創造出各種幻想動物，就像是人們能夠憑空想像出物品、歷史、人物和完全不同的世界一樣。我們每次在講故事的時候，總是會把其中的人類或是動物角色從日常生活的框架中抽離出來，並且至少會透過想像力，賦予它們新的型態。這些故事一遍又一遍，不斷地傳唱，漸漸就發展成傳說或是神話，原先不同的角色可能就會融為一體。如果這些角色是不同的物種，它們可能就會結合成像是半人馬或是美人魚等奇幻組合。

不同的文化在面對這些豐富的幻想形象時，會出現各自不同的處理方式，而這很容易造成人們困惑。在某些文化當中，例如澳大利亞的原住民文化，區分想像生物與真實動物之間的界線相對模糊，其他文化則是更加涇渭分明。像是古希臘和古羅馬這類的文明會試圖把奇幻生物標準化，如此一來，他們就能夠使用真實動物的分類方式替幻想生物分類。而在中世紀的歐洲等其他文化當中，則是偏向把這些生物妖魔化；還有一些文化會嚴格禁止奇幻生物相關的描述，像是猶太教、伊斯蘭教以及基督新教便是如此。事實上，大部分的文化還是會結合上述這些不同做法以及其他的方式來處理幻想動物。

身體的變化與心態的轉變

人類的心理需求大多是無意識的，而這些需求一直影響著我們看待與描繪真實動物的方式。在過去幾個世紀，文學或是視覺藝術所刻畫的動物都是「想像出來的」，這樣的說法並不為過。這不單單是因為我們對於這些動物或其紀錄的認知都是根據一套過時的觀念，更是因為生物的分類方式早就和以前大不相同，我們永遠無法得知過去手稿當中所提及的動物在現代的分類底下，到底

是什麼生物。這種情況也適用於十八和十九世紀的大多數作品。就以亞里斯多德為例，就算他是古時候最具科學證據的作家，我們也不再完全相信他的觀察。評估古代專家學者的準確性變得更加複雜，因為在大多情況下，動物的活動範圍、行為習性甚至是外觀在過去幾個世紀當中都有所改變。還有許多物種在科學界正式認定之前早已滅絕，同時，新的物種也不斷地出現在這個世界上，雖然出現的速度緩慢，但也算得上是顯著。因此，在希臘神話當中，帶走蓋尼米德（Ganymede）的「老鷹」也許實際上是遊隼、烏鴉、禿鷹或甚至是現在已經絕種的鳥類都有可能。

這種深奧的問題並不該只交給動物學家思考，我們對於動物的看法也深受神話、宗教、文化以及意識形態的強烈影響。我們看待動物的方式，深受兩種明顯對立的情感驅使：我們想要凸顯人類的獨特性；但人類內心的孤獨卻又讓我們渴望與其他生物有所連結。大部分的人可能同時抱持著這兩種主張，我們在描述動物的時候多少都會參雜一些主觀想法，這也體現出這兩種觀點之間的矛盾。

法國歷史學家麥可・帕斯圖羅（Michael Pastoureau）表示，早在基督教問世之初，這種矛盾就一直存在著。一方面來說，人們傾向於認為，人類是依照上帝的形象所創造出來，因此本質上就跟動物有著天淵之別；這種觀念常常會使教會人士強烈譴責與動物相似或混淆的行為，例如戴動物面具、模仿動物行為、過分崇拜動物，或是過度寵愛動物等。而另一方面，有些觀點認為人類只是整個大自然生物世界中的一部分；這種思想出自亞里斯多德的哲學，而在西方基督宗教的傳統當中，這類想法則與聖方濟有著深厚的連結。不過，其中最具影響力的描述方式可以在聖保羅的寫作中找到，例如：

> 整個創造仍抱著希望，期待能夠像我們一樣，從衰敗的束縛中解脫，享受與神的子民相同的自由和榮耀。（羅馬書 8:21）

這表示動物跟人類一樣，都有機會得到基督的救贖，而這種觀念讓中世紀的學者產生諸多疑問：動物死後也會重生嗎？若真如此，那動物的靈魂是否也會跟著人類進入同一片天堂呢？動物在特定的宗教節日需要禁食嗎？或是它們在禮拜日也要休息嗎？動物犯錯是否要經過法律審判並受罰呢？

若是我們過度強調這兩大趨勢當中的任一思想，就會喪失所討論生物的真實樣貌。如果我們跟哲學家笛卡兒一樣，特別強調人類的獨特性，那我們在實際情況下就有可能陷入動物只是一種物理存在的危險想法。與此相對，擬人化的扭曲會在我們試圖否認動物與人類之間有著基本區別時出現，而且非常引人注目。這種觀點有著悠久的傳統，透過集結大量的奇聞軼事來證明動物的情感生活與聰明才智本質上與人類無異；這做法可以追溯到西元二世紀深受希臘文化影響的羅馬人埃里亞努斯（Aelian），以及法國文藝復興時期的米歇爾・德・蒙田（Michel de

Montaigne）的作品等。³⁵ 這些作者描述鮪魚會成群結隊以幾何的形式游泳，就好像它們理解數學原理；狗擁有巧妙想法並且堅持不懈，偵破多起謀殺謎案；甚至還有禿鼻鴉在法庭上起訴罪犯等場景。

近代最能夠代表這種傳統的人物就是伍德牧師（J. G. Wood），他在維多利亞時期的大多時間內，產出非常多的作品；在其著作《人類與野獸：今生與來世》（暫譯，*Man and Beast: Here and Here after*）中，他整理出至少三百則故事，闡述從麻雀到大象等各種生物是如何發展出與人類相似的制度。這邊舉個例子：

> 接著來談螞蟻……它們有整齊的軍隊，由指揮官負責領導、發號施令、確保軍隊的紀律並且不讓任何螞蟻小兵在行進的過程中脫隊；有些螞蟻像農夫一樣，耕種、除草、種植主要食用的特定穀物，並在成熟時收割，把農穫都運送至地下的儲存空間存放；有些螞蟻跟某些人類一樣是惡名昭彰的奴隸主人，它們會系統性地襲擊其他螞蟻巢穴，擄取未孵化的幼蛹並帶回家飼養，養大的時候再把它們當成奴隸使喚；還有些螞蟻會埋葬自己的同伴……

他接著描述螞蟻葬禮的過程，蟻丘附近的螞蟻屍體被莊重地逐一抬走並埋葬；但是，有幾隻螞蟻願意承擔這項責任，結果這些不負責的螞蟻立刻遭到其他同伴的殺害，並且被隨意丟進一個坑洞裡，沒有任何儀式。³⁶

伍德在結論時表示，動物和人類一樣都有雋永不朽的靈魂，這代表我們還是有機會在來世與心愛的寵物貓狗重逢。對於寵物主人來說，這無疑是件大好消息；而伍德很有可能是史上最受歡迎的動物相關故事作家。那我們該說這裡的螞蟻或是伍德故事中的其他動物是「想像出來」的嗎？感覺似乎可以這麼說，但是伍德的判斷並不單單只是精準的觀察而已，這還牽涉到動物行為的詮釋，所以我們也很難或是幾乎不能說他講的是錯的。

但是，關於進化論的激辯越演越烈，伍德為了堅守基督信仰，覺得自己必須要清楚地區分動物與人類。他幾乎不太提及達爾文，就算他真的提到達爾文，往往都是以輕蔑的口吻簡單地駁斥進化論，特別是該理論認為猴子與人類極為相似的混淆觀點。³⁷ 在伍德後期的自然史作品中，他大幅地減少擬人化的描述，事實上，他幾乎不太寫任何動物故事了。³⁸

如果你翻閱十九世紀和二十世紀初的動物學百科全書，或者是十八世紀以及更早期的書籍，你會感覺自己好像走入一個奇幻的世界。例如，在十八世紀和十九世紀初期，書中的猿猴圖片通常都十分友善，它們的形象是小小的男士和女士，走路時直立或是斜靠著手杖，臉上總是帶著非常人性化且和藹的表情。接著，法國博物學家喬治－路易·勒克萊爾（Georges-Louis Leclerc）和拉馬克（Lamarck）最先提出進化論的觀點，後來還有極具影響力的達爾文與英國博物學家阿爾弗雷德·羅素·華萊士（Alfred Russel Wallace）提出相同論點，許多人開始擔心

第四章 幻想的真實動物

猿猴可能會威脅到人類的地位。在達爾文的《物種起源》（On the Origin of Species，1859年）問世前，部分早期的插畫家似乎會在無意間描繪兩隻以亞當和夏娃傳統姿勢站立的猿猴，手上拿著或是直接吃著蘋果，展現出人性化的一面，藉此把進化論和《聖經》的創世記故事結合起來。後來圍繞著達爾文的辯論變得更加激烈，許多插畫家便開始把猿猴的形象畫成帶有強烈敵意的樣子，並且拱著背、惡狠狠地咆哮，通常還會有凸出的眼睛與尖銳的獠牙。動物的形象與描繪往往反映出當時人們的希望、恐懼與抱負，這些隱含的意義在數百年之後才會顯露出來。

相較於維多利亞時期，現代的確對於當代動物有更加詳實的紀錄，甚至還有一些已絕種動物的資料，透過影片、DNA 樣本以及非常詳盡的敘述等方式保存，但這並不能保證現行的科學或普遍分類方式能夠永遠存在。未來人類分類物種的方式會根據他們所認為有趣或重要的特質作為基礎，而我們現在沒有辦法確切預知未來人偏好的特質有什麼。也許未來的科學家會更重視生物的外型而非遺傳，所以鯨魚有可能會重新被分類為一種魚類。

紅毛猩猩，出自 1846 年的法國自然歷史書籍。在達爾文提出進化論之前，就已經有像是布封（Buffon）和拉馬克等多位生物學家提出進化的觀點。這幅畫似乎有意無意地把進化的概念與《聖經》中的《創世紀》結合；其中手持蘋果的猩猩代表夏娃，而拿著手杖，體型較大的猩猩則代表亞當的形象。

古老與現代傳說

想像動物的創造絕對不是幾個世紀或幾千年前的幻覺所導致，系統性研究早就已經破除這類迷思。事實上，這個創造的過程至今仍然存在，人們不斷地幻想出新的生物，舉凡卓柏卡布拉（chupacabras）到外星生命都

是如此。其實，新興科技很有可能加速這種想像的過程。我們可能會用攝影機探索森林及湖泊的深處，但人們經常會拍到模糊的影像、難以解釋的光點或是奇怪的陰影等，對此，總會有人認為這些是猿人或是美人魚的蹤跡。我們的確能夠針對其頭髮或是排泄物進行精密檢測，但是結果通常會讓人們提出各種充滿想像力的解讀。現在謠言的散播速度快如風、大勝以往，一則猿人的目擊報告很有可能在短短幾個小時內遍布全網。許多怪獸在現代並沒有遭世人遺忘；事實上，人們提及北美猿人「大腳怪」或稱為「北美野人」的次數在二十世紀末到二十一世紀初期有大幅上升的趨勢。[39] 大腳怪田野研究組織（The Bigfoot Field Research Organization）會定期派遣團隊進入森林和濕地進行調查，雖然他們還沒有找到真正「大腳怪」的蹤影，但總能帶回一些神秘的報告、錄音、腳印石膏或是不明毛髮等證據。[40]

德國奧伯豪森（Oberhausen）動物園裡的章魚保羅（Paul）曾因出奇準確的足球賽事預測而在國際上聲名大噪，但也因此受到一些死亡威脅。每次在重大賽事舉辦之前，保羅的飼養員都會在它面前放置兩個外觀相同的蚌殼箱，箱子上有著代表對戰球隊的標誌；保羅首選箱子上的代表球隊幾乎都會取得比賽勝利。保羅在2010年的世界盃上正確預測八場決賽的結果，這樣的機率僅為256分之一，令統計學家感到詫異不已。只有從廣義的層面來看，保羅才可以算是一種「傳奇」，因為它的故事主要都是透過大眾媒體傳播，而非單純的口耳相傳；但這也證明，

現代的人類與過去人類祖先半斤八兩，在某些情境下，彼此之間並沒有想像中的那麼不同。在過去，博學多聞的神職人員會在神廟中拿動物獻祭，並透過該動物屍體的內臟來預測未來；而現今的預言家在預測的過程中，還會展現出跟科學家設計實驗時一樣的巧妙與謹慎。

英國的倫敦塔至少飼養了六隻渡鴉，它們可以在塔的附近自由活動，但由於它們的翅膀羽毛經過修剪，所以不會飛太遠。倫敦塔的皇家衛隊衛士會充當導遊，告訴遊客倫敦塔是從十七世紀開始飼養渡鴉，是當時的國王查理二世下令飼養，因為有一則古老的預言說，如果渡鴉離開倫敦塔，英國就會滅亡。關於渡鴉的故事還有很多，例如，渡鴉曾在1605年向警方揭露一起密謀炸毀議會的計畫，還有渡鴉是英國王權之物的守護者等。但事實上，這些渡鴉是在1883年才被帶到塔中飼養，作為衛士向遊客講述哥德式恐怖故事時的佈景。如果渡鴉離開倫敦塔，英國就會垮台的觀念其實是從1944年七月才開始流傳，當時在倫敦大轟炸期間，渡鴉被非正式地用來觀測敵方炸彈與飛機。[41] 儘管有許多學者曾對此表示期待或擔憂，現代人仍然持續保有這種創造神話的能力。

許多小報和電視節目現在都不再有所顧忌，並毫無保留地發布危言聳聽的新聞報導。生物技術與人工智慧領域不斷發展，這讓媒體得到許多新興素材，其產生的謠言威力甚至比真實的重大研究成果還來得震撼許多。以下是從二十世紀末期的《太陽報》（The Sun）、《National Examiner》以及《世

界新聞週報》（*Weekly World News*）等媒體上搜集而來的新聞標題[42]：

- 驚人的巨大蟑螂在租屋處造成恐慌——實驗室裡的突變生物逃逸

- 漁夫之妻竟生下龍蝦寶寶

- 俄羅斯科學家將籃球選手改造成傳說中的大腳怪

- 驚悚的精子銀行事件——山羊竟生出半人半獸的後代

- 我曾是大腳怪的性奴隸

- 為了求雨，印度教徒舉行「人蛙婚禮」

- 某家庭聲稱遭到感恩節火雞的幽靈纏身

- 下水道工人神秘地變成蟾蜍

- 部落為了擺脫巨型食人鸚鵡，選擇以處男獻祭

這些令人毛骨悚然的奇聞軼事會讓人聯想到都市傳說，例如在墓地附近要求搭便車的人突然消失，或是把小孩放入微波爐的保姆等[43]；其中還有一些很可能是源自於傳統的民間故事。

《西元 1760 年顯現的薩提爾》（Satyr Shown in Spain in 1760），這是十八世紀下半葉在俄羅斯廣為流傳的小插畫。此畫可能是受到野生獼猴的觀察所啟發，因為在近代早期，獼猴是歐洲貴族喜愛的寵物。

第五章
真實的幻想動物

另一個波赫士，經歷了各種生活上的大小事。
我在布宜諾斯艾利斯闖蕩，有時不經意地停下腳步，看看那些古老的拱門和鐵門；有時，我會透過郵件聽到有關波赫士的消息；還有時，我會在專家名單或是傳記中看到他的名字。我喜歡沙漏、地圖、十八世紀的印刷字體、詞源學、咖啡的香味以及史蒂文森的散文；而另一個波赫士也跟我有一樣的喜好，但是這些興趣對他來說，更像是演員的道具，沒有真正的情感。

——阿根廷作家豪爾赫·路易斯·波赫士（Jorge Luis Borges），
《波赫士與我》（*Borges and I*）

夜幕將至，森林中的獵人突然看到一個巨大的人形生物，手上拿著一塊大石頭。獵人看著這個生物隨手將石頭丟到一旁，並朝著自己走來，此時，雙方的目光交會。獵人全身幾乎癱軟，沒有力氣開槍，但最後還是成功拖著疲軟的身體逃離現場。一名駕駛在偏僻的鄉間小路緊急迴轉，她的車撞倒某一生物，車子上的擋泥板撞出一道凹痕，但這個生物只是稍微受到驚動，隨後便離開現場，只在地上留下巨大的腳印。一對年輕的情侶在戀人小徑中幽會，突然聽到身後傳來一聲巨吼，他們一轉頭就看到一個高大的身影，雙眼在夕陽下閃閃發光……

這類的目擊報告時不時就會傳開，幾乎在美國各個州，甚至是全球各地都時有耳聞。這種怪物的名稱也是五花八門，不同地方有不同的說法，例如加拿大稱之為「北美野人」（Sasquatch）、在美國西北部稱為「大腳怪」（Bigfoot）、佛羅里達州則是「臭猿人」（skunk ape）、德州的「湖價怪物」（Lake Worth）、俄亥俄州的「草人」（Grassman）、密蘇里州的「莫莫」（Momo）、阿根廷的「巴塔哥尼亞巨人」（Patagonian giant）、中世紀歐洲的「野人」、西藏的「可怕的雪人」（Abominable Snowman）或是「雪怪」（yeti）、中國的「野人」、越南的「森林人」（nguoi rung）、蘇門答臘的「短人」（orang pendek）、澳洲的「幽威」（yowie）、以及高加索山脈的「阿爾馬斯」（almas）等等。雖然這些怪物在大多時候都被認為是有人刻意偽造出來的現象或是一種幻覺，但其中一些，像是雪怪，被一些動物學家認為是有可能存在的。

大腳怪與它的小夥伴

大部分的想像動物都會根據某種真實經驗

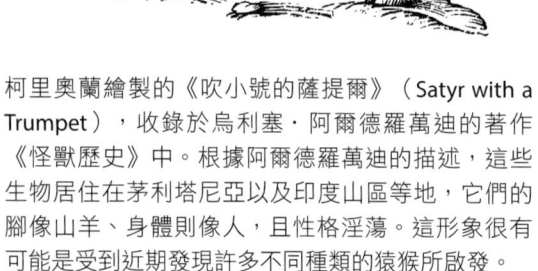

柯里奧蘭繪製的《吹小號的薩提爾》(Satyr with a Trumpet)，收錄於烏利塞·阿爾德羅萬迪的著作《怪獸歷史》中。根據阿爾德羅萬迪的描述，這些生物居住在茅利塔尼亞以及印度山區等地，它們的腳像山羊、身體則像人，且性格淫蕩。這形象很有可能是受到近期發現許多不同種類的猿猴所啟發。

柯里奧蘭繪製的《安托維塔·岡薩雷斯》(Antoinetta Gonzalez)，收錄於烏利塞·阿爾德羅萬迪的著作《怪獸歷史》中。她的父親佩托斯·岡薩雷斯（Petrus Gonzalez）於1556年在加那利群島（Canary Islands）遭人捕捉，因為他身上覆滿毛髮且不諳任何歐洲語言，被認為是「野人」。後來，他與法國的亨利二世國王成為好友，學會拉丁語並被允許結婚，學者開始對其家族進行詳盡研究。

發展，通常都是在深夜的偏遠地區，而且只有一兩個人遭遇到該事件；如果人們在解釋經歷的時候，能夠鉅細靡遺地描述故事細節或提供一些證據，這些生物與其相關的故事都可能會變得更加詳實。為什麼車門上有個洞？可能是怪物用它的長角刺穿了車門……

在北美洲，加拿大的阿爾岡昆語族人（Algonquian）流傳著「冰心食人魔」（windigo）的傳說，這是一個渾身長滿毛髮的巨人，以人肉為食，而且它的心冷如冰。這個怪物有極大的嘴巴、牙齒如匕首般鋒利，但沒有嘴唇，能夠一口吞下一隻河狸，

第五章 真實的幻想動物

甚至是一整個人。冰心食人魔跟其他美洲原住民神話中的惡魔或是妖精十分類似，其原型很有可能是某些已消失的部落中的成員或是神祇，被後來繼承那些部落的人妖魔化，變成現在的傳說怪物。[1] 這個現象跟古希臘時期有點類似，在奧林帕斯眾神出現之前的泰坦巨神也都遭到妖魔化。這些生物的傳說最終與歐洲跟非洲相似的故事結合，共同形塑出我們現在所熟知的北美野人以及大腳怪。[2]

在美國，對於非原住民來說，北美野人、大腳怪以及其他相關的生物可能在過去的殖民時期當中，都用來代表原住民群體；當時他們跟這些生物一樣，都是在森林裡埋伏出沒的神秘存在。「北美野人」這個名字原先是用來形容一位二十世紀初住在加拿大荒野地區的高大原住民；而「大腳怪」也跟美國原住民有關，據我所知，該詞最早是用來形容十八世紀末歐塞奇（Osage）部落的一位首長。對於美國原住民以及殖民者來說，猿人代表的是一個幾乎消失殆盡的原始世界所留

鷹人，這是門布雷諾阿帕奇部落（Membrenos Apache）、皮馬部落（Pima）以及其他美國原住民傳說中的惡魔。根據部分神話記載，鷹人曾經也是人類，不過他卻同意讓女巫施法，讓自己變成一只怪物。

美國原住民克洛族（Crow Indian）盾牌上刻畫的怪物或惡魔圖像。美國原住民的傳說中所描繪的怪物在種類還有奇特性上，絕對不亞於古老世界的怪物。

81

IMAGINARY ANIMALS

《飛天大頭》(The Flying Head)，出自美國民族學局年度報告（1880-1881年）。這顆大頭又稱「飛天頭」，是易洛魁傳說（Iroquois）中的一種怪物，它生活在高山上，平常以人為食。此圖描述一則奧農達加部落（Onondaga）的故事，飛天大頭曾經偷看一名正在烤橡果的女性，結果它卻誤以為該名女性正在吞食燃燒中的炭火，因而嚇得拔腿就跑。

《石巨人或食人族》(Stone Giant or Cannibal)，出自美國民族學局年度報告（1880-1881年）。一則古老傳說記載，石巨人曾試圖消滅塞內卡印第安人（Seneca Indians），不過風神及時到場解救，把怪物拋入深淵。還有另一則傳說指出，人類唯一戰勝石巨人的方式就是找到它身上那顆可移動式的心臟，除此之外別無他法。

下來的殘存概念。

其他還有許多生物仍然在社會上廣為流傳，而且有時候還會被人「目擊」，不過到目前為止，它們是否真實存在還未能證實。其中，最耳熟能詳的不外乎就是尼斯湖水怪（Loch Ness Monster），據稱它有六英尺長的脖子（譯按：約183公分），隆起的背部以及魚鰭。許多湖泊都傳出有人曾目擊類似的生物，包含加拿大中南部的曼尼托巴湖（Lake Manitoba）以及位於加拿大、紐約州以及佛蒙特州交界處的尚普蘭湖（Lake Champlain）。在眾多傳說生物當中，魔克拉

82

第五章 真實的幻想動物

姆邊貝（Mokèle-mbèmbé）最受研究學者的重視。據說在十九世紀末，就有人在中非的叢林中目擊過這種生物。這是一種巨大的爬蟲類動物，型態跟我們所知的暴龍（以前稱為雷龍）十分相似；只要傳出附近有魔克拉姆邊貝的蹤影，就足以讓整個村落陷入恐慌之中。

據說，卓柏卡布拉（chupacabra）會吸食山羊和綿羊的血液；這種說法最早可以追溯到二十世紀晚期的墨西哥與波多黎各，並迅速傳遍拉丁美洲、美國西南部，甚至遠至俄羅斯。對這種生物的描述因人而異，有些人會說它們像是一種身高約三英尺的爬蟲類生物（譯按：約91公分），具有綠色的皮膚、尖銳的獠牙，背脊上還長有一排尖刺。其他人則是認為它看起來比較像是野狼或是郊狼。相關的目擊報告不斷傳出，這代表那些所謂的「幻想動物」並不單單只是過去時代遺留下的產物，也不屬於某一特定文明獨有的創造；事實上，這些生物的塑造過程一直以來都是人性的一部分，不斷地在我們的想像當中進化，某種程度上，這就好像是真實生物的演化，它們適應、吸收並且拋棄某些特質，就像是體內遺傳密碼的重組。

大腳怪變成獨角獸的方式

這些關於全身長滿毛髮、擁有驚人力量的怪異人型生物故事或許在所謂的人類文明出現之前就早已存在，其描述可能出自於人類與猿猴或其他基因比較接近的物種的接觸，像是尼安德塔人或丹尼索瓦人等。無論如何，其中相關的描述從古至今都有驚人的一致性，可以參考以下的故事：

> 從前，有位獵人在自己的狩獵地盤中，因野生動物入侵而在水源處正面碰上了「他」（一種類人生物）。接下來的三天裡，獵人都與該生物正面相遇，卻因為害怕而動彈不得。他匆忙帶著當天捕獲的獵物逃回家，恐懼早已籠罩著

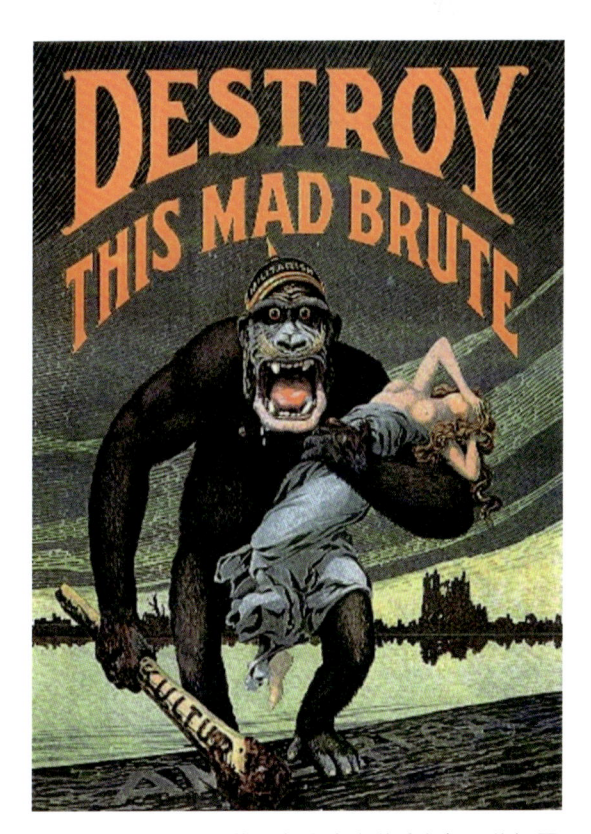

這是美國在第一次世界大戰時的徵兵海報。此插圖深受歐洲野人傳說的影響，結合維多利亞時期的大猩猩相關描述，甚至也可能與美國的大腳怪傳說有所關聯。

83

他的心頭，講話也變得支支吾吾、語無倫次……後來，他終於鼓起勇氣，對父親說道：「爸爸，我遇到一個非常不尋常的人，他從山上下來，是我看過最強壯的人，彷彿是從天而降的神祇。他成天跟著各種野獸在山上徘徊、吃草，在您的土地上遊蕩，並經常在水井附近出沒。我非常害怕，完全不敢靠近他。而且，他把我挖的洞都填滿了，還破壞我設置的陷阱，讓山中的獵物都逃跑了。」[3]

上述的故事段落感覺很像是二十一世紀對於大腳怪或北美野人的目擊報告描述。事實上，這裡描述的對象是全世界現存最早的史詩作品《吉爾伽美什》（Gilgamesh）中的角色──恩奇杜（Enkidu）。目前我們已知最早的《吉爾伽美什》完整手稿來自亞述王國的國王亞述巴尼拔（Ashurbanipal）的藏書，其創作時間約為西元前八世紀初期。其他還有不同語言版本的片段，而大部分學者都認為這部作品原始版本的創作可以追溯至西元前二千年初期。

故事中的獵人在父親的建議之下，前去晉見吉爾伽美什國王，國王派了一名妓女去誘惑這個神秘的陌生人。該名妓女成功馴服恩奇杜，就像中世紀傳說中處女馴服獨角獸那樣。他們共度了六天七夜，隨後，恩奇杜又重回動物身邊：

然而，羚羊一看見他，就驚慌失措地逃跑；其他的野生動物也是一碰見他就四處逃散。恩奇杜追趕上去，但是他的身體卻好像被鏈條纏住，想跑卻膝蓋使不上力，往日的敏捷已不復存在。此時，所有的野生生物都已逃之夭夭，不再跟隨著恩奇杜，因為他領悟人類的智慧而變得衰弱，心中也充滿人類的想法。[4]

不久後，恩奇杜開始協助牧羊人獵捕野狼與獅子；接著，他來到烏魯克城（city of Uruk），先跟國王吉爾伽美什摔角，隨後雙方結為好友，並共同經歷許多冒險。

另一個古老的故事角色也有類似的背景，他的額頭正中間甚至還長有一根與獨角獸一樣的尖角，他就是隱士鹿角仙人（Rishyasringa），又稱「羚羊之角」。在《摩訶婆羅多》（Mahabharata）等古代經典文獻中，我們可以看到鹿角仙人的故事版本。雖然現在看到的這部梵文史詩是在西元前300年至西元300年間寫成，但其故事本身可能出自更古老的口述傳說。在故事的開頭段落中，聖人維賓達卡（Vibhandaka）在洗澡時偶然看到一位天界仙女，隨後，他便將自己的精液射在湖中。後來，一隻母鹿喝下了含有精液的湖水，不久便懷孕，肚中的嬰孩就是鹿角仙人。這個孩子的外型與人類無異，只不過雙眉之間向外長出一根尖角。鹿角仙人在他父親的栽培之下，成為一位恪守戒律的隱士，並過著不問世事、與世隔絕的生活。有一次，鴦伽國（Anga）遭遇嚴重旱災，統治者毛足王（Lomapada）從婆羅門祭司（Brahmans）那裡得知王國受到詛咒，

只有鹿角仙人前來王國才能破除詛咒。

毛足王便派遣一位藝伎前去尋找鹿角仙人,她靈巧地用樹葉打造出一間能夠在河上漂浮的小屋,順流而下,很快地就到達鹿角仙人所在的地方。鹿角仙人這輩子從未見過女人,也對文明世界的生活一無所知。他提供客人自己日常食用的簡樸食物,但是藝伎卻端出花園現摘的水果、美酒、花環以及精緻的華服,藉此吸引鹿角仙人走進她的漂浮小屋,並一同駛回鴦伽國。鹿角仙人一踏上鴦伽的領土,天空立即降下滂沱大雨。毛足王把自己的閨女尚塔(Santa)許配給鹿角仙人,同時,還贈予他牛群、奴隸與土地。維賓達卡發現兒子不見了,怒氣沖沖地跑來鴦伽國興師問罪,準備以自己如太陽般強大的力量燒毀整個王國。然而,當他看到鹿角仙人與尚塔情投意合,過著幸福的生活,心中的怒氣隨即消去一大半。後來,鹿角仙人在父親的指示下完成自己的使命並生下一子,接著就跟尚塔一起回到深山生活。[5] 從整體的情節來看,這個故事的內容與恩奇杜的記載極為相似,鹿角仙人十分強大,但卻對於女人與社會的運作一無所知,最終因誘惑而脫離荒野,走向文明世界。

其他的獨角獸

我們現今所熟知的西方獨角獸形象源自尼多斯的克特西亞斯(Ctesias of Cnidus)在西元前四世紀初所描述的方式,他是一名希臘醫生,同時也是歷史學家,當時擔任波斯國王大流士二世(Darius II)的宮廷御醫。在他的眾多著作當中,有一本專門描寫印度的書,但現存的內容只剩下中世紀時被抄錄下來的少數片段;其中包含一種外觀像是野驢的動物描述,但它的體型跟馬不相上下,額頭中央還有一根長長的尖角。克特西亞斯在書中提及,這個尖角磨製而成的粉末具有解毒的效果。另外,人們也會把這些角拿來製作成杯子,用來喝水的話就能夠有效治療癲癇,甚至還能對毒素免疫。他還提到,這種動物的移動速度風馳電掣,連馬都追不上它。

這位古代醫師在敘述時加入不少關於動物身體顏色、甚至是踝骨等具體細節,其所說的話因此看似具有科學根據[6],但這些描述完全對不上目前已知的任何生物。他所描述的可能是印度犀牛,或是從側面看到的羚羊,甚至也可能是某種鹿類生物;後來,獨角獸這種神秘的動物也曾出現在亞里斯多德(Aristotle)、普林尼(Pliny)等其他古代知名學者的論述當中。這種獨角獸的形象後來與「野牛」(re'em)這種有角的動物混淆,其來源同樣無法確定,但在《聖經》中被多次提及。這種「野牛」原本可能指的是野生的公牛、羚羊,或是其他有角的大型動物;《但以理書》(Book of Daniel)中也描述一隻從額頭長出大角的山羊,可以在輕盈移動不觸地的情況下,打敗一隻強大的公羊(8:5-7)。

波斯的獨角獸又稱為「karkadann」,這個名字在梵文中有「沙漠之王」的意思。該生物擁有跟犀牛一樣壯碩的軀體、跟馬一樣的腳蹄、獅子的尾巴,其震耳欲聾的怒吼聲足以震懾其他動物,額頭中間長了一根又長

IMAGINARY ANIMALS

獨角獸長角的一部分（其實是獨角鯨的尖角），原藏於魯道夫二世博物館，1610年左右，布拉格。藥劑師可以將長角磨製成粉末，加在飲料中飲入，以達到解毒效果。英國女王伊莉莎白一世曾親身體驗過，並為此支付相當於今日約三十三萬英鎊的金額。

又彎的黑色尖角。這種中東的獨角獸非常兇狠，曾經殺死一頭大象後，用頭上的尖角將整隻大象抬起。然而，勝利的高光時刻並不長久，大象流下的鮮血導致該獨角獸喪失視力，很快就被大象的重量壓制在地，無法掙脫。傳說中，中東的獨角獸會受到灰斑鳩的誘惑，正如西方獨角獸被處女所吸引。

中國的獨角獸又稱為「麒麟」，這或許是最知名的代表動物。麒麟的身體跟鹿一樣纖細，如馬般的蹄子、身上覆有魚鱗，而且還有跟牛一樣的尾巴。它的胸膛呈金黃色，背部則色彩斑斕。其頭上彎彎的小角通常是白色或銀色，這種尖角太過於纖弱而不適合拿來戰鬥。

麒麟總是溫和處事，甚至不願意踐踏剛萌芽的綠草。為了顯示出麒麟的神性，有時候

第五章 真實的幻想動物

防毒用品,原藏於自魯道夫二世博物館,約 1610 年,布拉格。圖片最左邊有兩個稱為「獸石」的東西,它們其實是動物腸道中的結石,據說把獸石放在酒杯中,可以保護飲酒的人不受到毒素影響。中間是一根類似「獨角獸長角」的東西,右邊則是一只使用獨角獸長角製作而成的藥盒。

人們會將麒麟描繪成從焰火中出現,或是騰雲駕霧的形象。西方的獨角獸會受到人類女孩的吸引,難道是因為這世界上沒有母的獨角獸嗎?無論如何,獨角獸跟麒麟在性別上有著雲泥之別,麒麟不單單結合男女特質,還象徵男女之間的完美和諧。在名字「麒麟」中,「麒」代表男性,「麟」則代表女性,兩者結合在一起就是婚姻幸福和諧的象徵。

麒麟是中華文化的四大瑞獸之一,與龍、鳳、龜齊名。麒麟的出現象徵著某種特殊的重要意義,像是慶賀明君的統治,國家在該皇帝的統御下,一切太平,又或是該君主有望帶來國泰民安的榮景;另外,麒麟也可能會在聖賢仙逝時出現。在一個廣為流傳的傳說中,中國的第一位皇帝伏羲在黃河邊碰到

一隻麒麟，並觀察記錄麒麟身上的紋路，後來這些圖形就轉化成中國的漢字；還有其他類似的故事版本，只不過故事中的動物換成了龜。在另一個傳說中，孔子的母親在孔子誕生之際曾遇到一隻麒麟，口中咬著一塊刻有文字的玉片，預言孔子雖無官位，但他將具有跟皇帝一樣的威望和影響力。孔子的母親將一條緞帶綁在麒麟的尖角上，麒麟隨後就悠然離去。多年後，孔子聽說有獵人獵殺了一隻麒麟，心中突然充滿不詳的預感，並親自前去查看麒麟的屍體。當他看到麒麟的尖角上綁著一條緞帶，不禁潸然淚下，因為他知道自己的死期已不遠矣。

獨角獸與獅子

自詹姆士一世於1603年登基以來，英格蘭的獅子與蘇格蘭的獨角獸一直是英國皇家紋章的主要象徵，但其所代表的具體意義卻不太明確。[7] 人們常常會透過二元對立的方式來思考，就算沒有足夠的證據，也是如此。這讓我們感覺任何成對出現的動物都是彼此對立。因此，有些人認為獅子跟獨角獸分別代表白天與黑夜、太陽與月亮、戰爭與和平或是兇猛與溫柔等；還有人會覺得它們代表現實與幻想，事實上，這種組合很有可能就是促使獨角獸成為奇幻的主要象徵的原因。但是，如果我們深入探討就會發現這種對比方式其實不太合理，因為不論是獅子還是獨角獸，它們都深受寓言、象徵與傳統的影響。

從古代到中世紀，對於歐洲人來說，特別是在北部地區，真正的萬獸之王是熊，而非

英國威爾斯的路易絲公主（Princess Louise）及伐夫公爵夫人（Duchess of Fife）的家族紋章，結合英格蘭的獅子與蘇格蘭的獨角獸作為紋章的主要支柱，並且融合其他的國家象徵或區域符號。

獅子。因為熊可以雙腳直立行走，所以人們比較容易賦予該動物人類的特質，而且，熊本身還具備強大的體能，所以在野外幾乎沒有敵人。在熱帶地區，獅子則取代熊的王者地位，因為這些地方並沒有野生的熊。《聖經》裡對於獅子的相關描述充滿矛盾，雖然人們認為獅子強大且兇猛，但像是大衛（撒母耳記 7:34–35）、撒母耳（士師記 14:5）以及但以理（但以理書 6:1–28）等《聖經》中的英雄都曾經戰勝過獅子。中世紀的畫家經常會把地獄入口描繪成獅子張開大嘴的樣子。不過，在猶太教與基督教的象徵中，獅子逐漸融合進該文化，有了不同的象徵意涵，並用來代表之後產生彌賽亞（Messiah）

第五章 真實的幻想動物

的猶大支派。據說獅子走路的時候會用尾巴抹去自己的足跡，就跟基督一樣，隱藏自己的神性並化作凡人。

後來，隨著越來越多歐洲地區基督教化，教會致力於以獅子取代原先的異教符號——熊。這一舉措造成許多地區的野熊遭受獵殺而滅絕；還有人會在節日慶典上，把抓來的熊戴上嘴套、綁上鏈條，強迫其跳舞；而在故事中，熊的形象也遭到貶低。然而，獅子成為皇家象徵的地位仍需經過好幾個世紀才被普遍接受。[8] 獅子是在十二世紀左右冠上動物之王的稱號，但在這之前的數百年間，大多數的歐洲人都不曾親眼見過真正的獅子。當時人們對於該動物的認識大多來自《聖經》以及其他古代文獻中的記載。然而，隨著人們參與十字軍東征，越來越多人有機會前往近東地區的異國領土，並帶回許多頭

十九世紀維多利亞女王紋章的特殊版本。在此版本的皇家紋章中，藝術家選擇比傳統更加寫實的手法來描繪獅子與獨角獸。它們似乎有點不太自在地看相彼此。

獅子，在各地市集或是動物園對外展示。但是，「獅子」這個名稱在過去經常用來代指那些長有皮毛、大嘴，看起來可以一口把人吞掉的動物通稱。在中世紀的雕塑中，獅子通常看起來會像一隻大熊[9]；而在畫作當中，獅子就跟獨角獸幾乎都會有鬍鬚一樣，其形象大多時候都會有華麗的大鬍子，讓人聯想到貴族戰士。

1195 年，當時的英國國王查理一世（Richard I），又名「獅心王」（Coeur de Lion），就選擇三隻全身金毛且吐出舌頭的貓科動物形象，橫向排列在紅色的背景上作為他的皇家紋章。這些動物的圖案跟法國的某些圖騰十分相似，最初可能是用來象徵花豹；不過關於這些圖形確切代表什麼動物的討論至今仍然持續進行，但大多數人還是認為它們就是獅子。[10] 總而言之，紋章中的獅子與非洲大草原的野生獅子相似程度就好像獨角獸跟犀牛一樣；不論是紋章中或是故事書上的獨角獸跟獅子，其象徵意義早已深植

十九世紀其中一種英國皇家紋章。這是紋章學中極端運用寓言故事的一個很好的例子。圖中的英格蘭獅子從代表都鐸家族（Tudors）的玫瑰中浮現出來，而蘇格蘭獨角獸則是出自象徵斯圖亞特家族（Stuarts）的薊花。

89

IMAGINARY ANIMALS

圖片出自 1901 年 3 月 6 日的倫敦雜誌《Punch》，這是針對當時一項爭議所繪的諷刺圖片，圍繞在威爾斯（Wales）的紅龍是否應該與三頭獅子並列，共同出現在大英帝國的國家紋章上。

人心，積累了數千年之久，我們幾乎很難去區分到底哪一個動物的真實形象與象徵意義更加奇特，而這確實也難以下定論。

追蹤獨角獸

關於獨角獸以及其他相似傳說生物背後錯綜複雜的歷史背景，已有許多學者深入研究並提供詳細論述。雖然相關記載已相當詳盡，仍有不少缺漏之處。例如，我們不清楚恩奇杜的傳說與鹿角仙人的故事之間是否存在任何連結；或者鹿角仙人跟《博物學者》中所記載的獨角獸紀錄有無關聯性。這些缺漏就好像化石紀錄中的缺陷，引發各界的不同臆測。除了明顯的獨角特徵外，這些故事中都有一些相似的主題，似乎都來自於

單一共同的起源。不論是哪一種獨角獸，甚至是中東獨角獸也一樣，都展現出深沉的柔和之情；有時候，它們也都作為道德純潔的象徵。從恩奇杜的傳說到鹿角仙人的故事，或許這之中存在著一條傳承的線路；隨後，這個故事的延續版本向外擴張，衍生出許多方向，並創造出麒麟、中東獨角獸或是西方動物寓言故事集中的獨角獸等其他相關的生物。或許，有部分的奇幻生物是出自獨立的傳說，只是後來彼此之間互相影響。

俄國文學家弗拉基米爾・普羅普（Vladimir Propp）曾寫道：

> 民間傳說的起源不應該比喻成文學，而應該將其比喻成語言，因為語言並沒有明確的發明者，也沒有特定的一位或多位作者。民間傳說自然而然地在各地出現，只要有適當的條件，就能夠自發且不受人為控制地獨立發展與變化。[11]

有些人會更進一步探討，將民間傳說中的想像動物發展拿來與現實動物的生物演化進行比較。

這樣的對比讓我們不禁思考，生物學的分類標準與研究方法是否能夠應用到民間傳說的討論當中；但這樣的研究方式事實上早已行之有年。在二十世紀初期，歷史地理學派的學者就曾試圖整頓先前相對雜亂無序的民間傳說研究，將其建立在科學的基礎上，他們整理大量的主題以及故事類別索引，希望能以此追溯民間故事的發展歷程。這一切努力在1958年達到巔峰，美國民俗學家斯帝・湯普森（Stith Thompson）出版一本內容豐富的著書《民間文學的動機索引》（*Motif-Index of Folk Literature*）。[12] 在半個多世紀以前，民俗學家早已開始使用量化研究方法，這是人文學科到現在才日益受到歡迎的方法，他們的實踐經驗讓我們了解相關領域採用這些方法可能帶來的成果與挑戰。

歷史地理學派在追蹤民間故事的演進過程中面臨重重難關，其中一大難題在於故事的本質與傳播都受限於部分難以追溯的因素，像是那些天才說書人的出沒地點以及移動過程都難以捉摸。除此之外，不論我們耗盡多少心思搜集，口述傳統的紀錄始終是殘缺不全；我們進行的分類方式通常也不是基於深層理解後的結構，反而只是建立在隨意的細節上。歷史地理學派最重要的貢獻可能在於他們所創造的故事分類與盤點方式，讓研究者能輕易地找到相關的故事。透過分析民間傳說主題在地理位置上的分布，我們也確認到多數的故事都只會在特定區域流傳，但也有少數例外，像是「灰姑娘」的故事就幾乎遍及全球。然而，渴望更精準追溯故事的民俗學者有時候也不得不採用結構沒那麼完善的方法。

人們當然可以嘗試追溯民間故事中的生物演化過程，用類似的方式追蹤像是獨角獸或是龍等生物。在湯普森出版《民間文學的動機索引》一書過後，電腦科技已有長足的進步，讓研究人員能夠用精準度更高的方式進行溯源研究。人類也可以借鏡生物學家的方式，測量獨角獸的尖角以及身高之間的相對長度，並試著描繪出該比例在過去幾個世紀

中出現哪些變化。但是，要成功建立一套追溯幻想動物起源的資料庫絕非易事，因為這必須要編錄無限多筆相關的畫作，其中大部分都還屬於博物館的館藏或是私人蒐藏。在龐大的經濟壓力之下，我們很難籌措出足夠的資金；而且就算有足夠的預算，我們也無法確定屆時能從中學到多少關於幻想動物的知識。致力於預測經濟走勢的專家往往會發現，最重要的趨勢會隱含在巨量的數據之海當中，但透過他們的專業直覺可能就能預判出最好的模式；追蹤恐怖分子的專家也常常會把他們手上的表格與圖表擱置一旁，仰賴自己所聽到的小故事或是直覺來追捕；而探究雪怪或是獨角獸的研究人員也必須採取一樣的手段。

鹿鷹獸

阿根廷作家豪爾赫·路易斯·波赫士和瑪格麗塔·格雷羅（Margarita Guerrero）所著的《幻想動物學教科書》（*The Book of Imaginary Beings*）簡述民間故事以及文學當中的奇幻生物。其內容包含從阿布圖（Abtu）到札拉坦（zaratan）等117種不同的生物，所有收錄都有學術參考文獻證明。然而，在眾多生物當中，有一種名為鹿鷹獸（Perytion）的生物特別引人注目；目前就只有一份已知的文獻曾提及該生物，那就是《鹿鷹獸論》（*Treatise on the Perytion*），而波赫士與格雷羅也引用其中的片段文字，其論文開頭如下：

鹿鷹獸棲息於亞特蘭提斯南部的一座島嶼，這是一種半鹿半鳥的生物。鹿鷹獸擁有雄鹿的頭部與四肢，但身體卻是鳥的模樣，全身羽毛豐滿。

最令人震驚的是，當陽光照射在鹿鷹獸身上時，投射在地上的影子竟然不是它的身體形狀，而是一個人形。因此，有些人認為鹿鷹獸是那些沒有獲得神祇保護的人死後的靈魂所組成的產物……

該篇論文還提及，每當鹿鷹獸殺死一個男人或女人，眾神就會再次眷顧它，賜予它能夠反映出其真實相貌的影子。古羅馬將軍西庇阿（Scipio）跟他的士兵就曾經差點在駛向迦太基（Carthage）的航行路上被一群鹿鷹獸滅團；但幸運的是，每隻鹿鷹獸只會殺死一個人，所以有些士兵得以倖存。

這些論文的來源是什麼呢？作者解釋他們是從十六世紀時位於非斯地區（Fez）一位身分不詳的拉比（譯按：拉比是猶太人的精神領袖或宗教導師，大多拉比都有日常正職，但仍會負責主持猶太教的宗教儀式。）著作中所引述，而這位拉比又從某一神秘的阿拉伯作家的著書中節錄出來。在歐瑪爾·哈塔卜（Caliph Omar）放火燒掉亞歷山大圖書館時，原書跟著付之一炬；而拉比的手抄副本雖存放在德國慕尼黑大學，但在第二次世界大戰中也不幸遺失。因此，波赫士與格雷羅承認，鹿鷹獸的起源已不可考。[13]

波赫士最早是以書評家的身分而聞名，他會構想出一些非常宏大且內容極為複雜的故事，幾乎不可能真的寫出來。接著，他會替

這些想像的故事捏造虛構的作者與出版社。然後，波赫士會在文學期刊上評論這些「小說」，讓好奇的讀者白費功夫、枉然尋覓。在這樣的前提下，鹿鷹獸也很有可能是這種虛構出來的「小說」，而他口中所說的「手抄副本」也可能是想像出來的產物。然而，波赫士所寫的評論本身並非毫無意義的騙局，這些評論文字至今也被視為文學作品。講到鹿鷹獸，有些讀者可能會忍不住打槍：「屁啦，鹿鷹獸根本是作家唬爛出來的好不好？它才不是真正的幻想動物勒。」如果波赫士還在世的話，他可能會說：「不是『真正的』幻想動物？所以你承認幻想動物是真實的囉？」

《尤里西斯與海妖》（*Ulysses and the Sirens*，1901年），赫伯特・德雷珀（Herbert Draper）的作品。在古希臘羅馬時期，海妖是一種擁有人類女性臉孔的鳥類，到了中世紀，人們開始將它們與美人魚相提並論；接著到了維多利亞跟愛德華時期，海妖的形象就多了一些性感的元素。只要海妖一離開海水，它們的魚尾巴就會消失，蛻變成迷人年輕女子的樣貌。

第六章
怪物

啊,魔鬼啊,魔鬼!要是女人的眼淚有孳生化育的力量,
她的每一滴淚,掉在地上,都會變成一條鱷魚。
離我遠一點吧!

——莎士比亞,《奧賽羅》(*Othello*)(第四幕,第一場)

為什麼人們喜歡怪物?但丁(Dante)很大一部分受惠於這些怪物,他的《神曲:地獄篇》(*Inferno*)在人氣上遠遠超越其他作品《神曲:天堂篇》(*Paradiso*)和《神曲:煉獄篇》(*Purgatorio*);波希也因為怪物成為史上最受歡迎的畫家(譯按:波希大多數的畫作都在描繪罪惡與人類道德沉淪,其中皆以惡魔、半人半獸甚至是機械的形象來表現人的邪惡)。關於怪物之所以受到人們追捧的原因眾說紛紜,有許多理論都認為這源自於神聖與世俗之間,那股深不可測的親密連結。羅馬尼亞歷史學家盧西安・博亞(Lucian Boia)認為那些具有部分人類特徵的幻想動物是一種「另類人性」(l'homme différent)。他寫道:

> 這個人有時擁有千變萬化的面孔,有時則完全沒有臉龐,若要真正地了解他,必須將自己推向人性的極限,甚至超越這個極限;只有這樣,我們才能進入一個輪廓沒有明確分界,並且普遍接受人類狀態的基本規範不斷受到挑戰的區域。

這段文字反映出「絕對的異質性」,就算怪物沒有鋒利的牙齒、尖銳的長角和神秘的力量,它們也會令人感到不安。在某種程度上,這種生物或許還處於相對正常的人性範圍內,但以另一種方面來看,它們卻是一種極端的存在,例如矮人、巨人、亞馬遜戰士或是食人族等。況且,這類生物所擁有的某些特質,不單單將其與人類區隔開來,同時又生動地放大了人性的某些面向。就以希臘神話當中的海妖為例,它們擁有動人的美妙歌喉,用來誘惑水手走向死亡。在古代的藝術當中,海妖通常描繪成擁有女人的頭部與軀體,但其他身體部位卻是鳥類的器官(從中世紀開始,它們的形象變成美人魚),這樣的外型剛好可以跟它們的歌聲相呼應,呈現一種不可能實現的和諧感。[1]換句話說,怪物可以透過提供最鮮明對比的形象,幫助我們定義人性。

神學家魯道夫・奧圖(Rudolf Otto)提出另一種理論,他認為神聖的感知應該稱作「巨大的奧秘」(mysterium tremendum),也就是「完全他者」。這是一種現實的感知,其內涵超越我們的常規概念,無法使用

任何的方式進行描述。我們甚至不能輕率地聲稱神的「存在」，也無法確定神是「美好的」，因為上帝的境界早已超越善惡的二元分類。這種超凡的事實最後會讓我們所有的理性解釋都消失殆盡，我們只能靜靜地思忖上帝神聖的存在。[2] 因此，不論是神聖還是世俗，都能激發我們對於奧秘的深刻感知。

在眾多探討神聖與世俗交織關係的學術作品中，人類學家瑪麗‧道格拉斯（Mary Douglas）的著作《潔淨與危險》（Purity and Danger，1996年）一書，或許是最有學識深度的論述。她表示，《舊約聖經》中，特別是《利未記》（Leviticus）裡的諸多宗教戒律，事實上是在鞏固並加強世界上不同文化中的人們界線劃分。道格拉斯的觀點在許多層面上都與奧圖大相逕庭，她認為聖潔就是秩序，而混沌則站在秩序的對立面。根據此一理論，所謂的「潔淨」動物指的就是那些「完美無缺」，並且標準符合其種類特徵的動物。在創世之後，雅威（Yahweh）將萬物區分為屬於水域、海洋和天空中的生物。《利未記》認為那些不具備適切生理結構，或沒有正確移動方式的動物都屬於「不潔生物」；因此，那些看似有「雙手」而不是「前腳」，但卻用雙手來行走的生物，如老鼠、鱷魚、變色龍和鼴鼠等，就屬於這種可憎的動物。任何觸碰不潔生物的信徒都必須經過淨化才能接近神殿。以豬為例，它們有分趾蹄，卻不會反芻，這樣就違背我們對動物的傳統區分方式，所以也視為不潔生物（利未記 11:1-8）。特定的動物會因為不符合我們的觀念，進而威脅到人類存在的安全感，因

柯里奧蘭繪製的《鶴人》（The Crane Man），收錄於烏利塞‧阿爾德羅萬迪的著作《怪獸歷史》中。十七世紀晚期，鶴人是阿爾德羅萬迪的想像動物中最受大眾歡迎的怪物。相傳，這些鶴人棲息在非洲最偏遠的地區，主要敵人就是獅鷲獸。據說 1664 年，在義大利與土耳其的戰役之中，義國的塞林伯爵（Count Serin）曾在匈牙利活捉到一隻鶴人。

第六章 怪物

海妖，出自西元前一世紀中期的龐貝壁畫。在古希臘與古羅馬的傳統中，海妖的形象通常是擁有女人頭部的鳥。這種形象很可能是受到古埃及的影響，因為埃及人習慣把「ba」，或稱「靈魂」，描繪成有著人類頭顱的大鳥，其中大部分皆為女性的形象。

為它們模糊了人類與動物、魚類與禽類，或是男性與女性之間的分界。

但是，根據道格拉斯的說法，目前所有的分類系統都不可能完美無瑕，其中總會含有異常的個案。正因如此，對於那些普遍會被視為是「不潔」的生物，我們反而應該將其視為神聖的存在，並賦予特殊意義。一般而言，人們通常會認為血液是不潔之物，但人

《天堂之鳥——西琳》（Sirin, the Heavenly Bird），俄羅斯流行版畫，創作於十八世紀初期或十九世紀末。在俄羅斯的傳說當中，西琳擁有女性頭部與胸部，頭戴璀璨的皇冠，身體卻是鳥的型態，並可以發出悅耳、誘人的聲音。它就居住在《聖經》所記載的伊甸園附近。

阿爾格斯海怪（Argus），出自《德意志海洋中的怪物》（*Monstrum in Oceano Germanica*，1537年）一書。海洋生物的型態往往十分奇異，幾乎難以用語言描述。一般而言，這類生物通常是由我們所熟知的不同生物特徵拼湊而成。圖片中的生物看起來跟蜘蛛一樣，擁有八隻眼睛，另外還有魚鱗、鴨腳以及野豬的頭顱。

們卻會把動物帶到神殿獻祭。[3] 這或許能夠解釋，幫助我們了解基督教的藝術家在描繪那些在天堂接受祝福的眾生時，為何有時畫中會出現一些擬人的怪物，像是犬頭聖克里斯多福（St Christopher）等動物化的信徒。

在十八世紀至十九世紀間，「崇高」（Sublime）美學相當盛行，人們在狂野與極端的自然景象中，看到宇宙的宏偉。維多利亞時代的人們醉心於猛烈風暴、重大劫難以及原始森林所展現的浪漫情懷。[4] 隨著這個時期的世俗觀念加劇，人們反而開始懷念起中世紀的宗教元素，甚至是野蠻的壯麗之景；而在一個看似荒涼、毫無魅力的世界中，惡魔的出現甚至能讓人類感覺自己更貼近上帝。然而，維多利亞時代跟中世紀晚期與文藝復興時期的藝術家非常不一樣，特別是那些與前拉斐爾派兄弟會（Pre-Raphaelite Brotherhood）有關的藝術家，他們更加關注天使的描繪，而非惡魔。其畫作中偶爾出現的小妖精看起來十分頑皮，一點都不可怕。這些形象並不是為了展現惡魔的霸權，而是表達出一種超乎尋常的神秘力量。

上述提及的所有理論都將奇幻動物，特別是惡魔，視為對人類型態的否定，在大多情況下，它們甚至是對宇宙秩序的否定。這類主題常常在所謂的「怪物學」討論當中反覆出現，但這種觀點並非絕對。這些理論雖然簡潔明瞭、敘述完善，但對於創造奇幻生物相關的觀察、想像以及猜測並沒有提供完全公正的評價。

食者與食物

保羅・特勞特 (Paul A. Trout) 在《致命的力量：動物掠食者與神話想像》（暫譯，*Deadly Powers: Animal Predators and the Mythic Imagination*，2012年）一書中強烈主張，人類對於自己成為猛獸的獵物充滿恐懼，而這正是我們對宗教敬畏的根本原因，最終變成所有宗教崇拜的基礎。特勞特更進一步提出證據指出，像是敞開的大口、鋒利的牙齒、強大的利爪以及緊盯的目光等掠食者的特徵都深深地刻畫在各種神話與宗教的象徵中，不論是埃及的獅身女神賽克梅特（Sekhmet）、印度的黑暗女神卡利（Kali），抑或是中國的飛龍都是如此。根據他的說法，早期人類及其祖先每天都活在永無止盡的恐懼當中，在史前時代天天都要害怕自己成為大型肉食性動物的獵物。他們

IMAGINARY ANIMALS

傑‧奧古斯塔斯‧克納普（J. Augustus Knapp）繪製的《阿卜拉克薩斯》（*Abraxas*），二十世紀初期。所有對立的元素都匯聚在古希臘神祇阿卜拉克薩斯身上。心理學大師榮格（C. J. Jung）更認為他是超越雅威，擁有更高神性的存在。

漸漸地發展出許多新型武器，並提升自己在食物鏈中的地位，人類開始更加了解這些動物掠食者，並在腦海中想像、模仿它們的特質。人類在抵禦、安撫、征服以及智取這些大型掠食動物的過程中，其動物形象變得越來越多樣化與色彩繽紛。[5]

這個理論大大地簡化人類發展的歷程，從原先在動物界裡受壓迫的底層，一口氣提升到世界的主宰。然而，對於像特勞特這種擅長講故事的人來說，我懷疑他們有時候會太過投入故事情節，而忽略與事實證據的比對。我們在早期的神祇象徵當中，並沒有

《地獄之口》(The Mouth of Hell),出自《克里夫斯的凱瑟琳經文》(The Hours of Catherine of Cleves,1440 年)。地獄通常會塑造成大型的掠食性動物形象,並擁有跟蟒蛇一樣的大口,或是像圖片中一樣的獅子大嘴。

普遍看到大型掠食性動物的出現。在史前的洞穴壁畫上，最能讓人心生敬畏的圖像都是草食性動物，例如野馬、猛瑪象、牛隻、羚羊以及犀牛等，而非大型貓科動物或是熊之類的肉食性動物。更具威脅性的食肉動物，像是野狼、鱷魚等生物更是不常出現在畫作中。就算一路追溯到安那托利亞（Anatolia）的查塔爾胡尤克（Çatalhöyük）一座目前已知最古老的神祠中，我們可以發現，當地居民並沒有崇拜猛獸，而是將敬意獻給公牛。[6] 在宗教上具有舉足輕重的地位的動物，其象徵的圖像一直是非常廣泛的混合體，像是體型大小、生活環境，以及飲食等各種面向都有非常多不同的樣貌。

特勞特的部分觀點是正確的，早期人類與其祖先的確經常生活在隨時都可能被野獸吞食的威脅下，但他對於這種威脅所產生的恐懼可能有點誇大其詞。大多數的野生動物也都有隨時被捕食的風險，但這並不是它們生命的全部；在動物的生活中，如果它們想要的話，還是有許多玩樂和放鬆的時刻。就像是在繁忙街道上方的電話線上，自得其樂、跑來跑去的小松鼠，它們必須躲避猛禽追捕，但是平常還是跟著同伴你追我跑，毫不恐懼。人類對於死亡和痛苦的恐懼遠超過野生動物，因為這兩種感受對我們來說已是十分陌生。但對於我們遠古祖先而言，死亡的場景是日常生活的一部分，所以他們可能也不會賦予死亡一種可怕的終結感。

如今，家家戶戶的櫥櫃都擺滿各種止痛藥、鎮定劑、軟膏、抗抑鬱藥等藥品，用來緩解日常生活中的肌肉酸痛或皮膚發癢等身體不適，但對於我們的祖先以及大多數的動物來說，這些疼痛是很平常的。他們當然不希望經歷痛苦萬分的死亡，但卻幾乎沒有人能夠安詳地逝去；人類祖先會認真地參與人生遊戲，最後如果被吃掉了，他們也會全然接受這個結果。或許，相較於餓死或病死，這樣的死亡方式是相對溫和的選擇。

然而，對掠食者的恐懼仍是許多幻想動物的故事與形象的核心。如果像特勞特這樣的作者誇大了這種恐懼的重要性，那更證明了怪物的故事仍然掌控著我們的想像力。這些怪物不一定是最古老或是最深奧的幻想動物，但它們無疑產生出最多的文獻，在大眾文學以及學術論文當中都是如此。

屠殺惡龍

雖然曾有君主或神職人員試圖禁止想像動物出現在故事或是書籍當中，但至今沒有人能成功。事實上，並非所有社會都可以輕鬆接受奇幻生物。尤其是在信奉亞伯拉罕相關宗教的社會當中，奇幻生物常被視為一種偶像崇拜，甚至會與惡魔沾上邊。在其他像是古希臘跟古羅馬的社會當中，人們則是常常把這些奇幻動物視為粗野、畸形且不合邏輯的存在，並認為這些生物是自然秩序與人類形象的褻瀆。然而，每當危機來臨時，之前對於奇幻野獸的不成文禁忌似乎瞬間瓦解，使得形形色色、種類繁多的珍奇異獸再次大量出現。

在眾多文化故事當中，一個普遍出現的情節是人類文明需要有更多發展空間，因而需

第六章 怪物

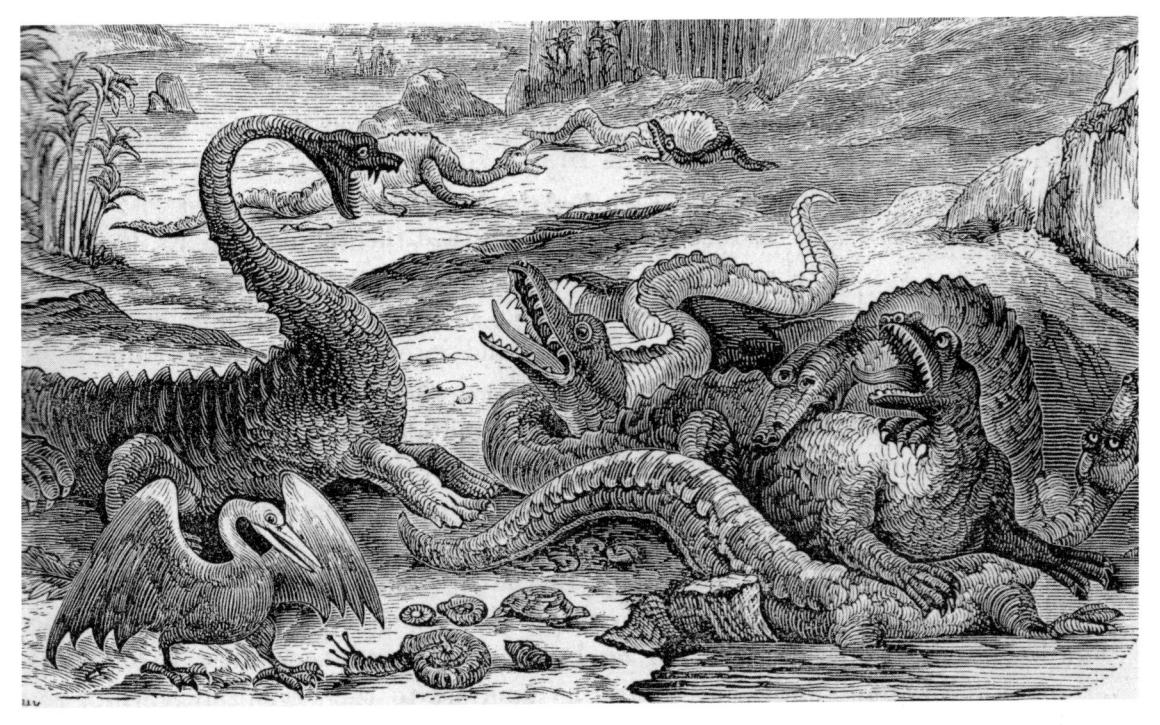

已滅絕動物，出自 S. G. 古瑞秋（S. G. Goodrich）的《強森的自然歷史》（暫譯，*Johnson's Natural History*，1867 年）。這些史前動物被描繪成中世紀龍的模樣，各個都表現出蓄勢待發的神態。該幅圖畫並沒有讓人感覺出不同時代生物混雜在一起的矛盾感，甚至有一隻進化程度相對現代的大鳥也混入其中，跟恐龍並排站在一起。

要有人深入充滿怪物的荒蕪之地大開殺戒。許多傳說中的英雄將殺死怪物視為己任，目的是要消除混亂，為建立文明社會鋪路，其中包含美索不達米亞的吉爾伽美什、希臘的忒修斯（Theseus）、中國傳說中的孫悟空、盎格魯—撒克遜的貝奧武夫（Beowulf）、霍皮神話中的 Pöqanwhoya 雙胞胎、南非 !Kung 族人的大螳螂（Mantis），以及美國的戴維・克羅克特（Davy Crockett）等都是這類典型的英雄。

野蠻的恐龍通常會描繪成十分生動的模樣，而它們的滅絕可以解釋成一種演化上的「進步」，這種觀點甚至已經滲透到大眾科普知識中。例如，暴龍（Tyrannosaurus rex）的形象直到二十世紀末都是根據中世紀歐洲龍的典型特徵繪製而成，它們有著直立的身體並且拖曳著笨重的尾巴。這種「恐龍之王」算是原始混沌的體現，就好像人類必須要征服這類動物，才能夠迎來最終的勝利。

英文中的「monster」（怪物）源自拉丁文的「monstrum」，衍生自拉丁文動詞「monere」，意為「警告」。過去，占卜師

103

IMAGINARY ANIMALS

一幅暴龍經典形象的插畫。在二十世紀末的數十年間，古生物學家在描繪暴龍時，往往都會參考中世紀龍的模樣，有著強健的後肢幫助身體直立，並用短小的前肢進行戰鬥。這張圖中，暴龍的姿勢暴露出腹部，即將被另一隻頭上有尖角的恐龍猛烈攻擊；這種景象宛如一位手持長矛的騎士坐在馬背上衝鋒陷陣。

經常將怪物現身視為不祥之兆，預示災難即將發生。而在社會出現動盪或是禍害的時候，人們就會重新思考自身文化的根源，並傳出許多幻想動物，特別是怪物的目擊報告。隨著災難陰影的逼近，人類為了克服心靈上的迷茫，往往會迫切審思自己作為人類的意義，以及人類與神祇還有動物之間的關係。根據《希伯來聖經》的記載，在一個充滿不確定性的時代，以色列人曾經重新投向一個黃金小牛犢的懷抱，對其進行崇拜（出埃及記 32:4-20）。而這個黃金小牛犢很可能是源於埃及的公牛神阿庇斯（Apis）的形象。

104

第六章 怪物

尼古拉‧巴塔歐（Nicolas Bataille）的作品《安熱的啟示錄》（Apocalypse of Angers），約製於1373-1387年間的法國掛毯。野獸、巨龍以及假先知面對啟示錄的天使時，青蛙從他們的嘴巴裡跳了出來，象徵其內心的污穢與邪惡。

最好的例子是《聖經》中的《啟示錄》，這本書是為了回應尼祿（Nero）以及其他羅馬皇帝對基督教徒的迫害而寫的。正如提摩西‧比爾（Timothy Beal）所指出：

> 約翰那種充滿啟示性的想像力就像是一股洶湧、原始的怪物洪流的源頭，這些怪物飛天遁地，存在於天堂與地獄以及神聖與世俗之間那條被血肉、瘟疫與可恨之物沖刷掉的模糊界線區。[7]

魔鬼化作一條巨大紅龍，在空中現形。它的七顆龍頭都戴著一頂王冠、長有十根尖角，尾巴一甩就掃落天上三分之一的星星。這種怪物被大天使米迦勒逐出天堂；之後，另一種生物從海裡浮出，有著七顆頭、十根尖角、豹之軀、熊之掌以及獅之口（啟示錄12）。

魔鬼及其爪牙或許令人生畏，但代表基督的形象卻更加令人驚心動魄。與野獸相對的是被屠宰的上帝羔羊，它有七根角與七隻眼睛（啟示錄5:6-14）。上帝御座周圍有四大生物：獅、牛、人、鷹，各個生物都有六對翅膀，而且臉上長滿眼睛（啟示錄4:7-8）。站在御座和以色列長老之間的羔羊打開卷軸上的七道封印，每破一封，眼前就會浮現出死亡與毀滅的畫面，解開到第六道封印時，出現以下畫面：

> 一場猛烈的地震席捲而來，太陽變得黑沉，就好像是粗麻布一般；月亮變成血紅色，星星紛紛從天上墜落，就像是

105

阿爾布雷希特・杜勒（Albrecht Dürer），出自《聖約翰的啟示》（*Revelation of St John*，1493年）。這幅木刻中鮮明的現實主義與神秘寓言交融在一起，其中的野獸與其爪牙顯得格外恐怖。

無花果樹上的果實因強風而甩落下來；天空看起來像是一幅卷軸，慢慢捲起消逝，所有的山嶺與島嶼也隨之位移。後來，所有凡間子民，不論是州長，還是指揮官；從富人權貴到百姓奴隸等，都紛紛躲進山洞與岩石間尋求藏身之處。他們對著山嶺和巨石呼求：「請壓塌來遮蔽我們，讓我們逃避那坐在御座上的主，以及羔羊的烈怒，它們的憤怒之日已經降臨，還有誰能夠承受得住呢？」（啟示錄6:12-17）。

最後，羔羊揭開第七道封印，那時，天堂陷入一片死寂（啟示錄 8:1）。野獸與假先知，連同那些追隨他們的罪人，一同墜入充滿硫磺的火湖，永遠承受焚燒的煎熬（啟示錄 19:20–21; 20:10）。這一劫難與毀滅的爆發，就像那一場只有諾亞（Noah）與其家人存活下來的大洪水，目的是為了破壞舊有秩序；最終，新的耶路撒冷會為義人而建。《啟示錄》透過其中繁多且生動的意象而聞名，奠定未來數千年傳統基督教的指標性圖像，同時也對政治煽動以及恐怖電影等世俗活動造成深遠影響。

地下世界的怪物

不僅是基督教，在瑣羅亞斯德教（譯按：Zoroastrian 又名「祆教」，是伊斯蘭教出現前，中東和西亞最具影響力的宗教，同時也是古波斯帝國的國教。又稱為「拜火教」。）或是印度、中國、馬雅、阿茲特克等各種文明當中，都有一個關於融合人類與動物形象的惡魔棲息於地獄的概念。然而，此一概念是歐洲中世紀與文藝復興時期人們的核心思想。大約從 1000 年左右開始，關於地獄的描繪開始變得越來越流行，那時惡魔的形象通常是根據希臘羅馬神話中的薩提

巨龍與野獸被扔入地獄，出自《修道院啟示錄》（*Cloisters Apocalypse*，約 1330 年），法國諾曼第。在這幅描繪末日的畫作中，即使是魔鬼也流露出一種獸性未泯的純真，彷彿它們也明白自己跟其他所有人一樣，只是在遵循神的計畫。

爾或猴子塑造而成。後來，描繪惡魔的藝術家開始展現出更豐富的想像力，特別是透過融合許多動物的特徵來創作，像是蝙蝠的翅膀、蛇的尾巴、野豬的長牙、山羊的腳蹄、公牛的長角、小狗的面孔以及老鷹的爪子等。

在十三世紀末至十四世紀初，馬可·波羅（Marco Polo）以及其它探險家開啟歐洲與中國的貿易通路後，中華藝術裡的蝙蝠翅膀元素就被拿來描繪惡魔的形象；諷刺的是，蝙蝠在中華藝術中，象徵著吉祥如意。這種設計是為了進一步強調惡魔跟天使之間的差異，藉由蝙蝠的行動方式，把惡魔描繪成夜間才會出現的生物。[8] 後來，因受到對於人體崇拜的新潮流影響，部分十六世紀的義大利藝術家幾乎抹去他們筆下惡魔形象的擬人特質，他們新描繪的惡魔甚至不再透過雙腿行動。例如，拉斐爾創作的《聖米迦勒與龍》（St Michael and the Dragon，約1505年）中，惡魔是許多野獸特徵的綜合體，包括狗頭、牛角以及蟒蛇的頸部等；這些惡魔只剩下突出的眼睛以及不停揮動的長舌，似乎隱約展露出僅存的人類情感。[9] 但是，在米開朗基羅（Michelangelo，1475-1564年）以及盧卡·西諾萊利（Luca Signorelli，約1445-1523年）等其他義大利藝術家的畫作中，可能出於對人本主義理想的幻滅，惡魔在外型上幾乎與人類無異，並透過扭曲的四肢與猙獰的面孔來表達憤怒。[10]

然而，不管惡魔的形象多麼接近人類，或是有多麼奇幻，這些描繪都會至少保留一

保羅·烏切洛（Paolo Uccello）的作品《聖喬治與龍》（St George and the Dragon，1456-1460年）。這位畫家似乎在炫耀他的高超畫技，不僅是精湛的透視手法，他更巧妙地構建出一條融合多種動物特徵的龍，包括蝴蝶、蝙蝠、蛇、狗、鳥和豬等。這個怪物唯一看起來稍微像人的地方是它的眼睛，而聖喬治正刺穿它的其中一隻眼睛。

第六章 怪物

拉斐爾·桑齊奧的作品《聖喬治與龍》(St George and the Dragon，1505年)。這裡的怪物是許多生物的綜合體，宛如耶羅尼米斯·波希筆下的畫作。它的畸形形象與圖片其他部分形成鮮明對比，聖喬治、戰馬以及少女都呈現理想的樣貌，並且散發出一股不可思議的寧靜感。

項動物的特質。野生動物的生活很大一部分都環繞在食物上，包含進食以及不讓自己成為其他生物的盤中餐。在十六世紀的地獄描繪當中，我們幾乎不會看見罪人進食，就算他們可以吃東西，大多是被迫吞下像是活蟾蜍等令人厭惡的食物。相較之下，惡魔都會描繪成在驅趕牛羊的形象，它們還會烹煮並吞噬受到詛咒的靈魂。在我們熟知的人類社會當中，上述行為通常是人類對待動物的行徑，但在地獄裡頭，這種關係恰好相反過來。

特別是在中世紀到文藝復興時期的西方繪畫中，天堂是個非常規律的場所，那裡的社會階層分明，服儀也都有統一規定，並不會遭人隨意竄改。在天堂中，我們偶爾可能會看到威風凜凜的獅鷲或端莊嚴肅的犬頭人，但頻率並不高；而飛龍或是蟒蛇等生物則從未出現過。那裡的人身材勻稱，不可能會有畸形的樣貌。相較之下，尤其是在北歐文藝復興時期的畫作中，地獄的形象大多充斥著各種奇幻混雜的生物；雖然說這些生物的混

109

IMAGINARY ANIMALS

盧卡・西諾萊利的作品《最後的審判》(*The Last Judgement*,1499-1504年)。在這幅畫的細節中,那些惡魔除了尖角與膚色之外,看起來幾乎就跟人類一模一樣;它們透過緊繃的肌肉以及猙獰的臉部表情來表達憤怒。

合是種想像力的發揮,但並非隨意拼湊,會有一些特定的元素固定出現。在大多情況下,惡魔往往結合多種生物的特徵,如人類的軀幹、蝙蝠的翅膀、野豬的獠牙、公牛的尖角、猴子的尾巴、魚的鱗片、貓的眼睛、驢的耳朵以及(或是)鷹的爪子;雖然如此,它們仍然沒有固定的模式或形狀。如果天堂象徵秩序,那地獄就是混亂的代表。在約翰・米爾頓(John Milton)的《失樂園》(*Paradise Lost*,1667年)中,地獄的首都叫「萬魔殿」(Pandaemonium),字面上的意思就是「眾多惡魔」,但這個字在現代大多用來形容一場混亂或騷動的場面。

馬丁・松高爾(Martin Schongauer,1448-1491年)是擅長繪製惡魔的北歐畫家,他的靈感大多來自於肉市陳列販售的鮮魚跟家禽,如同他的版畫作品《聖安東尼受惡魔折磨》(見113頁)一樣,他巧妙地結合這些

林堡兄弟（Limbourg Brothers）繪製的《地獄之景》（Vision of Hell），取自《貝瑞公爵的珍貴時光》（*Très riches heures du Duc de Berry*），十四世紀。在中世紀晚期的地獄描繪中，具有動物形態的惡魔對待罪人的方式就像人類對待家畜一樣，它們不僅驅趕和處決人類，還會烹煮並食用他們。

耶羅尼米斯·波希繪製的《地獄》，此為波希三聯畫《人間樂園》（The Garden of Earthly Delights，1503-1504 年）的細節。在這幅畫中，有罪之人所受到的懲罰都跟人體的基本生理功能息息相關，像是進食與排泄等。罪人被當成動物一樣，遭到綑綁、驅趕並烹煮；圖中有一位惡魔坐在馬桶上，它一邊吞食人類，一邊又將其排泄出來。

第六章 怪物

馬丁・松高爾的作品《聖安東尼受惡魔折磨》(*St Anthony Tormented by Devils*，1470-1475 年)。這些像是魔鬼生物的形象大多是受到海邊發現的遺骸和魚市上的魚類所啟發。

動物的型態。法蘭德斯畫家耶羅尼米斯・波希是史上最著名的惡魔畫家，特別是他的三聯畫《人間樂園》最廣為人知。綜觀歷史，或許沒有其他畫作跟波希的三聯畫一樣，讓評論家百思不得其解，並提出各種不同的解讀理論，有些說法甚至就跟這幅畫一樣，非常有創意：有人認為這幅畫揭露某個秘密組織的艱澀密碼、有人覺得這是大洪水來臨前的生活、有人覺得是烏托邦，還有人認為是新世界等等。波希的想像力可能是所有畫家

當中最自由奔放，但就我們目前對他的了解來看，他的宗教觀點極為保守。[11]

在三聯畫的第一幅中，他描繪出伊甸園的景象，大部分的生物看起來十分自然，但其中有不少，特別是那些在水邊的生物，則並非如此。例如，在畫面右下角可以看到一隻三頭鳥，有著覆滿鱗片的翅膀以及孔雀尾巴；旁邊是一個擁有長鼻子的人魚，漂浮在水上看書。這裡面還有很多生物無法辨識，一點都不像是我們已知的任何動物，它們看起來就像是用海邊撿來的奇怪骨頭或貝殼拼湊而成。

三聯畫的第二幅中可以看到更多奇幻動物；各種不同形狀、大小的怪奇生物正在跟裸體的男女怪異地嬉戲打鬧。除了相對寫實的馬、鳥還有熊之外，圖中還有各種獨角獸跟人魚，但大多生物都難以進行明確的分類。例如，在畫面右上方的森林中，有一隻異獸，它有一個凸出的口鼻、跟鹿一樣的長角、海龜的殼、蜘蛛的腿以及蜥蜴的尾巴。

最後，我們可以在第三幅畫作看到地獄的場景，那裡極度無序，而且完全沒有任何一種真實的自然生物。那些奇幻的惡魔透過各種巧妙的邪惡手法折磨人類。在畫面前方一隻擁有兔子的頭與人類身體的惡魔正扛著一個罪人，這名罪人過去沉溺於狩獵，如今他自己也如獵物般被綑綁在柱子上。在畫面的右下角，一隻藍皮膚的惡魔顯得格外醒目，它有巨大的眼睛與嘴巴、一個像是貓頭鷹的鳥喙、人類的軀體，頭上還頂著一口巨大的水壺。它坐在馬桶上，一邊吞食罪人，一邊再將其排泄到深坑中。在畫面中間，惡

耶羅尼米斯·波希繪製的《伊甸園》（The Garden of Eden），此為波希三聯畫《人間樂園》中的細節。畫面中剛創造出來的亞當和夏娃身邊伴隨著一種不祥的氣息。即便是在天堂當中，這裡也散發出一股不自然感，甚至可能具有像是惡魔的生物。

魔將罪人綁在怪誕的樂器上，強迫他們跟著吟唱屬於地獄的旋律。還有一個可憐蟲被困在大鼓內，他透過大鼓上的孔洞可以看到一隻惡魔，它的眼睛閃亮發光、頭頂有著羽毛飾品、臉上長有貓咪鬍鬚、腳上還有巨大的爪子。這個惡魔用一隻像是人類的手握著樂器，另一隻手則拿著鼓棒敲擊。在畫面正中央有一個奇怪的惡魔，它的身體似乎是由一顆破碎的蛋殼構成，雙腿看起來就像是乾枯

耶羅尼米斯・波希的《人間樂園》。數百年來，可能沒有其他作品能像這幅畫作一樣，讓評論家一直摸不著頭緒。這個圖畫彷彿流露出旺盛的生命力，但卻沒有任何目的，也不受規則束縛。

耶羅尼米斯・波希繪製的《地獄》，此為波希三聯畫《人間樂園》中的細節。波希在作品中結合基督宗教、鍊金術以及民俗傳說的符號，但這些融合方式十分巧妙，讓我們無法提出合理的解讀。

的空心樹木；它頭上的帽子擺放一個風笛，怪異的惡魔帶著罪人圍繞著帽緣行走。這些怪異現象到底意味著什麼？畫面中的圖案十分引人遐想，卻沒有人能夠提出較為全面的解讀方式，大多細節看起來都是隨意安排。不論波希懷揣著什麼樣的宗教理念或哲學思想，他似乎都未受到這些想法的引導或限制。

怪胎

在近代早期，「怪物」（monster）一詞經常用來描述那些出生就有「缺陷」的人或動物，像是雙頭牛、獨眼豬或是人類連體嬰等等。人們認為這些異常的出生現象是一種預示，警告災難即將到來，世界將回到原始的混沌狀態。民俗學家推測，這些缺陷生物可能是許多神話傳說的角色起源，例如在北歐神話中，眾神之父奧丁（Odin）所騎乘的八腳神駒斯雷普尼爾（Sleipnir）可能就是如此。人類經常認為這些生物最具有代表性，也就是說它們最像「怪物」，能夠喚起人們心中的敬畏和恐懼。雖然科學上對於畸形的解釋在某種程度上減輕人類的恐懼，但從當代都市傳說以及流行文化中可以看出，這些恐懼仍深植人心，未曾褪去。同時，畸形的生物也會激發人類的淫慾幻想，這也是為什麼長鬍子的女人以及連體雙胞胎等人物能夠吸引目光，在巴納姆（P. T. Barnum）等娛樂業者所推出的畸形秀中成為展品。

那些看起來有點奇怪，或是異常的生物都被歸咎是怪物誕生下的產物。在猶太教與伊斯蘭教的傳說中，那些生活在沙漠中數不

一份印於1578年的紐倫堡傳單，上頭公告兩個人類「怪物」的誕生，一個長有豬頭；另一個則是下半身長有小牛的後腿。

清的惡魔都是莉莉絲（Lilith）所產下的畸形後代，而莉莉絲在故事中是亞當的第一任配偶。在中世紀末期至文藝復興時期的部分基督教傳說中，其內容方向與前述的兩個宗教故事大致雷同，惡魔就是夏娃與伊甸園中的蟒蛇通姦所產下的後裔。其他神話故事則認為惡魔是亞當女兒、該隱（Cain）或是諾亞兒子含姆（Ham）的子嗣。[12] 在更近代的歷史中，神智學（Theosophy）（譯按：又稱「證道學」，是一種涉及宗教哲學和神祕主

IMAGINARY ANIMALS

義的新興宗教，混合西方哲學思想和東方的印度教、佛教元素）的共同創辦人赫倫娜‧布拉瓦茨基（Helena Blavatsky）堅信，猿猴是來自「失落大陸」利穆里亞（Lemuria）的一個人種後裔，這些人曾與動物交配，進而產生像是猿猴的後代。[13]

但是，怪胎不單單只會引起人類的厭惡而已，有時候還會讓人充滿好奇。例如，在著名的呂西尼昂的水仙美露莘（Melusine）的故事中，年少的雷蒙伯爵（Count Raymond）不慎殺死狩獵伙伴，因害怕而不敢回家，獨自在森林裡逗留，結果不幸迷失方向。在一座噴泉附近，雷蒙遇到美露莘，他們一見鍾情，甚至論及婚嫁；但在結婚前，美露莘卻提出一個條件，要求雷蒙絕對不可以在她週六洗澡的時候偷看。婚後，他們快樂地在美露莘的城堡中生活好幾年，並生了幾個孩子。不過，他們生下的小孩都有一些奇怪的特徵，例如烏利安（Urian）的眼睛一紅一藍，耳朵跟兔子一樣；尤德斯（Eudes）其中一隻耳朵異常巨大；吉恩（Guion）的眼睛一高一低；安托萬（Antoine）的臉上有跟獅子一樣的鬃毛，臉頰上有著宛如獅爪的印記；雷諾（Renaud）只有一隻眼睛，而且長在額頭中央；喬佛瑞（Geoffrey）長著野豬般的獠牙；佛羅蒙（Fromont）的鼻子上有一大塊毛髮；最後，霍里布爾（Horrible）則有三隻眼睛。在這些孩子當中，只有老么的品行有點問題，其他的兄弟各個都具備當代的騎士精神，除了參與對抗薩拉森人（Saracens）的聖戰，他們還協助修建堡壘。雖說如此，家族中的基因缺陷仍然是一大困擾。[14]

柯里奧蘭（J. B. Coriolan）繪製的《長著怪頭的山羊》（Sheep with a Monstrous Head），收錄於烏利塞‧阿爾德羅萬迪的著作《怪獸歷史》中。先不管這個圖像的起源為何，這個怪異的頭部看起來好像義大利嘉年華時，人們頭上所戴的面具。

漸漸地，雷蒙開始懷疑美露莘，於是偷偷地從門上的小孔洞窺探她洗澡；結果他發現美露莘的下半身化作蟒蛇的模樣。後來，在一次爭執中，雷蒙罵美露莘是「討人厭的蛇妖」，美露莘隨即變回巨蛇的模樣，不再轉化成人身，她繞著城堡飛行三圈，輕唱著悲傷的離別之歌，隨後消失地無影無蹤。這段故事由瓊‧達拉斯（Jean d'Arras）在約1382-1394年間為貝里公爵（Duke of Berry）所記錄，並寫成一首長詩，因為貝里公爵想證明自己就是那位水仙的後裔。[15] 這個故事後來被世人傳頌，並翻譯成多種語言版本。而美露莘身上所隱含的巫術色彩對於法國與盧森堡的眾多顯赫家族來說，既帶來的恐懼，也

增添了魅力，這些家族甚至改寫族譜，宣稱自己就是美露莘的後裔。在中世紀末期，就連甘迺迪家族（Kennedys）也宣稱自己是美露莘與雷蒙的後代。

怪胎情節在歐洲的童話故事中屢見不鮮。例如，在格林童話《刺蝟漢斯》（Hans My Hedgehog）中，一位農夫因為沒有孩子而沮喪地說，他寧願有個刺蝟當兒子，也不要像現在這樣沒有後代。結果，他的妻子在不久後就產下一個奇特的孩子，上半身是刺蝟的頭，下半身則是正常的人類軀體。不過刺蝟漢斯因沒辦法融入人類社會，而流浪至森林裡生活。在那裡，他騎著公雞、吹奏風笛，養豬為生。後來，這個傳說在民間流傳過程中，刺蝟漢斯可能曾是森林中的精靈、巨人、妖精或是哥布林等，被用來嚇唬村莊裡的孩子，讓他們乖乖聽話。然而，這則故事情節與馬達姆‧博蒙特（Madame de Beaumont）所著的《美女與野獸》相似。例如，在格林童話的故事結局中，刺蝟漢斯後來遇見一位年輕的女子，她不顧他奇特的外貌而真心待他，並決定與之共結連理，這份純粹的愛最終讓刺蝟漢斯完全變回人類。[16]

米諾陶

在眾多神話傳說中，最詭異的怪胎莫過於希臘的米諾陶（Minotaur，又譯「希臘牛頭人」），它擁有人類的軀體，卻長著公牛的頭部與尾巴。根據神話記載，海神波塞頓（Poseidon）曾送給克里特島國王米諾斯（Minos）一頭從浪花中誕生的美麗白牛。波塞頓本意是要米諾斯把這頭白牛獻祭給他，不料米諾斯卻選擇宰殺王國內最肥壯的牛來代替。為了報復，波塞頓讓米諾斯的妻子帕西淮（Pasiphaë）無法自拔地愛上這頭白牛；帕西淮甚至為了誘惑白牛，把自己藏在一個覆蓋著牛皮的木製牛模型中。後來，帕西淮生下了牛頭人米諾陶，國王米諾斯為了要隔絕這個怪物，命人建造一個地下謎城，也就是我們現在所熟知的「迷宮」（Labyrinth），並把米諾陶禁錮在此。自那時候開始，雅典城每年都必須選七名男子與七名女子作為祭品，送到地下迷宮獻給米諾陶；這樣的傳統直到英雄忒修斯被選為祭品時，才出現變化。米諾斯的女兒亞莉阿德妮（Ariadne）深深愛上忒修斯，並偷偷遞給他一軸紗線，幫助他找到離開迷宮的路；還給了他一把劍，用來殺死米諾陶。[17]

在這個古希臘神話開始流傳之前，公牛與母牛就已經是生育繁衍的象徵。在歐洲的洞穴壁畫當中，公牛的形象隨處可見。埃及也把公牛作為創造之神卜塔（Ptah）的化身，與法老王有著非常緊密的連結。蘇美文明的主神安努（Anu）就跟美索不達米亞的其他神祇一樣，時常會描繪成牛頭人身。直至今日，印度仍十分敬重牛，印度人不僅不吃牛肉，還允許牛群自由地四處行動。[18]

公牛崇拜在古克里特島達到巔峰。上述神話中的迷宮很有可能是受到克里特國王宮殿內的複雜結構所啟發。前去征服米諾陶的英雄忒修斯也是雅典城邦的創建者，他還馴化未開發的土地並且建立法律秩序，被譽為是文明發展的領路人。這個故事不只讚頌雅典

喬治‧弗雷德里克‧瓦茨（George Frederick Watts）所繪的《米諾陶》（*The Minotaur*，1885 年）。畫中米諾陶凝視著大海，期待著那些即將被獻祭的少男少女。它的手中壓碎一隻象徵青春無邪的小鳥。瓦茨創作這幅畫作，是他所發起的運動的一環，旨在譴責維多利亞時代英格蘭盛行的兒童賣淫罪行。

以及整個希臘城邦大勝克里特島，同時還讚揚文明戰勝野蠻。更具體來說，這個故事明確地體現希臘宗教的優越性，其信仰的對象是以近似人類的眾神為核心，而不像其他民族那樣崇拜動物。

米諾陶的故事只是宏大神話體系中的一部分，其神話角色豐富多采，就像是史詩巨著一樣精彩，當中還有各種情節轉折，比肥皂劇還要離奇。希臘眾神以及英雄的生活混合許多不同的元素，包含偉大光彩的一面以及卑微不堪、毫不體面的形象。米諾陶就跟荷馬的史詩作品一樣，蘊含許多諷刺元素。尊貴的國王和王后真的就如同故事裡所說的那樣嗎？帕西淮選擇一頭公牛而非自己的丈夫，這對國王米諾斯來說絕對是奇恥大辱；而對帕西淮來說，她必須用母牛模型偽裝自己才能與公牛交配，這也代表她的外表其實毫無吸引力。而米諾斯選擇把王后的孩子關在地底迷宮中，更顯得毫無帝王風範。然而，雖然說這個故事主要是帶有嘲諷的意味，但其內容所創造的豐富形象卻早已深深烙印在我們的記憶裡。從文藝復興時期開始，米諾陶就一直是野蠻與原始的象徵，它的死亡也象徵著文明終究戰勝野性。在第二次世界大戰之前的動盪十年間，熱愛鬥牛的畫家巴勃羅·畢卡索（Pablo Picasso）經常在作品中使用米諾陶來象徵男子的侵略性。二十世紀的心理學家大多也將迷宮解釋成深層心靈的隱喻，而米諾陶則代表潛藏其中的原始野性及毀滅性衝動。

巴西利斯克

巴西利斯克（basilisk，又譯為「蛇尾雞」）堪稱是最恐怖的怪獸。根據不同的記載，巴西利斯克可以透過氣味、尖銳的嘶嘶聲、尾巴的碰觸，甚至是死亡凝視等方式來殺人。其名字在原文中意為「蜥蜴之王」，通常被描繪成戴著王冠的蛇。許多古代文獻都曾提過巴西利斯克，但最廣為人知的描述出自老普林尼（Pliny the Elder）所著的《自然史》（*Natural History*，約77-79年）一書中。他提到，如果騎士用長矛刺殺巴西利斯克，它體內的毒液會沿著槍桿向上竄升，毒死騎士和其坐騎。[19]

古代作家未曾記載巴西利斯克的起源與習性，但在中世紀時期，學者開始將其稱為一種誕生過程怪異駭人的產物。英國的修道院院長亞歷山大·尼克漢姆（Alexander Neckham，1157–1217年）稱它為「雞蛇」（cockatrice），並說它是「世界獨一無二最邪惡的存在」。根據尼克漢姆的說法，巴西利斯克或雞蛇的起源是一顆老公雞所產下的蛋，而且這顆蛋還是由蟾蜍負責孵化。[20] 在後來針對巴西利斯克的形象描繪中，人們強調的是這種生物的非自然特性，一種不同生物混合而成的存在；巴西利斯克可能有雞冠、雞嗉囊、雞爪、蟾蜍的嘴巴與身軀、蝙蝠翅膀、雄鹿的角以及蛇的尾巴。

在近代早期，人們在面對難以解釋的死亡案件時，調查人員有時候會發起巴西利斯克的追捕行動，並透過鏡子的反射來間接觀察可疑的區域，他們這麼做是希望巴西利斯克

IMAGINARY ANIMALS

巴西利斯克，原藏於魯道夫二世博物館，約 1610 年，布拉格。據說這個怪物只需看一眼就能奪人性命，也許這就是為什麼其面貌被覆蓋在陰影之下。

的鏡像畫面不會導致自己喪命。1587 年，兩名少女在波蘭華沙的某一地下室中慘遭不幸。警方便指派一名死囚著手調查此案件，並配給他一面鏡子。後來，該名死囚成功捉回一條蛇，人們認定這就是傳說中的巴西利斯克。[21]

波蘭事件可能就是巴西利斯克的最後一次追捕紀錄，但關於這怪物的傳說並未就此消逝。在二十世紀，雖然沒有明確指出就是巴西利斯克，但一條蛇透過一個眼神就殺人於無形的目睹事件頻傳，主要好發於印度以及拉丁美洲地區，而這類可怕故事一直流傳至

雞蛇，出自約翰‧斯塔比烏斯（Johan Stabius）所著的《迷宮論》（暫譯，*De Labyrintho*，1510 年）。圖中的雞蛇擁有公雞嗉囊、雄鹿的角、蝙蝠翅膀、蟾蜍身軀以及蛇的尾巴。它還有銳利的目光，根據傳說，它只要看上一眼，就能讓人命喪黃泉。

啟蒙運動下的怪物

人類文化中總能看到形形色色的奇幻動物，但並非總被視為「怪物」；會被視為「怪物」的，往往是那些違背或是挑戰我們熟悉的宇宙秩序的存在。然而，怪物存在的前提在於人類必須要有二元對立的宇宙觀，並且這些怪物必須是人們努力克服的對象。基督教從祆教以及猶太教繼承了二元對立的思考方式，隨之而來的就是惡魔數量大幅上升。這種二元論在世俗傳統中繼續存在，甚至反過來質疑基督教，特別是在十八世紀的啟蒙運動中。

蘇格蘭的啟蒙運動代表人物是大衛‧休謨（David Hume）；英格蘭則是約翰‧洛克（John Locke）；德國的主要領頭羊包含戈特霍爾德‧萊辛（Gotthold Lessing）以及伊曼努爾‧康德（Immanuel Kant）。然而，啟蒙運動的中心是在法國，在這形成一個充滿凝聚力的社會運動，代表人物包括尚－雅克‧盧梭（Jean-Jacques Rousseau）、伏爾泰（Voltaire）、德尼‧狄德羅（Denis Diderot）等眾多知名人士。啟蒙運動跟其他從歐洲發跡的新趨勢一樣，主要是透過殖民主義傳播到世界各地，影響了北美洲的湯瑪斯‧傑弗遜（Thomas Jefferson）以及拉丁美洲的西蒙‧玻利瓦（Simón Bolívar）等人。一般而言，啟蒙時代的思想家們信奉理性的力量，有時甚至認為人性完美無缺。不過，我們並不需要探究哲學上對於「啟蒙」的定義，因為對我們來說，這項運動的意義更重要的是背後的基本隱喻。從字面上看，「啟

今。例如，美國密蘇里州的富蘭克林縣就流傳著一則恐怖故事。內容提到，在十九世紀中期，一位小女孩突然拒絕吃晚餐，每晚都拿著一片吐司跟奶油走到河邊。一天夜裡，女孩的父親偷偷跟在她身後想一探究竟，結果卻發現女孩被一條巨大的黑蛇催眠。爸爸一看到這條巨蛇，身體立刻動彈不得，任何動作都會帶來劇烈的疼痛。最後，他還是憑藉著頑強的意志力，開槍擊斃這條巨蛇，但該名女孩不久後也跟著離世了。[22]

J. J. 格蘭維爾的作品《光線使他們感到恐懼》（*Les Lumières leur font peur*），十九世紀中期。圖中的貓頭鷹與蝙蝠作為一種諷刺性的象徵，代表「啟蒙運動」試圖淘汰的迷信觀念。

蒙」的意思就是「帶來光明」。

　　這裡所指的「光明」當然指的是「理性」，相對於「無知」或「野蠻」所帶來的「黑暗」。雖說啟蒙時代的哲學家大多對於教會抱持著批判的態度，但這個觀點其實就是基督形象的世俗化，其中的光明正是代表上帝的存在。如同基督教的聖人曾經勇敢屠龍，啟蒙時代的哲人也一樣在試圖證明惡龍就是一種幻象。而且，啟蒙時代跟基督宗教一樣，對於人類文化中的怪物數量有著極大的貢獻。

　　各式各樣的異教怪物、傳說妖怪以及鍊金術師幻象都被基督教打入地獄之火的深淵；而啟蒙運動則是將這些生物海放到暗無天日的角落當中，例如深夜的陰影、幽暗的森林、深不見底的洞穴，乃至於人類未知的潛意識等。然而，這些怪物在上述的領域當中，數量不但快速增加，種類更是與日俱增。啟蒙運動延續巴洛克時期的基督教傳統，繼承當時對於巫婆、惡魔以及黑色安息日的著迷，並重新詮釋這些元素，把它們當成一種迷信，而非邪惡力量。總結來說，啟蒙運動的哲學家就跟過去虔誠的基督徒一樣，對於該時期人們所追求的事物都深感著迷。例如，基督教的牧師擅長描述地獄裡頭那些令人不寒而慄的可怖景象，藉此吸引眾人目光；啟蒙運動的哲學家也會找出最駭人聽聞的迷信行為當作例子，引起大眾的注意。

　　這種形象上的延續性可以在畫家法蘭西斯科·戈雅（Francisco de Goya，1746-1828年）晚年作品中可見一斑。戈雅曾是風度翩翩的宮廷畫師，但到了晚年，他的健康日益惡化，心情也愈發憂鬱。1799年，他發表八十幅帶有強烈諷刺意味的版畫集《奇想》

第六章 怪物

柯里奧蘭所繪的《帶著尖角的長翼怪物》（Winged Monster with Horns），出自烏利塞·阿爾德羅萬迪的《怪獸歷史》。這張圖片顯然是中世紀的惡魔形象，當宗教色彩逐漸退去之後，這個怪物終於得以浮出檯面，並出現在十七世紀的自然史著作當中。

這也許是對啟蒙運動與其遺留下的矛盾影響的最佳解釋。啟蒙運動啟發的崇高理想激發了美國獨立戰爭，卻也造成美洲的原住民幾乎被滅絕；啟蒙運動的思想造就法國大革命，同時孕育出《人權宣言》，但不久後，法國卻進入「恐怖統治」時期，讓拿破崙實施獨裁專政，並且復辟封建時期的舊制。對於戈雅在晚年時期，是否真的開始信奉他畫作中所出現的巫婆與怪物，或者他是如何看待這些生物，我們無從得知；但即使這些生物僅存在於人類的靈魂深處，也足以令人心驚膽顫。

熱沃當野獸（Beast of Gévaudan）是啟蒙運動期間最著名的怪物案例。1764年至1767年是法國啟蒙運動的全盛時期，在中南部多山且林木茂盛的熱沃當（Gévaudan）地區，發生至少兩百起一連串的農民攻擊事件，受害者多為年輕女性，其遺體狀況慘不忍睹，有一部分都遭到啃食，甚至還有些慘遭斬首。雖然這些攻擊事件令人觸目驚心，但早已不是什麼新鮮事。在過去的幾百年間，當地村民就一直受到狼群的侵擾，所以他們算是相當坦然接受這個事實。這類危機都是當地自行處理，而對於這些事件的相關記憶則透過童話故事《小紅帽》或是狼人的傳說代代相傳。

但隨著社會開始強調人類優越性，人們遭動物獵食而死亡變得越來越難以接受。同時，像是報紙等新興媒體盛行，相關案件的情況很快就在法國傳遍開來，甚至傳到其他國家。理性主義不僅要求停止這類悲劇發生，還必須要對其提供一種合理的解釋。這

（Los Caprichos），其中許多作品都涉及超自然主題。這系列畫作的第一幅畫，也是最具代表性的一幅作品描繪一位男士沮喪地坐在桌前，雙手抱頭靠在桌上。在他的身後可以看到貓頭鷹與貓咪的陰鬱形象，它們的眼睛透著一種惡魔般的人類特徵。其畫作的標題欄位寫著：「當理性沈睡，怪物便油然而生。」（見127頁）

IMAGINARY ANIMALS

CREDULITY, SUPERSTITION, & FANATICISM.

威廉・霍加斯（William Hogarth）的作品《輕信、迷信與狂熱》（*Credulity, Superstition, & Fanaticism*，1809年）圖中的牧師看起來像隻猿猴，激昂地宣揚關於魔鬼與巫術的論調，他的發言讓台下聚集的群眾因為恐慌而產生幻覺或昏倒在地。然而，這名畫家在譴責迷信的同時，卻也不經意地透露出對於這些迷信的眷戀。

種尋求解答的需求，再加上媒體渲染性的報導手法、獵人的自負心態以及地方官員受損的尊嚴，共同創造出非常多元的幻想描述。那些試圖屠殺野獸卻失敗的人，會為了保全顏面而對外宣稱該野獸擁有強大到幾乎超自然的力量。人們也開始認為前述的攻擊事件都是同一個野獸所致——可能是一頭巨狼、狼人、鬣狗、獅子或是某種未知的怪物等。據說這個生物體型十分龐大，能夠使用後腿站立並且戰鬥，子彈無法傷害它，全身上下還覆蓋著鱗片。

對於當時的受過教育的知識分子來說，農村就是一種充滿神秘色彩的地方，不僅充斥著他們所厭惡的迷信，還充滿各種他們夢寐以求的冒險體驗。這些讀書人對於恐怖攻擊事件深感著迷，同時又覺得當地居民的天真想法十分可笑，他們紛紛前來這個奇異卻又隱密的地區冒險，並針對地方的故事加油添

第六章 怪物

法蘭西斯科·戈雅繪製的《沈睡的理智會產生怪物》（The Sleep of Reason Produces Monsters），出自《奇想》（1797-1798年）。人們在啟蒙運動與浪漫主義時期都延續巴洛克時期那種對於惡魔、女巫以及夜間生物的迷戀。這幅圖畫中，貓頭鷹與貓咪的眼睛都透露出一股人性的鬼魅感，暗示著這些動物可能就是女巫或是惡魔的偽裝。

酷，在報導中增加許多奇幻的元素，藉此獲得新的影響力。因為這些人賦予這些事件過多的額外意義，所以故事本身的背後事實早已丟失。很有可能這些恐怖攻擊事件的真相就只是一群狼的獵捕行動，或是好幾批狼群共同狩獵而已。但是上述新的奇幻描述激發

人們對怪物的探索欲，就算已經有人成功殺死一頭巨狼，人們還是不願相信，繼續找尋傳聞中的怪物身影。一片黑暗與寂靜，偶爾傳來幾聲陰森的嚎叫或尖叫聲——這種因為野獸當道而營造出來的詭異氛圍至今仍然是恐怖電影中的經典元素。

吸血鬼

吸血鬼在啟蒙運動時期成功踏入主流的西方文化中，通常被描繪成一個長有尖牙，外形酷似蝙蝠的男人。在文藝復興時期的畫作中，惡魔的形象通常也會包含蝙蝠的翅膀，而這一特徵在之後的流行圖像中，經常改成使用飄逸的斗篷來暗示。在某些形象當中，吸血鬼還會具備其他的動物特徵，像是能夠自由飛行，或是像壁虎一樣吸附在牆上行走。在大部分的故事裡，吸血鬼擁有幾乎無異於人類的外表，也能夠使用優雅的語言溝通，但這麼做其實是為了要凸顯他們內在的野性。吸血鬼大約在十九世紀初期成為一種傳說生物，是傳統傳說、動物學、民間謠言以及歷史紀錄的混合體，以極為獨特的方式融合在一起。

吸血鬼的形象深受中世紀晚期對於夢魘的描述影響，據說夢魘（incubi）會化身為迷人的性伴侶，在半夜吸取沉睡女性的生命能量；而魅魔（succubi）則是從睡眠中的男性身上汲取生命力。這些描述又與其他宗教論述相互融合，像是天主教當中對於在煉獄中遊蕩的靈魂描述以及基督新教裡對於惡魔喬裝成人類型態的故事等。此外，吸血鬼的形

象還參雜許多罪犯的暴行，例如，十五世紀羅馬尼亞的德古拉伯爵（Count Dracula），又稱為穿刺者弗拉德（Vlad the Impaler），曾經刺死數千名無辜的百姓；十五世紀的法國元帥吉爾·雷（Gilles de Rais），他涉嫌執行秘密實驗，並且折磨、虐待以及殺害數百名兒童；還有十七世紀匈牙利的伊莉莎白·巴托里（Erzsébet Báthory）女伯爵，據說她曾殺死許多年輕女子，試圖透過浸泡在她們的血液中吸收青春活力。最後，還有許多航海家從遠方把其他傳說帶回歐洲，包含食人文化儀式與夜晚恐怖生物等，這些說法都讓吸血鬼的形象變得更加豐富。

在十八世紀，歐洲人深入中南美洲各地探險，發現當地特有的蝙蝠品種，主要以吸食牛隻的血液維生，但偶爾也會吸吮熟睡中人們的血液。雖說它們吸取的血液量並不足以對健康人類的身體造成危害，但想到動物的血液與人類血液交融在一起，就不禁令人反感。這似乎暗示著一種人畜不分的混合存在，這種不安感可能與中世紀末期和文藝復興時期畫作中所描繪帶有蝙蝠翅膀的惡魔息息相關。1760年，當時風靡一時的動物學家布豐伯爵喬治－路易·勒克萊爾（Georges-Louis Leclerc, Comte de Buffon）將這些生物命名為「吸血蝙蝠」，並跟那些傳說中以活人生命精華為食的靈體產生連結。

探討文化發展歷史的經典著作提及，啟蒙運動時代結束後，歐洲便在十八世紀晚期到十九世紀初期迎來浪漫主義時期。因為這個運動規模廣泛且內容多元，當代歐洲的每一位主要作家或多或少都曾受到浪漫主義的薰陶，其影響力甚至遍及全球各地。該運動的主要理論學家包括德國的約翰·戈特弗里德·赫爾德（Johann Gottfried Herder）以及弗里德里希·施勒格爾（Friedrich Schlegel）、英國的山繆·泰勒·柯勒律治（Samuel Taylor Coleridge）還有法國的弗朗索瓦－勒內·德·夏多布里昂（François-René de Chateaubriand）等人。至於浪漫主義的詩人，其數量如繁星點點且大多聲名顯赫，似乎無需一一列舉。根據教科書上的說法，浪漫主義者反抗啟蒙運動的思潮，他們主張感性超越理性、自然勝過文明，以及幻想優於科學。然而，隨著時間的發展，我們越來越能夠清楚看到這兩大運動之間，其實有著許多相通之處，因為不論是啟蒙運動還是浪漫主義，人們本質上都是以相同的二元對立來看待世界。

人們或許會認為，浪漫主義者會因為推崇想像力，並且重視傳統民間傳說，進而引領幻想動物的創造進入新的蓬勃時代。但這個現象並沒有發生，原因有可能是浪漫主義的詩人，像約翰·濟慈（John Keats）和諾瓦利斯（Novalis）等人，他們大多的心力都聚焦於自身內心世界的探索，重視自己的感覺與直覺。因此，他們不太可能把主觀感受向外投射，發展出新的奇幻生物。雖說如此，浪漫主義者卻是改善並發展啟蒙時代怪物形象的主要推手。例如，吸血鬼在主流文化中的形象確立可歸功於英國作家約翰·波里道利（John Polidori）的中篇小說《吸血鬼》（*The Vampyre*，1819年）以及愛爾蘭作家伯蘭·史杜克（Bram Stoker）的小說《德古

第六章 怪物

亨利·富塞利（Henry Fuseli）的作品《惡夢》（*The Nightmare*，1781年）。畫中描繪一名仰躺的女子，當時人們普遍認為這樣的睡姿會引誘惡魔，而她正做著一場可怕的噩夢，一旁還有一隻夢魘正惡狠狠地盯著她看。

拉》（*Dracula*，1897年）。在這之後，跟吸血鬼有關的文學作品、歌舞劇、圖像、歌曲、電影以及漫畫如雨後春筍般相繼出現，這股熱潮一直持續到二十一世紀都未曾停歇。

人們有時候會將吸血鬼描繪成值得同情的對象，但在啟蒙運動的時代背景下，吸血鬼通常代表人類必須克服的「野性」象徵。不論是在過去還是現在，對於吸血鬼的比喻大多都是會吞噬自己幼崽的熊、啃食屍體的蟲、吸血的水蛭、爬牆的蜥蜴，或是捕捉蝴蝶的蜘蛛等。對於當代的人們來說，吸血鬼的形象遠比對於古代惡龍的描述來得更加鮮明生動；吸血鬼是疾病的化身，像是在我們身邊徘徊的隱性掠食者，並且擁有從人類體內將其肉體吞噬殆盡的可怕能力。

129

喬瓦尼・迪・保羅（Giovanni di Paolo）的作品《創造世界與逐出樂園》（*The Creation of the World and the Expulsion from Paradise*，1445 年）。畫中描繪一名赤身裸體的天使正將亞當和夏娃逐出樂園，這種裸體形象在西方的藝術作品中頗為罕見。然而，我們無法判斷天使的性別為何，因為一朵花巧妙地遮住它的生殖器。

第七章
珍奇異獸

對我來說，得知故事書是由人們所創造出來，
而不像草原一樣，是種自然生成的奇蹟，這一發現讓我感到震驚且失望。
——美國作家歐朵拉·韋爾蒂（Eudora Welty），
《一位作家的開始》（*One Writer's Beginnings*）

只有誘惑苦行聖人的惡女以及蛇足女怪是女性的形象，除此之外，基督教藝術當中的其餘惡魔，至少從它們身上的人類特徵來看，絕大部分都描繪成男性的形象。這些惡魔的軀體邊角分明、肌肉壯碩，而非柔和的曲線型態。歐洲在中世紀以及文藝復興時期的社會結構充滿強烈的父權思想，但在這些時代當中，社會上或許還是隱含些許的女性主義元素，例如，當時的人們將地獄想像成沒有任何女性蹤影的地方。

在《舊約》或《摩西五經》中，天使與人類的主要區別在於它們與上帝的密切關係，除此之外，天使與人類從外觀上幾乎無法分辨。事實上，亞伯拉罕（創世記18:2）和羅得（創世記19:1）都曾將天使誤認成人類旅行者。然而，在基督教的傳統中，人們認為天使同時具備男性與女性的特質，或者說天使就是超越傳統的男女二元性別。因此，在藝術描繪中，天使通常沒有明確的性別形象。它們容貌細膩柔和，身體線條優美、長髮飄逸，身穿垂至腳底甚至更長的長袍。即使像聖米迦勒（St Michael）那樣身著盔甲、手持劍盾，它們看起來仍帶有一絲女性氣質，只是沒那麼明顯而已。毫無疑問地，聖女貞德（Joan of Arc）能夠鼓舞她的戰士，有一部分的原因在於貞德作為一名身著盔甲的女性，看起來像極了天使。

在《伊諾書》（Book of Enoch）等神秘文本之外的記載中，天使並不涉及任何情愛關係，但文藝復興時期的畫作還是出現許多小天使，其形象是根據希臘羅馬時期對愛神厄洛斯（Eros）或丘比特（Cupid）的描述創作而成。就跟惡魔一樣，天使也是人類跟動物的混合體，它們擁有人類的肉體以及鳥類的翅膀。不過，這些附加上去的翅膀極具功能性，同時也是十分常見的形象，所以人們會認為這只是一種配件，並不會顯得格格不入。

從我們日常經驗和感受的角度來看，其實惡魔跟天使的外型一樣奇怪，但為什麼我們會覺得惡魔的異常特徵看起來像野獸，而天使卻更顯靈性呢？這是因為惡魔的存在本身就挑戰了宇宙秩序，而天使卻是彌補差異的橋樑，讓整個創世看起來更加完整。天使能夠填補自然界中的突兀間隙，像是男人跟女人之間的差異，還有天界與塵世之間的歧異。我們可以將惡魔與天使都視為幻想動

巴托洛梅・埃斯特班・穆里略（Bartolomé Esteban Murillo）繪製的《聖米迦勒》（*St Michael*，1665-1666 年）。儘管是上帝的戰士，聖米迦勒的外貌和服飾都顯得非常女性化。

老彼得・勃魯蓋爾（Pieter Breughel the Elder），《墮落的叛逆天使》（*Fall of the Rebel Angels*，1562 年）。在這幅畫中，天使一旦從天堂墮落，外型就會漸漸變得更加奇幻、更像野獸。位於畫中正下方靠近聖米迦勒的惡魔，尚未完全失去原本的天使形態。它還保留著翅膀，現在看起來像蝴蝶的翅膀，並有著細長的棕髮。

物，但這兩者之間的差別就像是怪獸與奇獸一樣，本質上就不一樣。

神蹟

《聖經》中有個傳統觀點，認為動物的存在就是上帝力量的展現。美國詩人華特・惠特曼（Walt Whitman）在他 1855 年的作品《我自己的歌》（*Song of Myself*）中寫道：

「光是一隻老鼠就是種神蹟，其存在本身就足以讓無數不信教的人感到震驚。」[1] 但如果不信教的人仍然固執己見呢？他推論若要證明上帝的力量，就需要一個更強大、更奇幻的生物，才能作為神性的證明。

這個想法在《出埃及記》中就有所體現：

> 雅威對摩西與亞倫說道：「如果法老要求你們顯現一些神蹟，摩西就必

波斯彩繪手稿，描繪摩西和亞倫以及手杖蟒蛇的場景，西元十五至十六世紀。這幅插圖描述摩西帶領以色列人走出埃及時遭遇的蛇災。這條蛇明顯受到中華龍的影響，在移動時四肢會散發出火焰。

須對亞倫說：『拿起你的手杖，在法老的面前丟下，並讓它變成一條蟒蛇吧！』」。隨後，摩西與亞倫便走向法老，並按照雅威的吩咐執行。亞倫在法老以及其他埃及官員面前拋下自己的手杖，讓它變成一條蟒蛇。後來，法老召見智者和巫師，這些埃及的法師念著咒語，成功將手杖變成蟒蛇。其他每個人也都丟一把手杖，各個都變成一條條的小蛇。然而，就在這時候，亞倫手杖變成的蟒蛇將其他手杖變成的小蛇通通吞進肚裡。（出埃及記 7:8-12）

這種信徒跟異教徒之間的魔法對決在猶太教與基督教的傳統中變得非常普遍。

在早期的聖人生平記載當中，故事的作者通常會刻意加入一些令人難以置信的事件，並認為這些故事如果越奇幻，就越能夠成為上帝力量的證據。就以蘇格蘭著名的尼斯湖水怪來說，其最早的記載出自於中世紀愛爾蘭僧侶聖阿多姆南（St Adomnán）所寫的《聖哥倫巴的生平》（Vita Columbae），該書約在西元六世紀末付梓。書中寫道，有一次，聖哥倫巴的追隨者在湖中游泳時，突然竄出一條巨龍，張開大口，準備將這名追隨者一口吞掉。但是，聖哥倫巴當時就站在岸邊，他用雙手在空中比劃一個十字架的手勢，命令這只巨龍馬上離開。這個怪獸馬上嚇得落荒而逃，而目睹這一景象的異教徒皮克特人（Picts）隨後就皈依基督教。[2]

關於聖西梅昂・斯提列特（St Simeon Stylites）鼓勵異教徒皈依的記載則更為離奇。聖西梅昂・斯提列特是一位苦行大師，過去幾十年來都站在自己修道院裡那根越蓋越高的柱子頂端，屹立不搖。有一條巨龍，因樹枝不慎掉入眼睛而失明；有一次，它來到聖人之前，在柱子的底下蜷曲身體，並低下頭等待。當聖人低頭望去，巨龍眼睛中的樹枝隨即掉落，視力便因此恢復。周遭旁觀的人們非常害怕，但這隻巨龍卻只是停在修道院的大門朝拜，接著就平和地離去。[3]

這種出於虔誠心態的神蹟往往會讓人們想像出更加奇幻的生物，有時候也會創造出更微妙的型態。就像達爾文與華萊士所提出的進化論在解釋化石紀錄中空白的缺口時面臨嚴峻的科學挑戰一樣，許多傳統文化也覺得有必要解釋為何不同類型的動物之間，特性與外型會如此截然不同。如果蝙蝠跟鳥類都有翅膀，那麼為何馬跟人類就不能有？擁有人類軀體與禿鷹翅膀的女神，有可能像天使一樣，透過連結人類與鳥類、地球與天堂，讓我們的世界變得更加「完整」。

埃及

埃及常被認為是世界上最早的城市文明，同時也可能是充斥最多動物形象的文明。在古埃及的遺跡裡，動物的形象幾乎無所不在，像是壁畫、墳墓、珠寶、玩具、護身符、棋盤遊戲、梳子、陶器等各式各樣的物品上都可以看到動物形象，這種現象最早可追溯到埃及早期王朝時代開始之前。早在第一王朝（西元前 2920 年至 2770 年），人們就開始把動物製作成木乃伊，希望這些動物

IMAGINARY ANIMALS

能夠陪伴亡者前往來世。埃及神祇最早的形象描繪全然都是動物形態，常見的動物包含鷹隼、朱鷺、鱷魚、母牛、獅子、河馬以及眼鏡蛇等。到了第二王朝（西元前 2770 年至 2560 年），有越來越多的神祇形象都是以動物的頭部以及人類的軀體呈現。托特（Thoth）是智慧之神和藝術科學的創造者，通常擁有男人的軀體以及朱鷺或是狒狒的頭部；引導亡者的阿努比斯（Anubis）則是男人的軀體再配上犬類或是豺狼的頭部；尼羅河之神索貝克（Sobek）擁有鱷魚的頭部；天空之神荷魯斯（Horus）有著獵鷹的頭部。守護女性的芭絲特（Bastet）擁有女人的軀體以及貓咪的頭部；而戰爭女神賽克梅特（Sekhmet）則是擁有獅子的頭。[4]多蘿西亞‧阿諾德（Dorothea Arnold）曾經寫道：

> 當時的埃及人肯定不認為他們的任何神祇真的就是這種形象。這些神祇的樣子應該像是埃及的聖書體文字一樣，各個部分都是分開來「閱讀」。其人類的軀體讓我們知道，目前我們看到的圖像並不是一般的動物；而動物的頭部則象徵這些神祇擁有超越人類的特質。[5]

我完全相信這句話可以用來描述受過教育的埃及人，但還是有部分文盲無法閱讀聖書體，這些人可能就跟現今許多宗教上的原教旨主義人士一樣，都是透過字面來解讀，並認為這些圖像真的就代表神祇的真實形象。

當然，許多神祇也有其他型態。巴（ba），也就是靈魂，就是一個少見的反例，它擁有

埃及神祇托特是藝術和科學的創造者，起源於一幅埃及壁畫。在該描繪中，托特擁有人類的身軀以及狒狒的頭部，有時候也會像圖中那樣，是朱鷺的頭部。後來，希臘人將這位神祇與希臘神使荷米斯（Hermes）劃上等號，並在義大利的文藝復興時期以赫密士‧崔斯墨圖（Hermes Trismegistus）的身分復興，成為鍊金術的守護神。

第七章 珍奇異獸

此圖出自阿尼（Ani）的紙莎草紙，這是埃及《亡靈之書》（*Egyptian Book of the Dead*）一份極為完整的版本，約製於西元前 1350 年。圖片左側是亡靈審判之神歐西里斯，它是少數以人類形象描繪的埃及神祇。圖中間則是以狗頭或豺頭形象出現的神祇阿努比斯，陪伴著已故抄寫員阿尼的木乃伊。圖片右側畫的是貝努鳥（Bennu），很有可能是原始的鳳凰形象，在它旁邊的則是代表人類一部分的靈魂（ba），擁有人類的面孔和貓頭鷹的身體。

鳥的軀體（可能是貓頭鷹），再搭配人類的頭部。太陽神拉（Ra）和冥界之神歐西里斯（Osiris）則是少數的特例，外觀基本上就是男人。和諧女神瑪亞特（Maat）擁有女人的外型，頭上飾有一根駝鳥羽毛。愛情女神哈索爾（Hathor）有時候會描繪成女人的外表，有時候卻是母牛的形象。先前提過的天空之神荷魯斯就完全以鷹隼的形象出現，其中一隻眼睛是太陽，另一隻是月亮。生育女神伊西斯（Isis）有著女人的形象，並且擁有張開的雙翼，這位女神後來在羅馬備受景仰；其形象與之後的基督教天使相似。瓦吉特（Wadjet）作為法老的守護神，經常以眼鏡蛇的形式出現；而涅克赫貝特（Nekhbet）是埃及的守護女神，則以禿鷲的形態呈現。

對於那些認為在宗教上重視動物是一種「原始做法」的人來說，可能會期待神祇的形象經過幾百年的發展後，會更加擬人化。事實上，埃及的神祇發展狀況恰恰相反。根據一則非常古老的傳統，身上只要是擁有特定標記的阿庇斯（Apis）公牛就會被認為是創造之神卜塔（Ptah）的化身，並可生活在

孟非斯（Memphis）的奢華宮殿中。在新王朝（西元前 1550 年至 1070 年）初期，這樣的做法擴展到其他與神祇相關的動物。埃及人開始為鱷魚、公羊、鵝、狒狒和朱鷺等其他動物建立神廟，並精心照料這些動物的生活，在它們死後，屍體還會做成木乃伊。雖然這些動物本身並不是神祇，但它們被視為神聖的代表，人們可以透過它們接觸到神祇。

古埃及或許是人類史上存續時間最長的文明，隨著時間的發展，這種動物崇拜也蔚為風潮，在後期王朝（西元前 664 年至 332 年）以及托勒密與羅馬時期（西元前 304 年至西元 395 年）達到高峰。當時人們認為不僅個別生物，整個物種都可以視為神聖的存在，所以殺死數百萬隻貓咪、鷹隼等各種動物，並將其屍體製作成木乃伊，將它們送往來世，作為神祇的使者。59 年，一位前來亞歷山卓的羅馬使團團員意外且粗魯地殺死了

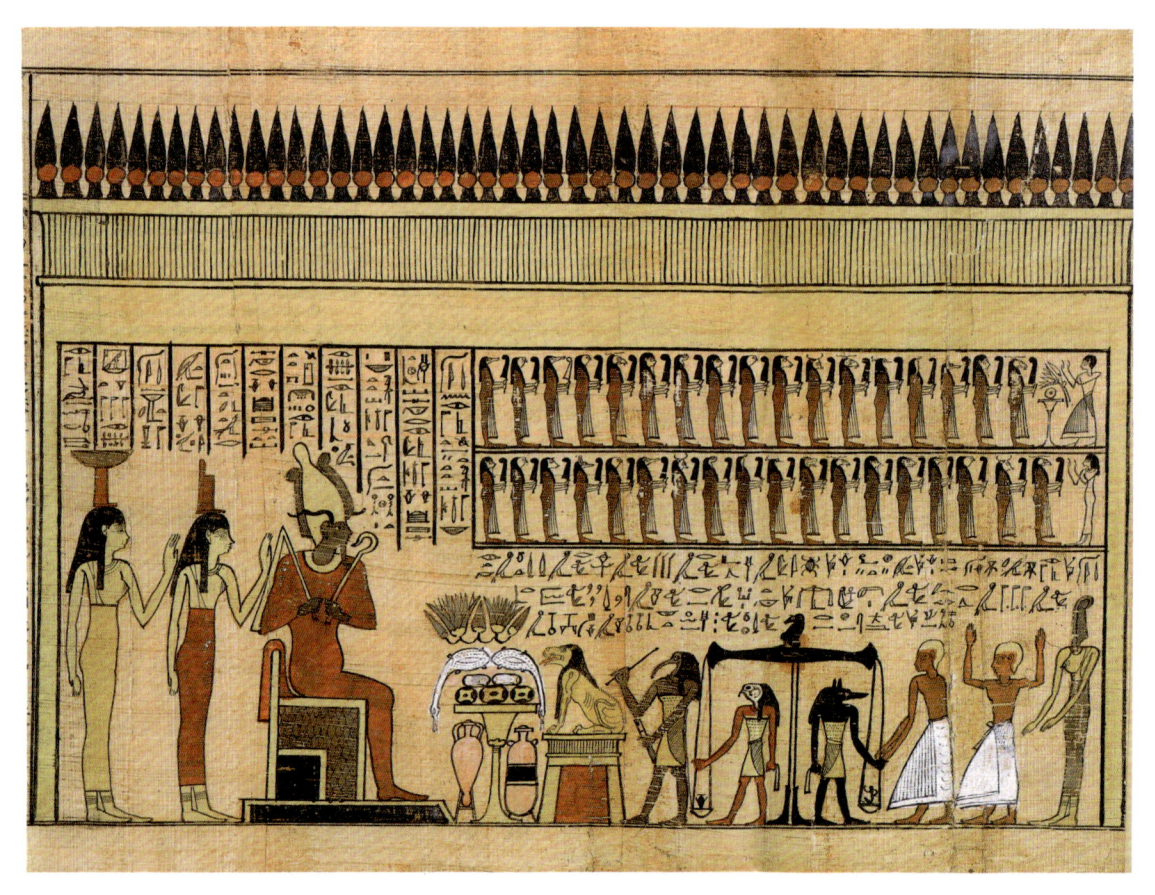

亡靈之神歐西里斯的審判，出自於約製於西元前 300 年埃及墓穴壁畫上的紙莎草紙。在這幅畫中，死者的心臟被放在天秤上與羽毛重量對比，用來決定該靈魂的命運。

第七章 珍奇異獸

一樣，腳上穿著帶有翅膀的涼鞋，大多時候也會手持纏繞著蛇的手杖。後來，許多羅馬人因為崇拜埃及信仰中的女神伊西斯，就把赫曼努比斯的形象再與自身的神祇墨丘利（Mercury）融合在一起。

隨著羅馬帝國基督教化，赫曼努比斯／

柯里奧蘭所繪的《狼人》（Lycanthropos）插圖，收錄於烏利塞·阿爾德羅萬迪的著作《怪獸歷史》中。一直到十九世紀初，埃及的聖書體才終於被破譯，在這之前，人們有時候會認為擁有男人軀體以及狗頭或豺頭的神祇阿努比斯就是狼人。

一隻貓，結果引發眾怒，遭到憤怒民眾當場處決。

至少自希羅多德（Herodotus）時代以來，歐洲人就對埃及的動物神祇感到既困惑又敬仰，這種著迷一直延續至今。希臘人征服埃及時，便把自己的神祇荷米斯（Hermes）與豺頭神祇阿努比斯劃上等號，因為這兩位神祇的任務都是負責引導死者。這種結合創造出赫曼努比斯（Hermanubis）這種混合神祇形象，其外型通常是男人的身體，搭配狗頭或豺頭。赫曼努比斯身穿奇頓（chiton），這是一種短小的羊毛或亞麻布裹身衣，長度覆蓋到膝部，然後上半部會披在某一肩膀，並用別針固定。赫曼努比斯就跟荷米斯

赫曼努比斯的雕像，托勒密王朝的埃及神祇。這尊神祇的身體跟特徵與希臘神話中的荷米斯一樣，但頭部保留了埃及神祇的特色，由狗頭或豺頭代替。

139

墨丘利便與聖克里斯多福的形象融合；根據傳說，聖克里斯多福是一位巨人，他曾背著聖嬰耶穌穿越狂暴的河流，從而承擔了全人類的罪孽。在這一系列的轉變當中，狗頭人的角色始終如一，負責引領靈魂從這個世界平安過渡到來世。在巴比倫、希臘等其他神話，或是在這個故事內的河流都象徵一種隔閡，是在世者與亡靈生活領域的分界。許多聖人就直接繼承基督出現之前的神祇故事或特徵；有些聖人就以動物的形象出現，像是在法國受人景仰的聖吉尼福特（St Guinefort）就是一條狗；愛爾蘭的聖穆爾根

J. J. 格蘭維爾的作品《宴會上狂歡的鱷魚》（Convivial Crocodiles at a Banquet），出自《動物世界》（Les Animaux，1842 年）。畫家透過此畫嘲諷十九世紀法國的埃及時尚。

聖約翰和聖馬克，出自弗拉安吉利科（Fra Angelico）創作的壁畫《以西結的神秘輪幻象》（Ezekiel's Vision of the Mystic Wheel），約 1450 年。在西方藝術中，福音書的作者常被描繪成人身動物頭，像是圖中分別是老鷹和獅子的頭部，此做法是受到古埃及藝術的啟發。

（St Muirgen），又稱為李班（Liban），則是一隻美人魚。然而，在所有的聖人當中，幾乎就只有聖克里斯多福深刻地保留異教的特質，他的地位甚至看起來不亞於基督，因為他承擔著與耶穌一樣的重擔，力量也與之不相上下。

東正教的聖畫像傳統最早起源於埃及的亞歷山卓。這些聖畫像中的聖人表情十分冷漠，並具有特定的風格，目的是為了遵守聖經當中對於偶像崇拜藝術的禁令，這做法也不禁讓我們聯想到埃及的動物頭神祇。如同蛇或貓頭鷹等動物的眼睛，這些傳統聖畫

第七章 珍奇異獸

約翰・安斯特・菲茨傑拉德（John Anster Fitzgerald）繪製的《緹坦妮雅和波頓》（Titania and Bottom，約1850 年）。這是莎士比亞在 1590 年至 1599 年間所創作的《仲夏夜之夢》（*A Midsummer Night's Dream*）的插圖。其中妖精女王緹坦妮雅（Titania）迷戀上名為波頓（Bottom）的工匠，而她的丈夫——妖精王奧伯隆（Oberon）則把波頓的頭部變成驢頭。自十五世紀發現《赫密士文集》（*Corpus Hermeticum*）以來，歐洲人就對埃及宗教的神祕色彩充滿興趣，畫中人身動物頭的形象很有可能是幽默地暗指埃及神祇。

柯里奧蘭所繪的《人臉海怪》（Marine Monster with a Human Face），收錄於烏利塞・阿爾德羅萬迪的著作《怪獸歷史》中。圖中生物可能是某種鯨類，它不僅具有人類的臉部特徵，還展現出強烈的情緒，其手勢對人類來說也很容易理解。

141

J. J. 格蘭維爾繪製的《聖甲蟲家族》（Scarab Family，約 1842 年）。聖甲蟲對古埃及人來說是神聖的，他們認為聖甲蟲推動糞球象徵著太陽在天空中運行。在此，這段旅程變成一種朝聖之旅，其中聖甲蟲的角變成主教冠冕，而身上的殼變成教會的袍服。

像上的大眼也凝視著我們，看起來既警覺又深邃，同時卻帶有距離感。雖然埃及對天主教藝術的影響不那麼廣泛，但有時也不容忽視。如同埃及的動物神祇，福音書作者聖約翰（St John）有時也會被描繪成人身鷹頭；聖馬克（St Mark）則是人身獅頭；聖路克（St Luke）則是擁有牛頭，特別是在中世紀歐洲與文藝復興時期最為明顯。

在西歐與北美，埃及藝術經歷過幾次復興，包含十五世紀後期發現《赫密士文集》；十八世紀末拿破崙（Napoleon）短暫占領開羅；以及 1920 年代發現圖坦卡門的墓穴等。與大多數異教神祇不同，埃及的動物神祇一直都受到世人的尊重，有時還會得到亞伯拉罕宗教（Abrahamic religions）的虔誠信徒的崇拜。

印度

從遠古時期開始，至少一直持續到文藝復興時期，雖然地理位置上距離較遠，但許多歐洲與近東地區的作者還是常常把印度和埃及搞混。感覺就好像是亞歷山大大帝走到印度河畔，卻以為這是尼羅河一樣。[7] 造成這種混淆的部分原因可能在於兩地都普遍存在擁有人類軀體和動物頭部的神祇。事實上，埃及和印度的動物神祇之間並沒有強烈的文化連結，而這些看起來相似的圖像風格主要是因為文化趨同現象所致。

印度教跟古埃及的宗教十分雷同，相較於亞伯拉罕宗教來說，前述兩者在動物和人類之間的區隔上並不顯得那麼突兀，同時也將人類和動物放在更為嚴格的階層秩序之下。牛隻在印度可以得到特別的保護；而且，雖然印度現在在某些方面已經算是富裕國家，

並且擁有十分活躍的中產階級,但該國的肉品消耗率卻是全球數一數二的低。同時,印度還擁有錯綜複雜的種姓制度,其中最低等級的人在傳統上是不能接觸,甚至是不可以直視種姓地位較高的人。如果要透過合法的方式來進行社會流動,就必須要經過數千年的多次投胎轉世才有可能實現。

在印度,道德的考量並不完全取決於其物種的形式;也就是說,有時候印度人對待動物的方式可能普遍優於西方國家;但是對於種姓地位較低的人來說,他們所受到的待遇就十分差勁。這是因為印度文化十分看重社會分層,而且幾乎沒有眾生平等或是人類團結的概念,所以就算是擁有動物頭部、人類軀體的複合生物也不會有人認為這是一種對人體的褻瀆。

同時,印度教也把物質世界看成是一種最終的幻象,這可能就是印度宗教故事中充滿無限創意的原因,其中還包含最為奇妙的角色以及錯綜複雜的情節。又因為這些內容絕對不可能為真,所以故事的渲染以及讀者的感受就幾乎沒有任何限制。印度神祇結合各種不同的人類和動物形式,並作為一種最為尊貴的存在,象徵從社會規範,甚至是宇宙秩序超脫出來的解放。

義大利的佩特羅‧德拉‧瓦勒(Pietro della Valle)以及其他歐洲探險家,在十七世紀初走進印度教寺廟,他們可能預期會看到一些類似於羅馬式或哥德式大教堂的建築,帶有寧靜和莊嚴的氛圍,又或是符合異教信仰的野蠻輝煌。但事實上,他們看到的是一個體態豐滿、有著小孩身軀與大象的頭部以及一

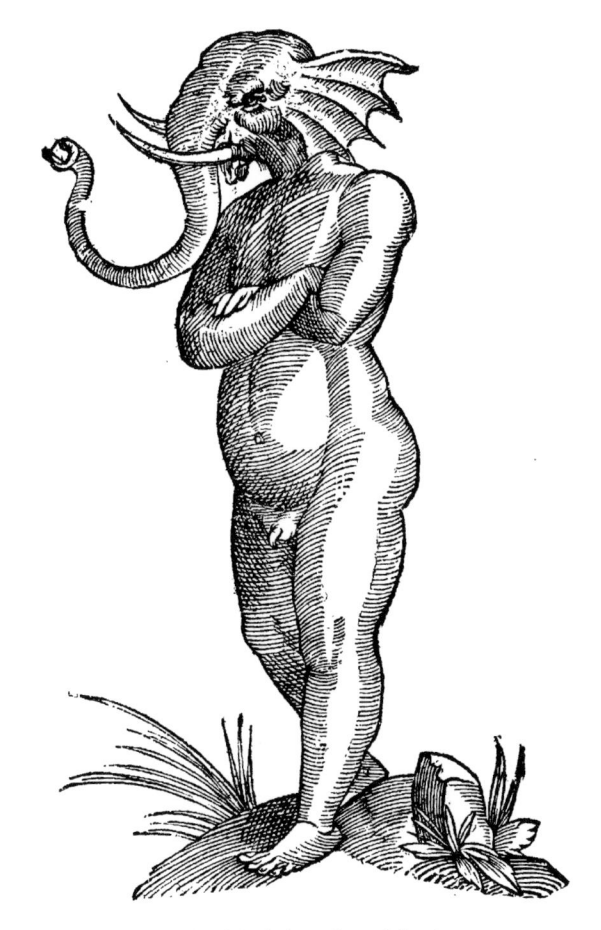

柯里奧蘭所繪的《擁有象頭的男孩》(Boy with the Head of an Elephant),收錄於烏利塞‧阿爾德羅萬迪的著作《怪獸歷史》中。這張圖片顯然就是印度教的象頭神甘尼許,而這種形象在歐洲則是一種自然現象的表徵。

根破損的象牙,並踩在老鼠上跳舞的形象。對於這些探險家來說,這種形象既迷人又滑稽,一點都不具威脅性,也不會令人敬畏。德拉‧瓦勒認為這種形象非常荒謬,但他還是大方地承認:「雖然表達方式粗糙,但這

IMAGINARY ANIMALS

開端之神以及初始之神——印度象頭神，具備現代畫風的傳統畫作。象頭神發散出如孩童般的熱情、天真，並充滿無限的可能；但同時，我們也不難看出文藝復興時期從基督教歐洲來訪印度的探險家，在寺廟中看到他的圖像時會有多麼不安。這位智慧之神、開端之神，同時也是初始之神的背後充滿耀眼的光輝，但同時也保留許多小男孩的特質。他的形象常常都描繪成正在吃甜食的樣子，就像右圖那樣；而他的其中一個化身——老鼠，就出現在他的腳邊。

些怪異形象背後都有著合理的內在意涵。」⁸

剛剛描述的神祇就是象頭神（Ganeśa），屬於智慧和初始之神，他可說是印度教的神祇譜系中，最受歡迎的一位神祇。關於象頭神的起源故事眾說紛紜，其中最廣為人知的是，印度神祇濕婆（Shiva）的妻子帕爾瓦蒂（Parvati）渴望有一個兒子，她便從自己身上的污垢中創造出甘尼許（Ganesh），並要兒子守護她的私人閨房。有一次，濕婆走近這間房間，甘尼許卻不讓他進入，並揮斧攻擊。濕婆當下就一刀砍下這位年輕人的頭，帕爾瓦蒂得知後悲痛欲絕。為了安撫帕爾瓦蒂，濕婆砍下剛好路過的大象的頭，放在甘尼許的軀體上，藉此讓他復活。

第七章 珍奇異獸

圖為眾鳥之王迦樓羅，其現代化畫風中帶有一點傳統元素。他是印度神祇毗濕奴（Vishnu）和吉祥天女（Lakshmi）的坐騎。這位古老的動物變形神祇如今雖然屈於存在時間較短、且外型相對擬人化的神祇，但仍然十分受到印度人民的喜愛。

象頭神算是印度教神祇譜系中相對較新的成員。雖然他可能源自於更加古老的傳統信仰，但還是一直等到四、五世紀左右，象頭神才開始有比較多主動敬拜的信徒。另一個存在歷史比象頭神更悠久的神祇就是眾鳥之王迦樓羅（Garuda），他曾出現在許多最古老，也最重要的經文記載當中。迦樓羅擁有人的身體，老鷹的頭部、翅膀以及爪子。

他的面部全白，翅膀帶有鮮豔紅色，身體金光閃閃；其身軀十分巨大，足以遮蔽整個天空。迦樓羅首次破殼而出時，爆發十分強烈的火花，以至於其他神祇都感到毛骨悚然。而迦樓羅為了要讓母親毘那塔（Vinata）不再受到奴役，並取得自由，他擊敗許多神祇，偷走能夠長生不老的仙丹。在古印度經典《普拉那》（Purana），或稱神聖智慧之

145

IMAGINARY ANIMALS

果,便跳起來摘取,飛騰步上青天。此舉激怒了雷神因陀羅(Indra),他一氣之下就對著哈奴曼投擲雷電,並擊中下巴。哈奴曼的父親風神伐由(Vayu)發現兒子意外身亡,於是拾起屍體,前往亡者之地尋找哈奴曼的靈魂。大地因風神離開而荒蕪;因陀羅擔心所有的生命會因此毀於一旦,便懺悔並讓哈奴曼死而復生。此外,因陀羅還賦予哈奴曼永生,且身體能夠抵禦各種武器的攻擊,但仍保留著之前被雷擊而腫脹的下巴。在過去一百多年間,哈奴曼的人氣水漲船高,其受歡迎的程度甚至媲美象頭神甘尼許,成為最受人喜愛的印度教神祇。雖然在德里

猴子之王哈奴曼正在與惡魔羅波那的爪牙戰鬥。在宗教中,幾乎沒有其他角色跟哈奴曼一樣,能同時展現出人類、動物以及神祇的特質。

書的記載中,這隻所向披靡的大鳥講述了宇宙的起源、天堂的組成以及人類死後的命運。這些早期對於迦樓羅頻繁且輝煌的敘述顯示出,他可能在印度教這種最古老的宗教出現之前就已經存在;雖然他現在在印度教神祇譜系中的地位相對邊緣,但依然十分受人喜愛。

另一位同樣極為古老的神祇是哈奴曼(Hanuman),他擁有猴子的臉部和強壯男人的軀體。哈奴曼是古老神聖史詩《羅摩衍那》(*Ramayana*)中的核心角色,幫助英雄羅摩(Rama)拯救妻子悉多(Sita)脫離惡魔羅波那(Ravana)的掌控。另一個跟哈奴曼有關的記載是講述他幼時的故事,當時,小哈奴曼抬頭看向太陽,誤以為那是一顆芒

印度神祇毗濕奴化為野豬形象的化身婆羅訶,在新宇宙紀元之始,他氣宇軒昂地站在剛剛擊敗的魔王金目身上。

第七章 珍奇異獸

帶有現代畫風的婆羅訶形象傳統畫作。毗濕奴化身為婆羅訶的形象對抗魔王金目，因為金目要讓整個地球淹沒在宇宙的洪流當中。婆羅訶用獠牙將地球高舉在空中，同時單手與金目戰鬥；根據這幅圖畫，婆羅訶擊敗魔王看似輕而易舉，但事實上，雙方的戰鬥持續了至少一千年，而最後婆羅訶的勝利也讓地球迎來新的宇宙紀元。

（Delhi）等印度城市中，自由生活的猴子對於世俗主義者來說就是一種滋擾，但哈奴曼的信徒經常冒著被逮捕的風險餵養這些猴子。

毗濕奴是印度教地位最高的神祇，擁有許多化身，包括英雄羅摩、半人半獅的那羅僧訶（Narasimha），以及魚類的化身摩蹉（Matsya），但他最受歡迎的化身是野豬婆羅訶（Varaha）。當魔王金目（Hiranyaksha）準備讓地球淹沒在宇宙的洪流當中，婆羅訶立刻使用身上的獠牙將地球打撈上來。雖然婆羅訶有時候完全以野豬的形象出現，但更常被描繪成人身豬頭的外表。矛盾的是，象頭神甘尼許、金翅鳥迦樓羅、猴王哈奴曼以及婆羅訶等神祇的動物變

147

形特質並不會讓他們看起來不像是人類，反而更加凸顯其人類特質。其中一種解釋的原因是，這些神祇所擁有的動物特質常常都是用來強調其人類的正向特性，例如年輕的衝勁、忠誠以及成熟的同理心等。同時，這也是因為動物象徵著一種原始的純真，而人類感覺自己正在失去或已經失去這種純真；然而，我們還是認為這種純真是人類與生俱來的權利。

中國

西方文化，特別是在中世紀晚期以及文藝復興時期，所有生物在傳統上都會歸類成屬於世俗的領域，並且根據該動物與人類社會的相似性找出其對應關係。就像國王統治臣民一樣，老鷹統御所有飛鳥；獅子則是萬獸之王；而人魚族，又或者說是利維坦大海蛇（Leviathan）則是海洋的霸主。在中世紀的歐洲故事中，動物跟人類一樣擁有階層分類；像是野狼、熊等大型掠食性動物都算是貴族，而狐狸是狡猾的佃農。即便有這些平行的對應關係，還是有很多的動物界跟人類社會完全脫離、毫不相干。然而，中國神話卻恰好相反，其宇宙觀都是根據皇帝宮廷的模型來進行構建。

英國漢學家亞瑟・韋利（Arthur Waley）曾觀察到：「有理論常常提出人民所信仰的神祇就是其世俗社會統治者的複製品。在大多數情況下，這種衍生關係並不清楚；但在中國的普遍信仰中，神祇與世俗的關係卻是格外明朗。這一點毫無歧義。天界基本上就是把整套世俗的官僚體系轉移到天上。」[9] 在中國的觀念裡，這個世界聚焦在跨越鴻溝的宇宙秩序上，超脫人類與動物、自然與文明、甚至是天堂與地獄之間的分歧；這些領域都因為單一的階層管理合而為一。

在天界中，最高的統御者是玉皇大帝，在這之下的每個存在都有屬於自己的階級與角色，像是負責掌管死者審判的閻羅王以及統治河流與湖泊的龍等。玉皇大帝的天庭就跟其他宮廷一樣，充斥著衝突、結盟、陰謀、叛亂，甚至還有革命造反等事件。在西元六世紀，明末小說家吳承恩所著的《西遊記》裡頭提到，孫悟空闖入玉皇大帝的天宮花園大鬧一番，他先是偷吃可以長生不老的仙桃，再把自己的名字從閻羅王的生死簿中塗掉，並且擊退天兵天將、要求統治宇宙。天庭眾神對此一度束手無策，直到如來佛祖將其壓在五指山下，慢慢地等待救贖。

在西方的文化中，特別是在現代，任何跨越動物與人類之間界線的舉動都是一種宇宙秩序的破壞。然而，在中國，人們普遍接受靈魂輪迴轉世的概念。但這並不代表人類與其他物種之間就會有更深層的親密連結；這之間的隔閡反而歸咎於數千萬年的轉世。有許多故事都曾提及，某一生物想要突然獲得大於自己地位的權力，但最終都會被擊敗、懲罰，通常還會被降成更低等的形式。例如，其中一則故事就提到，觀音菩薩的蓮花池中有一隻金魚，因為每天聆聽觀音菩薩的智慧而獲取極大的力量；這隻金魚離開了觀音的花園，並把一株含苞待放的蓮花變成一把大銅槌，還化身為海怪恐嚇人類。後來觀

音發現金魚不見了，就用竹籃把這隻海怪金魚從河裡打撈回去。[10] 然而，因為這種變化並非反覆無常，也不具有破壞性，所以這隻金魚的形態轉變概念絲毫沒有違背常理。

在傳統中國文化中，擬人化並不是把個別人類的特質投射到特定動物身上。相反地，擬人化是把某些動物的習性和行為看成是人類社會角色與職責的延伸。傳統的動物傳說，包含奇幻動物在內，從戰國時期後期（約西元前481年至西元221年）到東漢朝代（約為西元前25年至西元220年）經過大量的整理編纂，而當時的社會治理模式也變得越來越中心化。如同漢學家羅爾·斯特克斯（Roel Sterckx）所言：「動物傳說並非描述與人類事務無關的自然世界與其內部運作；相反地，這些文本透過動物的識別、管理與分類，進而連結到官僚國家中所包含的各級單位與官員。」[11]

其中一個例子就是中華龍——風雨的統御者。這種生物擁有跟蛇一樣的蜿蜒身軀、駱駝的頭部、公牛的耳朵、雄鹿的長角、野兔的眼睛、蛤蠣的肚子和野豬的獠牙；還有一排類似變色龍或是其他蜥蜴的尖刺沿著脊椎排列；身體上還覆蓋著鯉魚的鱗片，四肢還有老鷹或是鷹隼的爪子。中華龍擁有一顆巨大的珍珠，可能會握在其爪子裡，或是含在嘴巴裡。這些特徵可能代表不同部落的圖騰或是符號，而不同的部族融合在一起，成為現在的中華民族。[12] 除了外表可以變形之外，中華龍還可以改變大小，可以比毛毛蟲還小，也可以大到遮蔽整個天空。[13] 這種生物完全就是不同奇觀的結合，融合所有大自然的元素。

因為中華龍沒有固定的型態，所以不會像西方的幻想動物那樣受到嚴格審視。不會有科學家前往喜馬拉雅山的偏僻村莊尋找龍的

2011年，美國紐約市的舞龍舞者正在歡慶農曆新年。在農曆新年的慶祝活動中，舞者會穿著舞龍、舞獅以及獨角獸的服裝，走進當地店家祈福，他們也會得到小禮物當作回禮。這些節慶活動十分熱門，參與慶典的人現在也不侷限於華人而已。

葛飾北齋（Katsushika Hokusai）繪製的《龍》（*Dragon*，約 1830 年）。根據日本傳統，龍的家鄉最早是在日本島，後來才遷徙至中國、朝鮮等其它島嶼。日本龍住在海底宮殿，外型比起中華龍，更像是大蟒蛇；日本龍不太常飛，大部分都只有三支爪子。

十九世紀的中華帝王龍，刺繡在一件禮服上的圖騰。這幅圖像展現出巨大的動感和能量，然而這條龍是根據非常詳細的傳統敘述描繪而成。中華龍的金色皮膚和五支長爪是帝王的象徵。龍在追逐著珍珠，火焰從四肢射出。龍的四周圍繞著許多蝙蝠，象徵著福氣。

IMAGINARY ANIMALS

二十世紀初期的中華鳳凰，出自一件絲綢刺繡圖騰。中華的鳳凰代表王后，與龍成對出現。在視覺藝術中，鳳凰通常與柔和的雲彩以及繁茂的植被息息相關，特別是與花卉的連結。

蹤影，他們也不會熱切地辯論龍在進化過程中的定位；沒有人會把隱藏攝影機放在森林中或河堤旁，就為了捕捉龍的身影。畢竟，龍可能會直接變成蝴蝶的樣子，拍拍翅膀、遠走高飛。甚至不會有人焦慮東方龍是否真實存在，也不用擔心龍到底代表著什麼。它所持有的大珍珠可以象徵太陽、月亮或地球，也可能單純只是一顆魔法寶石。

雖然中華龍充滿奇妙奢華的元素，但它還是脫離不了人類社會的等級制度。在中華傳統當中，動物的顏色、行為、棲地、記號等其它特徵都是一種標記，用來理解該動物在宇宙秩序中的地位。普通的中華龍會有三到四個爪子，而且可以是不同的顏色；相較之下，用來代表帝王的中華龍絕對會是黃色或金色，而且有五個爪子。中華龍會跟鳳凰搭配成對；鳳凰代表皇后，其輝煌、尊貴的外型能夠配得上皇后的地位。鳳凰擁有雞喙、蛇的脖子、燕子的臉、龜背、鹿的下半身、魚的尾巴以及孔雀的羽毛；而且它的羽毛還

第七章 珍奇異獸

柯里奧蘭所繪的插圖，收錄於烏利塞‧阿爾德羅萬迪的著作《怪獸歷史》中。該幅畫作名稱為《原雞》（Gallus Indicus），這種鳥類外型神似鳳凰；顯然這位義大利藝術家是從東亞素材中取得靈感。

會不斷地散發光芒。

文藝復興時期的鍊金術

從廣義的定義來看，鍊金術可以理解成研究變形的學科。銅跟錫要怎麼變成青銅？蝌蚪是怎麼變態成青蛙？種子要怎麼長成大樹？除了上述這些問題外，甚至還包含其它較為深澀難懂的題目，都是鍊金術士所討論的範圍。就像是現今「湧現理論」的擁護者一樣，鍊金術士都在找尋潛藏在各種形態變化之下的普遍模式。在描述這些變化時，他們經常提到寓言中的動物，因為這些動物的相關描述包含許多顏色，並且充滿畫面感；例如，綠野狼吞噬太陽，或是龍尾還有第二顆頭等。

對於鍊金術士來說，所謂的怪物絕非異常；這些怪物屬於一種固定的類別，只是看起來有點「不自然」而已。如果這個世界上有男人也有馬，為什麼半人馬不能存在呢？如果蟒蛇可以有一顆頭，那它有第二顆或第三顆頭又有何不可？鍊金術士的靈感來源囊括從古埃及神話到美洲原住民傳說等各種故事，內容包羅萬象；然後他們再從中整合並擴展這些記載，創造出深奧的符號跟寓言。

鍊金術是一門普遍學科，涵蓋我們現在所熟知的藝術、科學、魔法、宗教、文學以及批判學。鍊金術深刻地影響「文藝復興時期的通才」，這些天才就是現代世界的創造者，像是李奧納多‧達文西（Leonardo da Vinci）、法蘭西斯‧培根（Francis Bacon）以及艾薩克‧牛頓（Isaac Newton）等。同時，對於莎士比亞以及伊莉莎白時期的其他創作者來說，鍊金術也是他們用來理解世界的隱喻與概念。

對鍊金術士來說，特別是在文藝復興時期，鍊金術的狹義定義就是把普通金屬轉換為黃金；與這一追求密切相關的還有尋找賢者之石，據說這顆魔法石有許多神秘的特性；同時，鍊金術也跟找尋能長生不老的靈丹妙藥有關。然而，人們所追尋的目標並不

近代早期對於鍊金術天龍的描繪。在鍊金術中，龍代表存在於金屬中的生命力；畫面中的這條龍用嘴含著月亮、尾巴盤曲抱著太陽，周圍都是星座的符號。

奧古斯塔斯・納普（J. Augustus Knapp），二十世紀初期，玫瑰十字會對於三位一體的描繪，其中包含許多鍊金術的符號。像這樣的鍊金術插圖並不是要讓人一眼就能夠揭示其含義，而是要鼓勵人們思忖，試圖解讀畫中符號的意涵。

像是尋寶或是找到混合配方那麼簡單；鍊金術士相信，只有精神到達完全純潔階段的人，才可能獲得賢者之石或靈丹妙藥。

鍊金術信仰的基礎就是建立在對應原則之上，在知名的《翠玉錄》（Emerald Tablet）石板上有最權威的詳實記述；相傳這塊石板的作者是赫密士‧崔斯墨圖（Hermes Trismegistus），也就是埃及智慧之神托特後來的化身。而石板上的文稿出自《赫密士文集》（Corpus Hermeticum），為十五世紀晚期發現的以亞歷山大希臘文撰寫的神秘文本系列作品。《赫密士文集》很快引起當時統治著佛羅倫斯的美第奇家族注意；不久後，馬爾西利奧‧費奇諾（Marsilio Ficino）就將其翻譯成拉丁文。現在的學者認為該文集的內容大該是在西元一世紀到三世紀之間創作而成；但最剛開始，有許多學者認為該作品的創作時間可以追溯到時間出現之初。

《翠玉錄》表示，這世界上的所有事件都會對應到天堂的相應事件中；同時，這過程也會跟地底下的金屬有一層平行的對等關係。更重要的是，這種關係代表著人類就是宇宙的縮影；在天地萬物之間，所有的肉體、精神以及情感過程都會有個對應的存在。人類應該同時在所有層面上努力，止於至善，才能創造出和諧的平衡。[14]

中世紀晚期的人們偏好複雜難懂、模糊不清的寓意，而鍊金術士把這種偏好發揮到極致，並將其拓展到超出傳統宗教所關注的範圍之外。事實上，幾乎所有事物都充滿寓意，至少那些能夠用來代表其它事物的物品都是如此。動物經常被用來代表元素，不同動物的組合可以創造出不同的奇妙混合物。像是獅子或公牛可能代表「地」元素；魚類或海豚代表著「水」元素；老鷹或鳳凰象徵著「風」元素；蠑螈或龍則是「火」元素的代表。動物身上的顏色和組合會顯示出自身的狀態；例如，某一化學物質如果拿來加熱或是蒸餾，鍊金術士就會用紅色的龍或是綠色的龍來描繪，而顏色取決於該物質的精煉階段為何。長有翅膀的蟒蛇代表硫酸等易揮發的物質；沒有翅膀的蟒蛇則象徵鹽巴這類穩定的物質；如果是被釘在十字架上且長有翅膀的蛇，可能就代表已經變得穩定的揮發性物質，特別是汞元素。

鍊金術的守護神是希臘神話中的克洛諾斯（Cronos），這個守護神的選擇蠻令人意外，因為根據古希臘詩人海希奧德（Hesiod）的說法，克洛諾斯吞噬掉自己的所有孩子。然而，其配偶瑞亞（Rhea）用繃帶纏住一塊石頭，用來代替其中一個孩子，並且成功拯救還是嬰兒的宙斯（Zeus）。克洛諾斯吞下了那塊綁著繃帶的石頭，以為他就是自己的孩子；瑞亞則把宙斯送到克里特島生活。宙斯成年後回來，擊敗了克洛諾斯和泰坦神族，然後要求父親把他的兄弟姐妹都吐出來，並且接管整個天界。雖然克洛諾斯並非品德高尚，也非縱橫馳騁，但正是他這充滿矛盾的形象吸引了鍊金術士。古羅馬人認為克洛諾斯就是他們的農業之神薩圖恩（Saturn），並相信克洛諾斯被宙斯擊敗後，就前往羅馬，並帶來一段黃金時代。克洛諾斯代表著極度失敗，甚至是墮落；但正因為如此，克洛諾斯成為通往完美境界的起

IMAGINARY ANIMALS

點。他的代表金屬是鉛,但注定會被轉化成黃金。

克洛諾斯的星座符號是摩羯座,象徵冬季;摩羯座出現時的夜晚最黑暗,天氣最寒冷,但同時,新年也即將到來。其他的星座符號象徵都是現實中的動物或人類,只有摩羯座是虛構動物,擁有魚尾跟羊身,或者是比較少見的豬身。這種山羊魚就跟其他幻想動物一樣,可以追溯回古美索不達米亞。對於當時的巴比倫人(Babylonians)、卡西特人(Kassites)和亞述人(Assyrians)來說,山羊魚就是恩基(Enki)或者稱為伊亞(Ea)的代表,他是智慧之神,同時也是深水之神與魔法之神,並且是個跟克洛諾斯有很多共同特徵的巫師。許多對立的元素合而為一是鍊金術士的關鍵理念;如同摩羯座恰如其分地結合眾多相反的概念,像是「水」與「地」;同時它還有一半是象徵著基督的魚,而另一半則是象徵魔鬼的山羊。

一則廣為人知的希臘羅馬故事提及,希臘眾神曾經逃往埃及,為了躲避多頭龍泰豐(Typhon)的追捕,他們在逃跑時還把自己偽裝成動物,混淆視聽。阿波羅變成獵鷹或烏鴉,阿提米絲則變成一隻貓。擁有山羊角的山林之神潘(Pan)試圖變成一條魚,但因為太害怕而無法成功變身,所以最後就變成摩羯座。然而,鍊金術士反對這種拘泥於字面意義的思考方式,也不支持任何針對符號的單一解釋。

鍊金術士因為種種原因,而刻意隱晦地呈現內容。儘管文藝復興時期歐洲的鍊金術士都是非常虔誠的基督徒,但其崇高的抱負

出自喬瓦尼・巴蒂斯塔・納薩里(Giovanni Battista Nazari)的《金屬轉變論》(*Della Transmutatione metallica*,1589年)。這是用鍊金術方式描畫的水銀,其形象是希臘奇美拉(chimera)的變異體,這種怪物擁有蛇頭、獅子頭以及山羊頭。

常常會讓人對他們的傲慢起疑，甚至懷疑他們有巫術。此外，鍊金術士還擔心自己的研究發現如果落入惡人之手，會遭到濫用。最後，他們認為語言沒有辦法完全傳達出自身的想法，所以通常都不會直接表達，而是使用神祕的隱喻來傳達思想。我們不能直接解讀鍊金術士的文字或解釋其插畫，而是要仔細思考這些作品的意涵，直到背後的祕密都浮現出來為止。因此，人們常常會指控鍊金術士都在裝模作樣、胡言亂語；的確，當中確實有些人真的是騙子。

但無論如何，他們在藝術或是文學中所使用的基本技巧就是以符號和寓意的形式，來代表實質的過程，並且再混合一些隱喻的內容；同時，鍊金術士還會忽略我們口中所謂的「常識」。在這過程中，他們常常會創造出奇幻動物。例如，一隻鵜鶘用自己胸部的血液餵養幼崽的圖像，可能代表物質在燒瓶中加熱時所呈現的紅色。一個人可能代表一片森林，而其中的靈魂是一隻鹿的形象；精神則是一隻獨角獸。在這場被稱為「偉大創作」的神祕追求達到巔峰時，鍊金術士相信所有的對立都會合而為一，影像與現實之間的界限也將消失殆盡。

帕拉塞爾蘇斯與元素精靈

在鍊金術傳統中，最後一位重要的人物就是瑞士醫師特奧弗拉斯特斯‧龐巴斯特斯‧馮‧霍亨海姆（Theophrastus Bombastus von Hohenheim），又稱為帕拉塞爾蘇斯（Paracelsus，1493–1541 年），他過著流浪學者與冒險者的生活。帕拉塞爾蘇斯妙手回春、聲名遠播，常常因此受邀到歐洲的宮廷拜訪，但很快就會跟客戶起口角並揚長而去。帕拉塞爾蘇斯將鍊金術的重點從金屬轉移成人體，因此有時被稱為「現代醫學之父」。在帕拉塞爾蘇斯之前，醫師的工作大多都是放血以及高侵入性的痛苦手術，這些做法對病人來說都是弊大於利。帕拉塞爾蘇斯強調衛生的重要性，且更仰賴人體自身的恢復能力。除了常用的藥草之外，他還經常推薦病人使用合成藥物，因為他覺得這些藥物能夠恢復身體的適當平衡。

帕拉塞爾蘇斯跟當時的其他知識分子背道而馳，他一點也不敬仰古聖先賢，像是蓋倫（Galen）這類的人物。他不會從古代醫書或是同行身上尋找醫學資訊，而是常常造訪村莊廣場，從當地的治療師以及助產士身上搜集家庭療法。雖然帕拉塞爾蘇斯對學術傳統持懷疑態度，但對當地的傳說與神話，有時卻盡信不疑。

從本質上來說，幻想動物就是來自另一個世界的使者，因此古代作家通常會讓這些幻想動物生活在地球的偏遠地區。到了十六世紀，世界各個角落都至少有過歐洲人探險的足跡，所以可以恣意幻想的空間就變得越來越少。之後就開始有一些作家，把奇幻故事的背景設定在月球或是其它星球上，就像數百年後的科幻作家所做的那樣；不過，天堂仍屬於天使跟上帝的空間。還有一些作家在寫冒險故事時，會讓英雄跟反派的存在感縮小，放大其他細節；例如，十九世紀中期的插畫家 J. J. 格蘭維爾就會讓小昆蟲，甚至是

微生物變成朝臣、貴婦、士兵、學生、音樂家、騎士、畫家、紡織工、商人、學者、惡霸、官僚或是惡龍等角色。他經常在故事中讓這些角色以刻板印象的姿態出現，不僅是為了諷刺，還是為了強調這些角色的怪奇之處，同時幽默地表達這些主角的浪漫世界跟我們的社會距離有多遠。

帕拉塞爾蘇斯的故事設定在一個無法用顯微鏡或望遠鏡一探究竟的世界。根據他的說法，一種名為「元素精靈」（Elementals）的奇幻生物生活在與人類世界並存且偶爾交織的領域中。其實這兩個世界並不遙遠，但我們卻只能偶爾與元素精靈接觸，因為它們的物質跟我們截然不同。帕拉塞爾蘇斯會以一種科學大師的口吻，自信地討論跟海妖或巨人有關的傳說；事實上，在許多層面上，他的確算是個大師。他總是遵循著一套特定的邏輯，而其中看似最異想天開的想法，卻也為他鋪上了通往重要科學發現的道路。他結合民俗傳說與相對科學導向的方法，定位這些生物；甚至他還可能是現代物理學家所提出的平行世界理論的先驅。

帕拉塞爾蘇斯的理論很明顯地預示後來德國理論生物學家雅各布·馮·烏克斯庫爾（Jakob von Uexküll）所提出的理論，這位生物學家在二十世紀初期到中期之間提出極具影響力的「環境界」（umwelt，德文「周遭世界」之意），又稱為感知環境概念。烏克斯庫爾指出，具有非常不同感官能力的動物可能位於同一地點，但因為它們觀察事物的方式天差地別，所以實際上算是處在不同的領域當中。例如，人類跟馬匹感知同一片田野的方式就會非常不同，因為雖然動物擁有非常好的觸覺敏感性，但它們都是色盲。而蜜蜂感知這塊田野的方式又會跟人類或是馬匹不同，因為蜜蜂對於光譜極端的紫外線光非常敏感。狗會使用嗅覺而非視覺來辨識方向；而我們過去幾十年才知道，蝙蝠都是透過回聲定位來指引方位。如果每個生物的感知環境都是天壤之別，就算不同物種的生物在相同區域生活，它們可能從來沒有意識到其他物種的存在；這就有點像是元素精靈跟人類之間的關係。

帕拉塞爾蘇斯過世前出版了《關於水仙、西爾芙、侏儒、火蜥蜴與其他精靈之書》（*Liber de nymphis, sylphis, pygmaeis et salamandris et de caeteris spiritibus*），這是一本指南，介紹了精神世界生物。四種基本類型的精靈分別對應於四個不同元素：水仙對應水；西爾芙對應風；侏儒或是地精對應土；而火蜥蜴則是對應火。這些生物的形式與人類並無太大差異，只是組成比例不同。它們能夠理性思考，也深諳語言，但仍然只算是動物，因為它們缺乏不朽的靈魂。

當然，帕拉塞爾蘇斯的想法是奠基於恩培多克勒所提出的傳統上發揮；恩培多克勒或許是西方世界中最早明確提出這一套傳統的人。他認為萬物都是由地、火、風、水等四種基本元素所構成。地精，也被稱為「侏儒」，是地屬性的生物，能夠穿越土壤和石頭，就像人類可以在風中行走一樣；因為土就是它們的元素，沒有任何物體能阻擋它們的視線。據說，它們知曉過去、現在以及未來，並且是金屬的守護者；人們常常可以在

礦山發現它們的身影。火蜥蜴則是火屬性的生物，生活在一個與我們所知完全相反的世界。它們的夏天是我們的冬天；而它們的白天是我們的夜晚。火蜥蜴很少跟人類往來，但常常會看到它們跟女巫混在一塊，有時候還會跟女巫發生性行為。某些時候，惡靈會附身在火蜥蜴身上，並用它們的身體來傳遞資訊。西爾芙（又稱為風精靈）是風屬性生物，帕拉塞爾蘇斯描述的不多，只提到為了要彌補西爾芙空靈的特質，它們的身體比人類還要更加粗糙、粗壯以及強壯。

根據帕拉塞爾蘇斯的說法，水仙是水屬性生物，其外型最像人類。它們會在河岸邊觀察人類，有時還會化成人形，與人類結交或進行交易，隨後又會消失在水中。雖然其他的精靈也可以與人類締結婚約，但是女性水仙與男人通婚是最常見的形式。精靈跟人類結婚後，就可以獲得不朽的靈魂，如同帕拉塞爾蘇斯所比喻的，異教徒受洗之後就能得到靈魂。然而，娶水仙為妻的丈夫絕對不能在水邊對水仙發怒，否則她會永遠消失在波浪之中。另外，如果丈夫對水仙不忠，他將不久於世；就像是傳說中娶水仙為妻，但又拋棄它的彼得·馮·施陶芬貝格伯爵（Count Peter von Stauffenberg）那樣，很快便死去。

這些生物就跟人類一樣，都可能生育出許多形式的「怪物」或是天才。西爾芙偶爾會生出巨人，例如聖克里斯多福（St Christopher）；以及偉大英勇的戰士，例如齊格弗里德（Siegfried）、希爾德布蘭（Hildebrand）和伯恩的迪特里希（Dietrich of Bern）等。（編按：上述三位皆為日耳曼英雄史詩中的重要角色。）地屬性生物與山脈可以孕育出矮人；火屬性生物會生出鬼火；而水仙則會生出海妖，其外型可能是鳥人或美人魚。元素精靈的世界包含建築與風景，也許還有其他幾乎無窮無盡的生物也說不定。

後來，鍊金術成為明日黃花，並非新的科學發現所致，而是因為專業化的緣故；因此，作為「萬物之學」的鍊金術拆分為許多不同的學科與專業。鍊金術士所開始研究的物理互動關係後來演變成冶金學以及化學；而在鍊金術當中，這個世界與其萬物都會改變的想法也為其他學科的發展鋪路，孕育出像是查爾斯·萊爾（Charles Lyell）的地質學、查爾斯·達爾文（Charles Darwin）的進化論、馬克斯·普朗克（Max Planck）的量子力學以及亞伯特·愛因斯坦（Albert Einstein）的物理學等，這些新興領域都聚焦於巨大的轉變。透過卡爾·榮格（Carl Jung）等心理學家的研究，鍊金術成為描述人類心理的象徵手段。在視覺藝術當中，鍊金術也影響許多重要人物，例如象徵主義者威廉·布萊克（William Blake）、超現實主義者薩爾瓦多·達利（Salvador Dalí）等人。十九世紀以及二十世紀初期的主要文學形式——小說，也是基於鍊金術的觀念，認為人類算是一種微觀的存在，因為人類幾乎要永無止盡地探索感知上以及心理上的細微差異，才得以認識這個世界。或許，帕拉塞爾蘇斯對於小說的影響並不亞於他在醫學界的影響力。

幻想生物的種類十分多樣，其數量銳不可擋；人類到底該如何將這些生物分門別類

J. J. 格蘭維爾的作品《一場沃爾沃克瘟疫爆發》（暫譯，A Volvok Epidemic Strikes，1866 年）。魅力或浪漫等元素在這個世界上，看似越來越沒有發展的空間，但格蘭維爾有時還是會在草地上，甚至是在顯微鏡下的生物中，發現奇幻的大冒險。

呢？對於那些本質上的設計並不屬於任何類別的存在，人們又如何分類呢？至少在工業時代之前，自然元素主宰人類的日常生活；因此，由於帕拉塞爾蘇斯的分類方式生動地連結到自然力量，所以成為我們至今所擁有的分類方式中，最為直觀的一種。

坎寧珠寶（The Canning Jewel），約製作於 1580 年，義大利。在大探險時代，珠寶商常常會以一顆珍珠為中心，用其特定的形狀來打造專屬雕塑。據說，圖片中的傳奇作品是由佛羅倫斯的金匠本維努托・切利尼（Benvenuto Cellini）親手打造，並由美第奇家族贈送給蒙兀兒皇帝（譯按：「蒙兀兒」是指由突厥以及蒙古部落的軍隊與移民所組成的新部落）。這個作品是以十九世紀中期派駐印度的英國總督查爾斯・約翰・坎寧（Charles John Canning）的名字來命名。

第八章
水屬性生物

河流，似乎充滿魔力；
作為這片大地上最神奇、最生動的一部分。
　　——美國攝影師勞拉・吉爾平（Laura Gilpin），《格蘭河》（*The Rio Grande*）

　　古埃及、美索不達米亞、希臘以及西北非地區的創世神話中，水是一切萬物誕生的起源。西元前六世紀，部分人士所認為的世界第一位哲學家——米利都的泰勒斯（Thales of Miletus）表示，世間萬物都由水組成。這種想法可能是受到尼羅河三角洲洪水現象的觀察所啟發，因為每當洪水退去，人們就能看到一片新土地與豐富的生命萌芽。水讓塵土轉化為泥土，能夠變成各種形狀；如同聖經的記載，第一個人類就是透過泥土創造而成。到了近代的心理分析理論中，海洋常常用來當作是深層心靈的表徵，其表面風平浪靜，但在這之下卻隱含著波濤洶湧。

　　全球大約有八成的生物量都在水下，海洋生物不僅數量眾多、生機勃勃，而且種類還比陸上生物更加多元。陸地生態系統幾乎都是由脊椎動物所主宰；而海下生態系統卻是充滿各式各樣的生物，形態各異、色彩繽紛，例如牡蠣、海葵、章魚、烏賊、海星等；這些生物的外型顯然跟陸地生物截然不同，就連海底生物之間，彼此都沒有太多相似之處。在一陣陣的海浪之下，要區分海生動物或是海底植物並不容易，甚至要看出某一生物是活是死都十分困難。

　　海平面就像是一面鏡子，所以傳統上有一種觀念認為海洋是陸地世界的倒影。根據人們普遍的觀念，每一個陸上生物都會有一個在海中的對應存在，而這種想法也流傳至今，並體現在「海馬」以及「海獅」等這類名稱當中。但在神話中，動物界裡的關係與我們所習慣的恰好相反。雖然人類社會通常由男性主導，但海中卻是由美人魚主宰，而非男人魚；在海洋傳說中，美人魚總是在綁架、囚禁甚至是侵犯無助的水手。

　　人類文化總是對水抱持著深層的矛盾情感。水代表著對結構和秩序的破壞，它沒有任何的形狀，而且具有慢慢侵蝕石頭的能力；同時，水又是潔淨的象徵，在宗教洗禮的過程中，水可以把罪孽通通「沖走」。在許多文化裡頭記載的大洪水傳說中，都可以看到水的這兩種面向，像是《聖經》中諾亞方舟那場洪水，不僅淨化地球，還帶來人類與上帝的新約。

　　對水那愛恨交織的情感，長期以來一直存在於人們心中；對於航海者和其他以海為生的人來說也不例外，這種矛盾情感可能至今仍舊存在。討海人是探索未知世界的先行者，而大多數人只能默默地在內心幻想，並

IMAGINARY ANIMALS

海魔,出自法國塞納—瓦茲省(Seine-et-Oise)的一份新聞通訊,十六世紀。根據傳統,地球上的每一種生物都在海洋中有一個對應的存在。而這也適用於神話生物,例如海魔就是薩堤爾的對應生物。

柯里奧蘭所繪,取自烏利塞·阿爾德羅萬迪的著作《怪獸歷史》。卡姆富奇(camphurch),又稱為「阿爾德羅凡迪的獨角獸」(Aldrovandi's unicorn),最早是在十六世紀麻六甲海峽附近的水域被目擊。它的前腳像馬,後腳有蹼,並且可以隨意移動頭上的尖角。

柯里奧蘭所繪,取自烏利塞·阿爾德羅萬迪的著作《怪獸歷史》。或許是因為這種生物的威嚴、端莊氣質,所以人們將它視為海洋之王。

164

第八章 水屬性生物

使用蛋彩技術製作而成的絲綢畫作，創作於 1942 年 12 月 31 日。船員「越過赤道」時，通常會舉辦一場進入海上生活的入門儀式，其中包括穿著色彩豐富的服裝，典禮與歡慶活動。這些年輕水手穿越赤道後，就成為金龍領域（Domain of the Golden Dragon）的一部分，而這個領域是第 101 子午線的主宰者。

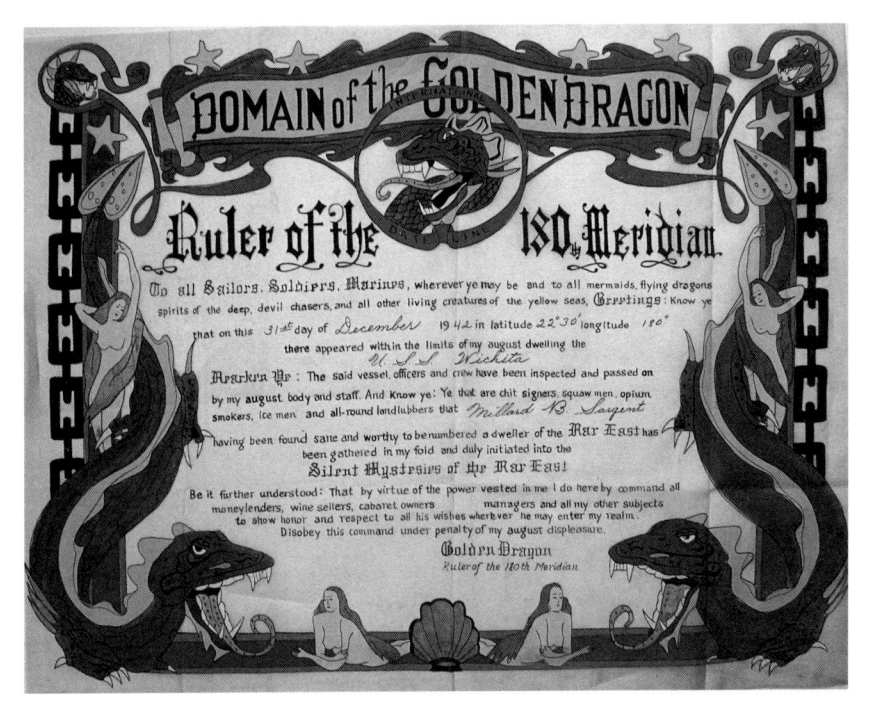

站在岸上遙望遠方的船隻消失在地平線之外。航海人士會從遠方國度帶回奇幻的故事，並且與風、浪以及天氣擁有更深層的親密關係。同時，討海人也背負著「不太可靠」的名聲，就有點像是海洋那樣。這些人可能會竊取他人財物，或是讓年輕的女子懷孕，然後乘船離開，從此杳無音信。

伊麗莎白・亨特（Elizabeth Hunter）的藏書票，十九世紀晚期。因為書本就跟船一樣，能夠帶領我們到達遠方國度冒險，所以藏書票上最常見的主題就是美人魚。圖片中的女性正全神貫注地閱讀，所以並沒有注意到美人魚的呼喚；而這隻美人魚很可能是她過去的同伴。

165

時間出現之前的時代

沒有文字記載時期的人類充滿神秘感，比起人類的生物演化或是文明的未來發展都來得深奧許多。至少科學家知道要怎麼研究人類心智或是身體的演化過程，但對於人類文化的形成就沒有清楚明瞭的研究方法。在十八、十九世紀，我們熟知的神話或是民間故事成為研究的新興領域，當時學者都感到十分困惑，因為這些故事內容極為相似，但過去幾千年來，這些故事背後的文化幾乎從來沒有接觸或是交流過。從古埃及到中世紀時期的中國、從蘇格蘭到美洲原住民的祖尼族（Zuni）都曾有過關於「灰姑娘」的故事記載，已經有將近一千種不同的版本。心理分析學派的學者，特別是榮格（Jung）的支持者，認為這些故事相似的原因在於某些特定的原型角色或事件早已深植人心；以斯帝·湯普森（Stith Thompson）為首的歷史地理學派民俗學家則認為，故事的相似之處是因為文化擴散的緣故，其擴散的路徑最後可能有機會重建出來；而社會生物學家最近試著結合不同理論，提出一種跟達爾文演化論有類似概念的故事與主題選擇論，然而，先不管這種論點是否具有潛力，目前相關的研究成果都還只是在初步階段。[1]

在全球各地的人類文化當中，幾乎普遍存在怪物的概念，特別是那些會在海上捲起大風暴或是撼動大地的水怪。古埃及人相信太陽就是神祇拉（Ra）的船隻，每天白天會駛過天際，晚上則穿越充滿危險的陰府。太陽神拉的船經過地下世界的時候，巨蟒阿佩普（Apep）會試圖吞噬這艘船。維京人也有類似的巨蛇傳說，米德加特大蟲（Midgarðsormr），又名耶夢加得（Jörmungandr）的身子環繞著地球。在世界末日之際，米德加特大蟲會浮出海面，並且與雷神索爾（Thor）激戰。最後，索爾會用雷錘粉碎怪物的頭，但也會被怪物的毒液殺死。對於澳洲原住民來說，彩虹就是巨蛇一瞥後出現的產物，而這條巨蛇通常都蜷曲在地底下的溪流或水潭之中，但偶爾還是會出現在地面上，並引發風暴。澳洲的加古祖人（Gagudju）認為，彩虹蛇是女性，也是最偉大的神祇。它在夢時代（Dreamtime），也就是時間出現之前的時代，創造了地球，並透過降雨不斷地更新這顆星球。在非洲東北部的達荷美人（Dahomey）眼中，彩虹蛇被稱為艾多・惠多（Aido Hwedo），用自己蜷曲的身體支撐這個世界。目前我們無法確定這些傳說故事是否都源自於同一個遠古神話，只是後來分裂成不同的版本，又或者說，這些故事都是自主發展而成。不過，不管其中的發生過程為何，由於蛇的外型非常精簡、移動方式也充滿韻律感，所以看起來似乎可以跟我們遠古的起源緊密相連。

尼斯湖水怪以及其它據稱在不同湖泊遭人撞見的相似生物通常都是描繪成蛇頸龍的外型，這是一種與恐龍身處同一時代的水生爬行動物，約在6,500年前滅絕。這些生物甚至偶爾會引起媒體臆測，認為蛇頸龍至今或許仍然存在，但這種想法遭到動物學家堅決否認。在美國路易斯安那州的某一私立宗教學校中，就有創世紀的教科書將尼斯湖水怪

出自皮埃爾・丹尼斯・德蒙特福（Pierre Denys De Montfort）的《軟體動物自然史》（*Histoire Naturelle de Mollusques*，1802 年）。這幅圖畫描繪巨大章魚攻擊船隻的場景。海洋生命的色彩豐富、種類繁多，並充滿神秘感，這賦予海洋獨特的宏偉感，因此關於海洋生物的目擊報告常常會將體型極度誇大。

當作一種證據，聲稱進化論就是一場騙局。[2] 關於這一動物的相關傳聞頗具連續性，中世紀的水手、現代的古生物學家以及當代的遊客之間都共享相同的視覺想像，他們都根據寥寥可數的線索，試圖描繪出這個巨大怪物的外型。

提阿瑪特

相較於古埃及，美索不達米亞的神祇大多有人類的外型。不過也有少數例外，例如伊絲塔（Ishtar），又稱為蘇美的伊南娜（Sumerian Inanna），他有時候會被描繪成具有女人軀體，背上長有翅膀，而腿部卻是老鷹爪子的形象。相比之下，許多不同惡魔或半神（譯按：從希臘神話中出現的種族，其定義通常是指父母中一位是神，而另一位是人的神話人物，即半人半神的存在。）的身上都會結合各種動物的特徵。這些形象不僅記錄在詩歌和雕塑作品當中，更多是雕刻在成千上萬的滾輪印章上，只要在蠟上滾壓，就能呈現出神話場景的浮雕。

美索不達米亞跟古埃及十分類似，自文明之初就不斷創造出幻想動物的形象。這些動物形象的數量大約在西元前兩千年中葉開始與日俱增，重要性也不斷增加，發生的時間點跟古埃及差不多重疊。而這段增長的時間涵蓋美索不達米亞的中巴比倫時期（Middle Babylonian，西元前 1651–1157 年）、米坦尼時期（Mitannian，西元前 1500–1350 年）以及中亞述時期（Middle Assyrian，西元前 1350–1000 年），這些通常都是充滿動盪和時局不穩的時代。在後來的藝術作品當中，人們逐漸賦予這些奇幻的混合動物更多惡魔化特徵。[3]

在巴比倫的創世史詩《埃努瑪·埃利什》（Enuma Elish）中，記載一則與幻想動物起源有關的神話故事。這首史詩的創作時間眾說紛紜，我們目前只能確定這是在西元前兩千年左右創作而成。兼具女神與惡魔於一身的提阿瑪特（Tiamat）是鹹水的化身，其伴侶阿普蘇（Apsu）則代表淡水；這兩位神祇的結合象徵著生命的泉源。提阿瑪特與阿普蘇生兒育女，創造出許多神祇，但提阿瑪特受不了這些孩童的喧鬧，決定要消滅他們。眾神得知計畫後，決定先發制人，埋伏殺死了阿普蘇。接著，提阿瑪特為了對抗眾神，創造出十一個不同的怪物，其中包含蠍人、牛人、魚人、獅子惡魔、長角蛇和飛龍等。除此之外，她還創造出怪物金固（Kingu），並讓它成為自己的新配偶。最後，提阿瑪特還是在戰鬥中被自己的孫子——光之神馬爾杜克（Marduk）所擊敗；馬爾杜克後來成為眾神之王。馬爾杜克用錘子擊碎提阿瑪特的頭骨，像撕開魚乾一樣將其剖成兩半；其中一半成為天空，另一半則變成大地。馬爾杜克還把提阿瑪特的乳房變成高山，底格里斯河與幼發拉底河就從其眼睛的孔洞位置中流出。同時，馬爾杜克還殺死金固，並用其血液創造出人類。

巴比倫的時間概念並非線性，所以馬爾杜克與提阿瑪特之間的衝突並不僅是存在於已經抹去的過往；相反地，這起事件是秩序與混亂之間的永恆紛爭，並且會在巴比倫的

第八章 水屬性生物

頭上還長有一對角。這兩者都源自於宇宙的開端,根據大多數的傳統描述,這個時期生物的物質型態比起現代,呈現更加流動的狀態。無論如何,美索不達米亞還是留給我們許多眾所皆知的奇幻生物,像是半人馬、人魚以及獅鷲等。但或許,美索不達米亞留給世人最偉大的遺產就是提阿瑪特本身,她體現了秩序以及生命誕生之前的原始混沌狀態。

萬獸之母

在更古老的年代中,提阿瑪特很有可能是個正向的角色。從女性主義的觀點來看,馬爾杜克擊敗提阿瑪特就代表著父權制度的確立。而這兩者之間衝突所產生的形象,在後來的神話或是傳說中不斷地迴響。其中一個跟提阿瑪特類似的角色就是莉莉絲(Lilith),她甚至出現在比《埃努瑪・埃利什》史詩更加古老的蘇美泥板中。《聖經》裡記載了兩種創世的故事版本。在第一個版本中,亞當與其配偶是上帝按造自己的形象同時創造而成;在第二個版本中,亞當是最先創造出來的人類,接著,雅威(Yahweh)再用亞當的肋骨創造出第一個女人,用來當作適合亞當的伴侶。這一種情節暗示著某種性別翻轉,好像男性才是生命的創造者,因為雅威是透過亞當的身體創造出女人。

至於《聖經》中兩種創世故事之間的矛盾,大多數的評論家都選擇忽略,如同他們忽視許多《聖經》中其他矛盾一樣。然而,還是有一些人試圖解釋這些分歧;他們認為這兩個故事中所提及的女性是不同人,一位

女神提阿瑪特的雌雄同體形象,描繪靈感來自西元前七世紀早期亞述神廟中的浮雕作品。

新年慶典中不斷反覆上演。地球和人類分別是由提阿瑪特以及金固的軀體所創造而成;這象徵著一種原罪,代表我們每個人的內心都有可能潛藏著混亂,甚至是自我毀滅的威脅。[4]

雖然大多時候馬爾杜克的形象都刻畫成普通人類的外表,但在史詩《埃努瑪・埃利什》中,他呈現出怪物的形象,擁有四隻眼睛、四隻巨大耳朵,嘴唇還會迸發著火焰[5];而提阿瑪特則象徵著最原始的混沌。雖然創世神話並沒有具體描述提阿瑪特的形象,但她通常都是描繪成雌雄同體的怪獸,擁有獅子的頭部與前爪、老鷹的翅膀以及腳爪,

169

是亞當的第一任妻子莉莉絲；另一位則是第二任妻子夏娃。根據希伯來傳說，莉莉絲拒絕服從亞當，於是選擇逃到沙漠之中；她就跟提阿瑪特一樣，孕育出無數個怪物與惡魔。在《以賽亞書》（34:14）中，她被稱為「鳴角鶚」（screech owl），有時被描繪成擁有鳥類特徵的形象。但是，根據歐洲中世紀晚期的傳說，夏娃曾經與伊甸園當中的蟒蛇交媾，後來只要是怪異生物或是用有異類特徵的人類都被視為是她的後代。

在希臘神話當中，如同海希奧德的《神譜》（Theogony）中所述，蓋亞（Gaia）或稱大地之神，同時是神祇與怪物的原始之母。她是原始混沌中最早出現的存在；蓋亞創造山脈與海洋，同時也孕育出天空之神烏拉諾斯（Uranus），並與他結為連理。他們的結合就好像提阿瑪特與金固那樣，生下了最初的神祇與女神——泰坦族（Titans），同時也創造出獨眼巨人（Cyclops）等其他令人聞風喪膽的生物：

> 大地和天空又創造出三個孩子，科托斯（Kottos）、布里阿瑞俄斯（Briareos）和古革斯（Gyges），各個威風凜凜、意氣風發，讓人不敢隨便提及他們的名諱；但父親烏拉諾斯打從一開始就十分厭惡他們。他們的肩膀上冒出百隻手臂，呈現龐大而畸形的身軀；每個人的肩膀又長出五十顆頭，依附在其強健的身軀上。他們強壯身體蘊含著無窮無盡的力量。如果是天空與大地所產下的孩子，都會讓人不寒而慄，所以這些孩子的父親從他們一出生就對其感到厭煩。他們一出生，烏拉諾斯就會把這個孩子藏在地下洞穴中，不讓他們見到光明。[6]

在蓋亞的要求下，泰坦神克洛諾斯襲擊父親烏拉諾斯，用金鐮刀砍下父親的生殖器。烏拉諾斯逝去後，他所殘留的精液流入海中，從中誕生了愛神阿芙蘿黛蒂（Aphrodite）；青草在她的腳邊生長，每走一步，地上都會冒出新綠。古代世界有眾多相關記載，而阿芙蘿黛蒂的故事就是其中一則直觀預示出現代科學家的觀點——海洋是所有生命的起源。

後來，蓋亞產下最後一個兒子泰豐，由宙斯所主導的新世代神祇也在這時向泰坦神族宣戰：

> 泰豐的肩膀上長出一百個恐怖的蛇頭，其黑色舌頭不斷地閃動；他怪異頭顱上的眼睛在眉下閃爍著火光，還發出各種難以描述的奇特聲音。這種聲音有時候就好像只有神祇可以理解；有時則像一頭失控的公牛所發出的驕傲怒吼；有時又像一頭無所畏懼獅子狂嘯；有時像是一群令人驚愕的獵犬吠叫；還有時會發出嘶嘶的嘯聲，在綿延的山脈間不斷迴響。[7]

在這場戰役爆發之際，整個宇宙都隨之顫抖。後來宙斯成功擊敗泰豐與蓋亞，並把泰豐囚禁在埃特納火山（Mount Etna）之下；

現在如果出現火山爆發，那就是泰豐正在奮力掙扎，希望可以重獲自由所造成的結果。就跟馬爾杜克一樣，宙斯成為戰勝異獸和怪物，並建立宇宙秩序的主宰神祇。

在海希奧德的《神譜》中，另一個更接近提阿瑪特原始形象的生物就是艾奇德娜（Echidna）。她是「海中老人」福爾喀斯（Phorcys）和水生生物克托（Ceto）的女兒，我們現在使用的「鯨類動物」（cetacean）一詞就是源自於克托。艾奇德娜的上半身就猶如出水芙蓉般的水仙，但下半身卻是一條巨蟒的型態。她與泰豐交媾，生出許多奇形怪狀的後代，包含擁有多顆頭的水生蛇九頭蛇海卓拉（Hydra）、守護地獄之門的五十頭犬（在後來的文獻中，作者把它改成三個頭的形象）克爾柏洛斯（Cerberus），以及擁有獅子頭、山羊頭、蛇頭等三種不同動物頭的奇美拉（Chimera）。[8]

在《啟示錄》中，也有一個人物可能與提阿瑪特相關，那就是巴比倫的妓女，「她坐擁豐饒之水，高高在上」。敘述者表示，他看見這位妓女坐在七頭十角的啟示之獸上，身穿紫羅蘭與猩紅色的長袍，佩戴著黃金、珠寶與珍珠，手中還握有一只金製的酒杯，杯中裝滿污穢之物。她的額頭上還寫著「巴比倫大城，世界上所有妓女及可憎行為之母。」（17:1-7）。在下一個異象當中，一位天使現身，並大聲宣告：

巴比倫已經垮台了，偉大的巴比倫已經瓦解了。它變成惡魔的巢穴，成為各種邪惡靈體以及骯髒、可憎鳥類的棲身之處。所有的國家都沈迷於她淫亂的酒水，世界上的所有國王都曾與她通姦；各個商人都因為她的放蕩行為而變得更加富有。（18:2-3）

巴比倫的妓女是否就像提阿瑪特一樣，孕育出《啟示錄》中所有奇異的惡魔和靈體，就為了與天庭的軍隊戰鬥呢？至少，她看起來就只有召喚這些妖魔鬼怪到她身邊的能力而已。

從中世紀開始，巴比倫創世神話當中的基本故事就一直不斷地傳誦著。在古英文的史詩《貝奧武夫》中，人們可能會把其中的怪物格倫戴爾（Grendel）看成是阿普蘇或是金固，而格倫戴爾的母親就好像提阿瑪特一樣；故事中的英雄貝奧武夫就如同馬爾杜克，透過擊敗怪物替他們的荒蕪之境建立秩序。這種象徵自古以來就屹立不搖，但是到了中世紀晚期，人們逐漸開始轉變成同情原始母親以及其畸形的後代居多（請參考第六章關於「美露莘」的相關討論）。

賽德娜

最後一位，同時也是最神秘的奇幻生物之母原型，那就是因紐特人的海洋女神賽德娜（Sedna）。豐富的口述文學當中就充斥著許多關於她的不同版本故事，但基本情節差不多。賽德娜是一位迷人的年輕女子，由父親安古塔（Anguta）撫養長大。一位玉樹臨風的男子出現，勾引賽德娜坐上他的皮

艇離家，還答應給她精美的皮草以及充足的食物。然而，這名男子其實是一種屬於䴉科的北極海鳥，家鄉位於海邊一處荒涼且多風的地方。賽德娜的父親前來搭救，她跳上父親的皮艇並匆匆逃跑。魅惑賽德娜的男子和其他海鳥化作人形，乘坐皮艇緊追在後。男子要求賽德娜與他回家，但她不肯；男子直接張開雙臂化為翅膀，但在準備起飛前就被安古塔用長矛刺死。男子的其他同伴仍然緊追不捨，決意把賽德娜帶回去，這過程中產生的風浪愈來愈猛烈，安古塔為了減輕皮艇重量，便把賽德娜丟進海裡。她試圖抓住皮艇，但安古塔卻直接切斷她的手指。這些斷指後來就變成海象、海豹以及鯨魚，而她所流出的血也創造出無數其他生物。賽德娜沉入海中，成為深海的統治者。賽德娜對自己遭遇的憤恨至今未消，所以那些尊敬她的人就可以獲得晴朗天氣以及漁獲豐收；然而，如果她心情不好，也會透過風暴來表達內心怒火。[9]

賽德娜通常會描繪成美人魚的形象，但有一些明顯的不同之處。美人魚的形象大多是上半身符合傳統女性審美的女子外表，通常就是金髮碧眼的樣子；下半身則是風格獨具的魚尾巴，尾端的分叉代表著雙腳。表演花式游泳的女性只需將雙腿併攏，就能輕鬆模仿美人魚的姿態。相較之下，賽德娜的身體與樣貌則散發出海洋的神祕感。她的手臂像是扭曲的魚鰭，身體呈現出海豹般的弧度。她的臉部看起來歷經滄桑，有時候還顯得特別老氣，眼神並沒有顯示出任何的輕佻感，因為她的人性在很久以前就已丟失。

長有女人面孔的海洋生物，很可能就是賽德娜。此圖出自加拿大多塞特角（Cape Dorset）愛斯基摩人的肥皂石雕刻。在民間傳說中，賽德娜與歐洲的美人魚有所關聯，但她似乎更親近深海世界，而且並不像是舊世界所描述的角色那樣嬌羞。

賽德娜生育能力的展現不僅僅在於她擁有多少後代而已；雖然是這麼說，在某些版本的故事中，她曾與狗生下許多孩子，這些孩子後來也成為世界上不同種族的祖先。然而，她真正的生育能力在於能夠透過血液和身體創造出無數多種生物。就跟提阿瑪特一樣，賽德娜是來自海洋的原始母親，也是帶來災難性破壞的存在。賽德娜和提阿瑪特可能都是源自某個更早期的遠古女神，但也有可能她們的傳說是各自獨立發展的。部分學者認為，儘管賽德娜的傳說在因紐特人中非常流行，但它實際上是相對近代的產物，並且隨著捕鯨業的發展而出現。[10] 因此，人們可能會在西方的民間傳說和宗教中尋找相似之處，但是這種類比的方式就像海洋生物一樣，數量雖多，卻難以捉摸。

怪物之母的原型不單單代表「生育力」而已，至少不是我們使用該術語時的那種狹義定義；它反而代表原始的創造力，不僅能

夠產生新的生命，還能創造出新的型態、新的概念以及新的可能性。在更知識性的討論背景下，提阿瑪特或美露莘可能相當於有遠見之人，她們或許不擅長處理熟悉的日常工作，卻能夠構想出全新的方向。我們目前所探討的神話故事也顯示，人們自古以來就十分懼怕她們所展現出來的想像力。巴比倫神話中的阿普蘇，以及希臘神話中的烏拉諾斯都非常懼怕自己的小孩，因為他們看起來與眾不同、十分強大；同時，他們也害怕有朝一日會被自己的子嗣取代。

英雄與海怪利維坦

馬爾杜克比起宙斯甚至是雅威／埃洛希姆（Yahweh/Elohim）都還要早做到以下事蹟：上帝把世界一分為二，變成大地與天空，如同馬爾杜克擊敗提阿瑪特，並將她的身體切成兩半那樣。上帝接著開始整理原始的混沌，將水域與陸地區分開來，並整理出河流與海洋；同時，也將黑暗與光明分離出來（創世記1:1-10）。這與《埃努瑪・埃利什》中馬爾杜克所做的事大同小異。[11] 從某些方面來看，這些故事情節可能有更多的相似之處。《舊約》中有許多段落似乎暗示雅威與象徵混沌的原始海獸曾有過一戰，就像是馬爾杜克與提阿瑪特的戰鬥那樣。例如，《詩篇》74章曾讚頌雅威，並說道：「你打碎利維坦的頭，讓他成為野獸的食物。」（第14節）。《約伯記》將利維坦描繪成一頭可怕的怪物，但他同時也是上帝力量與智慧的見證（41:2-26）。然而，不論這些記載背後的出處為何，相關的紀錄早已丟失。

聖經當中的雅威／埃洛希姆絕非神學家所描述的那種全能上帝。雖然他擁有強大的力量，但算不上是全知全能。他容易受到憤怒或嫉妒等激昂情緒的影響，甚至會被撒旦挑唆而殺死無辜的約伯（Job）一家（約伯記1:1-19）。他也會後悔，就像是他後悔自己創造出人類（創世記6:5-8）。他甚至會在人類面前感到羞愧（創世記18:18-19），也會跟人討價還價，例如他就曾與亞伯拉罕（Abraham）進行談判，再決定是否摧毀所多瑪（Sodom）和蛾摩拉（Gomorrah）（創世記18:22-33）。他不允許以色列人承認他以外的其他神祇（出埃及記20:3），但在天堂中，似乎常常會有其他神祇的存在。雅威最讓人感到親近的特點就是他的脆弱，有時這種脆弱幾乎就跟他的力量一樣巨大。儘管極其威嚴，但每當子民背棄他，他都會感受到極大的痛苦。考古學家還發現雅威有位名為亞舍拉（Asherah）的伴侶；少了她，雅威似乎感到孤獨。

這種孤獨感可以解釋雅威與利維坦之間複雜且矛盾的關係，這種關係有時是征服、有時是慶祝，有時又是陪伴。在《約伯記》的結尾，雅威的聲音從旋風中跟約伯說起了利維坦：

你抱有的任何希望都將是徒然，光是見到他就足以讓你不堪承受。

一旦被激怒，他變得猛烈，誰能夠抵擋得住他？

誰能夠攻擊他並且全身而退？天下間

IMAGINARY ANIMALS

古斯塔夫・多雷（Gustave Doré）的作品《雅威殺死利維坦》（Yahweh Kills Leviathan，約1855年）。《以賽亞書》第27章第1節提到：「到那日，雅威必用他剛硬有力的大刀刑罰鱷魚，就是那快行的蛇；刑罰鱷魚，就是那曲行的蛇，並殺海中的大魚。」

無人能做到！
　接下來我將談論他的肢體，並描述他無與倫比的力量──
　誰能解開他外套的前襟，或刺穿他胸甲上的雙重鎧甲？
　誰敢打開他嘴巴的大門？
　他的牙齒周圍充滿了恐懼！

　他的背部就像一排排的盾牌，被石頭封印著，
　彼此緊密相接，連一絲氣息都無法穿過，
　緊密相連，形成密不透風的整體。
　他的噴嚏散發出光芒，他的眼睛就像是黎明的睫毛。

第八章 水屬性生物

艾伯特・平克漢姆・萊德（Albert Pinkham Ryder）的作品《約拿與鯨魚》（Jonah and the Whale，1885 年）。該藝術家居住在美國麻薩諸塞州的濱海城市新貝德福（New Bedford）。在那個時代，捕鯨業曾是該地區的主要經濟支柱，但現在已是夕陽產業。藝術家對於捕鯨以及大海的淵博知識讓他能夠重新詮釋約拿的故事，在現代世界的背景下，討論死亡與復活的主題。

他的口中吐出火炬，火花從中飛出。

他的鼻孔冒出煙霧，如煮沸的鍋爐。

他的氣息能點燃煤炭，火焰從他的嘴裡噴出。

他的力量藏於脖頸之中，暴力隨他行進而跳躍。

他肉體的肌理緊緊相依，堅固不移。

他的心堅如磐石，堅定如下磨石。

當他起身時，海浪望之卻步，大海波濤也退避三舍。

劍不能穿透他，魚叉、標槍或長矛也對他無效。

對他來說，鐵不過就是稻草，青銅也是腐爛的木頭。

箭矢不能使他逃跑，彈弓石對他不過如乾草。

對他來說，棍棒像稻草，他嘲笑風中飛旋的標槍。

他的下方充滿銳利的陶片，在淤泥中滑行如耙。

他使海洋深處如大鍋般沸騰，煙霧瀰漫如香爐。

他身後留下閃亮的軌跡——深海中似乎飄著一片白色的羊毛。

在地上無人能與之匹敵，他是無畏的存在。

他直視最驕傲之物，是所有高貴野獸之王。（約伯記 41:1-25）

這些描述讓人聯想到《詩篇》以及其他經文中，對於雅威本人的頌讚之詞。利維坦似乎不僅體現出雅威的力量，甚至在某種程度上幾乎等同於雅威。正如有一位獨一無二的上帝一樣，利維坦也是天下無雙的存在。

《舊約》當中還有記載其他的海獸，包含一口吞噬約拿的大魚，但傳統上都還是將這些海獸都視為利維坦的不同型態。甚至有人認為這個海中霸主就是伊甸園的那條蛇；他似乎象徵著光明與黑暗、善良與邪惡劃分開之前的原始真相。利維坦跟提阿瑪特一樣，都是原始混沌的體現。

《聖經》中關於利維坦的記載顯得七零八落，但猶太傳說重新爬梳這些文本，將其變得條理井然。其中一則廣為人知的記載，或許可以呼應到馬爾杜克對抗提阿瑪特的故事，內容提及世界初始，上帝創造出兩條利維坦，一公一母。後來，它們的體型變得越來越大，力量也更上層樓，雅威擔心它們若繁殖後代，世界必定會被摧毀殆盡。雅威便殺死母的利維坦，但為了不讓剩下的利維坦感到孤單，他每天晚上都會陪它玩。在世界末日之際，他將殺死剩下的那隻利維坦；正義之人將在由利維坦的皮膚所搭建的巨大帳蓬內食用它的肉。[12]

在西方文化中，勇者鬥惡龍的相關故事記載不計其數；但東方傳統中未曾看到類似的故事。古代世界中擊敗怪物巨蟒的英雄包含巴爾（Baal）、毗濕奴、赫拉克勒斯（Heracles）、阿波羅、傑森（Jason）、卡德摩斯（Cadmus）、西格德（Sigurd）、齊格弗里德和珀爾修斯（Perseus）等。而在基督世界中，曾經戰勝巨蛇的英雄包含聖米迦勒、聖帕特里克（St Patrick）、貝奧武夫、聖瑪莎（St Martha）和聖瑪格麗特（St Margaret）等，但最為人所知的是聖喬治，他後來還成為俄羅斯和英格蘭的守護聖人。所有關於英雄或聖人擊敗惡龍的故事都在呼應雅威與利維坦之間的衝突，或者是向更古老的故事致敬，回應馬爾杜克與提阿瑪特之間的紛爭。

水手的文化超越國家和民族的界線。世界各地的船員都曾回報他們看到外表神似利維坦的海洋生物，他們有時會認為這些物種跟利維坦有所關聯。其中一個例子是來自愛爾蘭的聖布倫丹（St Brendan）所遇到的海怪；有些人認為他在萊夫·艾瑞克森（Leif Erickson）或克里斯多福·哥倫布（Christopher Columbus）之前，就乘著由獸皮緊繃在木頭上製成的小船航行到美洲過。根據九世紀的一份記載，布倫丹與隨行

古斯塔夫·多雷的作品《羅傑拯救安吉麗卡》(Roger saving Angelica),此圖出自盧多維科·阿里奧斯托(Ludovico Ariosto)所著的《狂歡節奧蘭多》(*Orlando Furioso*,1877 年)。《狂歡節奧蘭多》是一部模仿中世紀浪漫主義的作品,最早於 1532 年出版。內容透過複雜的浪漫糾葛、誇張的魔法和奇幻生物,誇大各個騎士史詩的傳統。多雷醉心於中世紀復興的風潮,並在畫作中呈現復興的元素,並捨棄原作中的諷刺意味。

的修道士登陸在一座島嶼上，舉行彌撒並生火烹煮食物。此時，島嶼開始移動，所有修道士都嚇壞了；但布倫丹冷靜地向他們解釋，這片陸地其實是一條名叫亞斯康尼烏斯（Jasconius）的巨魚。[13]

十六世紀，瑞典主教奧勞斯・馬格努斯（Olaus Magnus，1490–1557年）和法國外科醫師安布魯瓦・帕雷（Ambroise Paré，1510–1590年）描述許多水生怪物，並製作附有插圖的地圖，這些插畫對今天的我們來說，充滿幻想色彩。其中最著名的就是奧勞斯描述的巨大海蛇，身長達 200 英尺，厚達 20 英尺（譯按：長約 61 公尺，厚 6 公尺），全身覆蓋著鱗片，除了閃爍的眼睛外，全身漆黑。它會在晴朗的夜晚從挪威的海岸現身，吞噬小牛、羔羊以及豬隻等。有時候，這條海蛇會高高舉起它的頭部，用其巨口活捉人類，這是王國即將發生重大驟變的前兆。帕雷則描繪僧侶魚（monk-fish）和主教魚（bishop-fish）等生物的外形，除了全身覆滿鱗片之外，這些生物的外表看起來類似穿著教會服飾的人類。現代歐洲早期的海洋地圖總是充斥著這些圖像以及船員對於奇特生物的目擊報告[14]；其中大多都有著魚尾以及不同陸地動物特徵的上半身。例如，有些據稱有馬頭、狼耳、豬鼻、獅毛或是熊爪等特徵，我們很難從這類描述中分辨隱喻、幻想、浮誇或是虛構的元素。

然而，後來對於海洋怪物的目擊報告，許多方面都更令人費解。矛盾的是，雖然有越來越多人懷疑目擊報告中海怪的真實性，但目擊次數卻越來越多，並在十九世紀達到巔峰。當時，有數百起巨大海怪的目擊紀錄，其中許多目擊者都能提供鉅細靡遺的描述，說法極為可靠，並且完全吻合當時的科學紀錄。他們普遍談及一個極為巨大的生物，身子像波浪一樣快速擺動前進，全身覆蓋著鱗片、眼睛發散著兇猛的神情。以下文字為船

《黑暗海洋中的巨蟒》（The Serpent in the Sea of Darkness），此插圖出自奧勞斯・馬格努斯（Olaus Magnus）的著作《北方民族的歷史》（*Historia de Gentibus Septentrionalis*，1555年）。圖中的怪物可能是海嘯或颶風的化身。

第八章 水屬性生物

長伍德沃德（Woodward）和當時也在亞當特（Adamant）號船隻上的水手所述，他們那時航行在英國與美國之間的航道上；這段文字摘錄自 1818 年 8 月 7 日的《倫敦愛吉斯》（The London Aegis）報紙：

> 我請船員裝載一門大炮，裡面裝有炮彈和步槍子彈；我向怪物的頭部開火；我和船員們都清楚聽到彈珠和子彈擊中它的身體，但卻從它的身上彈開，就像打在岩石上一樣。這條巨蟒異常地擺動頭部和尾巴，並張開巨口向船靠近。它幾乎碰到我們的船隻，要不是我轉舵（也就是及時將船轉向面風處），它肯定會爬上船來。它潛入水中，但沒過多久，我們又看到它浮出海面；它的頭部在船的一側，尾巴在另一側，看起來就好像要把我們的船舉起來翻覆。然而，我們當時並沒有感受到任何撞擊。它在我們附近徘徊了五個小時，不斷來回游

對於希臘神祇阿波羅的描繪，出自十五世紀的法國。在這部作品中，希臘羅馬神祇阿波羅被描繪成理想化的中世紀國王。畫面左側的女性結合三美神（the Three Graces）、皮提亞（the Pythia）和多多納（Dodona）女祭司的特徵。值得注意的是神祇腳下所踩的怪物，看起來像是克爾柏洛斯（譯按：此生物為作者先前所提及的五十頭犬，或是後來文獻中的「地獄三頭犬」。）的其中一種版本，並混合許多爬蟲類動物的特徵。

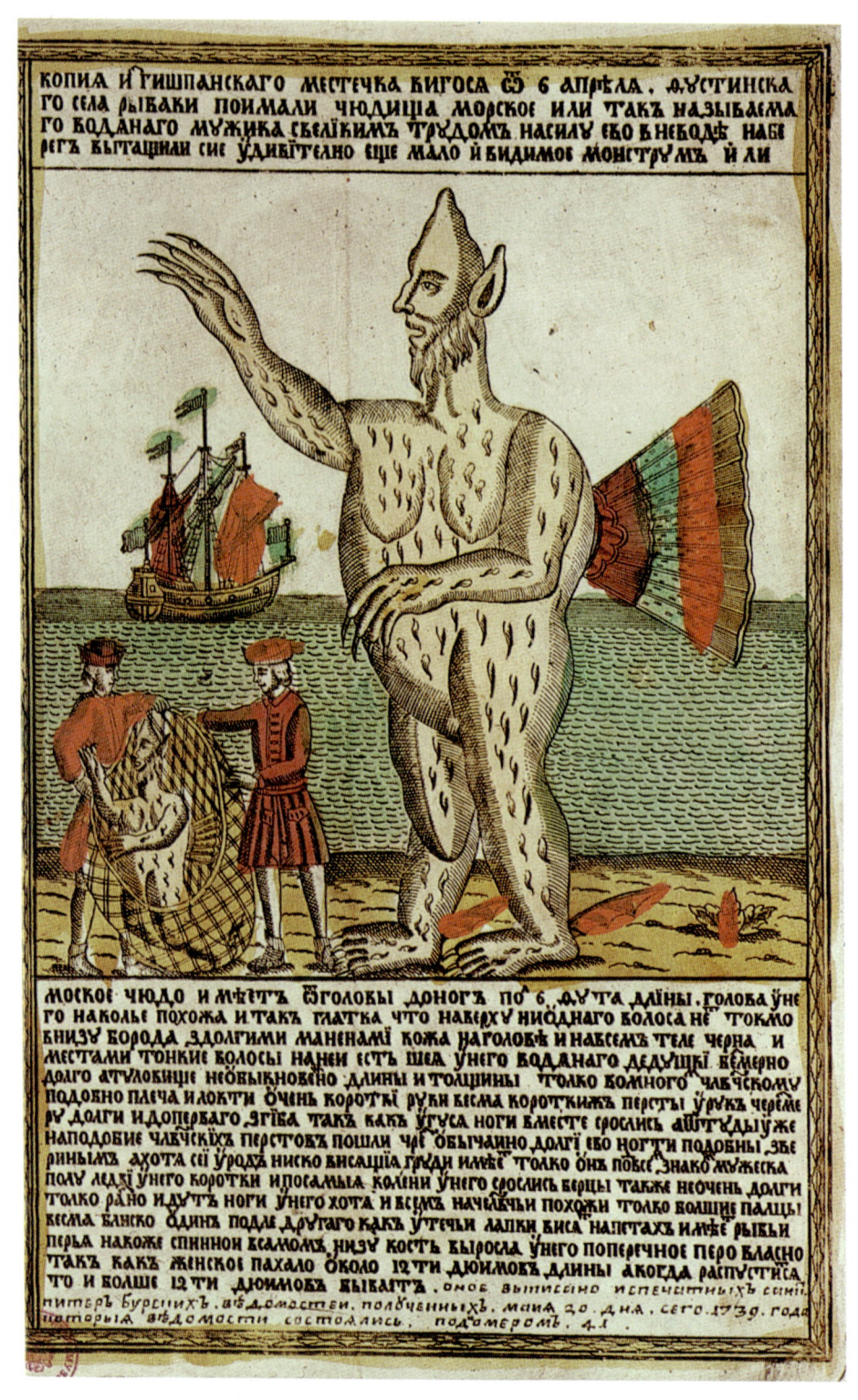

《1739年一篇關於在西班牙捕獲的海怪新聞》,這是一張十八世紀中葉的俄羅斯流行版畫。據說,這是近代早期從海中捕獲到的眾多美人魚或男人魚之一。儘管畫面看起來富有奇幻色彩,但圖片的相關敘述卻極為詳盡和精準。

海蛇，出自主教漢斯‧埃蓋德（Bishop Hans Egede）的作品《格陵蘭舊土地的新調查》（*The New Survey of Old Greenland*，1734 年）。這幅畫作在報紙和書籍中廣為流傳，到了十八世紀以及十九世紀初期，這張圖片成為人們最熟悉的水怪形象。

動……我估計它的身長大約是帆船長度的兩倍以上，約 130 英尺長；它的頭部寬度大約是 12 到 14 英尺；身體的直徑也差不多這個大小。它全身上下都是鹹水般的藍黑色；它的耳孔與頭部末端的距離大約是 12 英尺。簡而言之，這條海蛇的外觀讓人不寒而慄。它蜷曲身體的時候，會以特別的方式擺放尾巴，可以用來幫助它快速地向前衝刺；它還能夠靈活且迅速地自由移動，不受方向的限制。[15]

人們所提出的這些眾多版本證詞，原本應該是非常強烈的證據，可以證明海怪的存在；但是這些證詞的細節描述卻不盡相同，而且到了二十世紀，相關的目擊報告變得越來越少。除此之外，從來沒有人拍攝到這隻怪物過，也從未發現怪物的屍體或骨骸。[16]

總結來說，不論是要懷疑還是要相信大海怪的存在，都一樣困難。許多海怪的目擊可能都是鯨魚、海藻、魚群或是水面上的光影變化所致。會有這些目擊報告的原因可能出自於船員在海上的孤寂、漫長航行的無聊、古書中的描述或受到酒精的影響，進而產生畫面的扭曲。在某些情況下，這些描述也可能是刻意為之，因為他們知道沒有人能夠證明或反駁遠洋上的目擊報告內容。但從另一方面來看，這些目擊報告也可能是某一生物的真實觀察，只是在過去的幾個世紀中，該生物已經不復存在或是數量變得十分稀少，而這些報告的內容也可能稍微誇飾相關的敘述。即使到了現在，海洋深處仍然是一個人類幾乎沒有探索過的領域，我們無法預知深海裡藏有哪些奇特生物。

美人魚與她的姐妹

一直到中世紀晚期，利維坦以及他的同

伴一直統治著海洋深處，但是這個怪物後來被美人魚推翻。美人魚擁有女性的形象，只是下半身是魚尾巴而非人類雙腿，其血統和海怪一樣悠久。非利士人（Philistine）的生育之神大袞（Dagon）（譯按：又稱為「達貢」，是古敘利亞文明所崇拜的神祇。）也描繪成具有人類軀體和臉龐，但卻有魚尾的形象，就像是美索不達米亞的智慧之神伊亞（Ea）或恩基（Enki）的外型那樣；敘利亞女神阿塔伽提斯（Atargatis）以及眾多流域與河流的精靈也擁有類似的形象。然而，美人魚直到十五世紀才出現在航海文化中，但它們的身分卻與其出身的文化非常不同。中世紀末期的貿易越趨發達，航海業成為受歡迎的職業。除了幾乎完全排除女性上船外，航海可說是特別海納百川的職業，吸引來自全球各地的冒險者參與。

　　為何是美人魚，而非男人魚呢？美人魚是男人的幻想結晶，其背後故事頗為複雜。由於海上航行沒有女性相伴，男性船員大多會把美人魚描繪成一種帶有色情意味的形象；而這跟阿塔伽提斯或是賽德娜等相關女神的圖像形成鮮明的對比。美人魚通常描繪成從海浪中浮現的樣子，露出赤裸裸的胸部，臉上掛有一絲誘人的微笑；她代表著大海的誘惑，在海上的船員們早已部分屈服。美人魚激起一股永遠無法滿足的慾望。船員的生活充滿困難、危險、不穩定，而且報酬並不優渥；儘管如此，還是有許多年輕氣盛的小伙子站在岸邊，看著帆船逐漸駛離港口，並對海上生活心生嚮往。他們會為了冒險而報名當船員，卻幾乎不知道自己即將面臨什麼挑

《黑石摩根》（Morgan of the Black Rock），有人在利物浦附近目擊到的美人魚，出自一本十八世紀的小冊子。根據傳統，美人魚右手持梳子，象徵著女性的虛榮；左手通常則是拿著鏡子，但這次她手持一朵花，或許是為了讓水手們想起陸地上的生活，藉此勾引他們。

戰，然後在一次次危險航行中掙扎求生。美人魚體現了這些船員與海洋之間愛恨交織的關係。

　　雖然船員全是男性，但他們覺得自己身邊圍繞著女性的力量；人們認為船隻、天氣以及大海本身都具有女性特質，部分原因在於其不可預測性、充滿神秘感，並且難以理解。人類的法則與期望都不適用於大海，但

同時，大海卻是陸地生活的鏡像，反向呈現陸上的形象。我們不能直接說大海就是「母權社會」，因為美人魚很少作為母親的角色，她們更像是孩童，但沒有生父生母，而是由各種元素孕育而成，並且帶有一種危險的純真感。

美人魚如孩童般好奇地注視著船員，她們也帶給船員同樣的驚奇感。話雖如此，這些海中的女人其實非常強大，一旦遭人冒犯，就會隨心所欲地摧毀整艘船。十三世紀神學家巴托洛梅烏斯・安格利庫斯（Bartholomaeus Anglicus）曾寫道：

> 這種生物會用甜美的歌聲讓船上的水手沈睡，等到所有船員都睡著，美人魚便會登上船，挑選並帶走自己想要的人，把他帶到乾燥的地方；然後先是迫使被抓走的人與她同床，如果該名水手不願意，或是做不到，那麼美人魚就會殺死他，並吃掉屍體。[17]

國際航海文化海納百川，吸收來自全球各地的多元素材，許多地方或是區域的水精靈都被視為是美人魚的形象，例如斯拉夫地區的羅莎卡（rusalka）以及日本的人魚（ningyo）都是如此。將地方文化與航海文化交互融合的最佳例子或許是奈及利亞的奧古塔湖（Oguta Lake）女神奧古布伊德（Ogbuide），她與生死輪迴息息相關。在伊博族（Igbo）的信仰中，靈魂在每次的生死輪迴轉變中都必須越過一片水域，奧古布伊德就是負責指引這趟旅程的神祇；她的身邊

《安波因娜的美人魚》（The Mermaid of Amboina），這幅木刻版畫出自路易斯・雷納德（Louis Renard）的作品《多彩的魚類、小龍蝦與螃蟹》（Poissons, ecrivisses et crabes de diverse couleurs，1754年）。據說，該生物是在十八世紀初期在婆羅洲（Borneo）海岸附近遭人捕獲，並且被囚禁在一個裝滿水的大桶之中。它發出類似老鼠的悲鳴聲，並拒絕進食，四天後便長眠不醒。

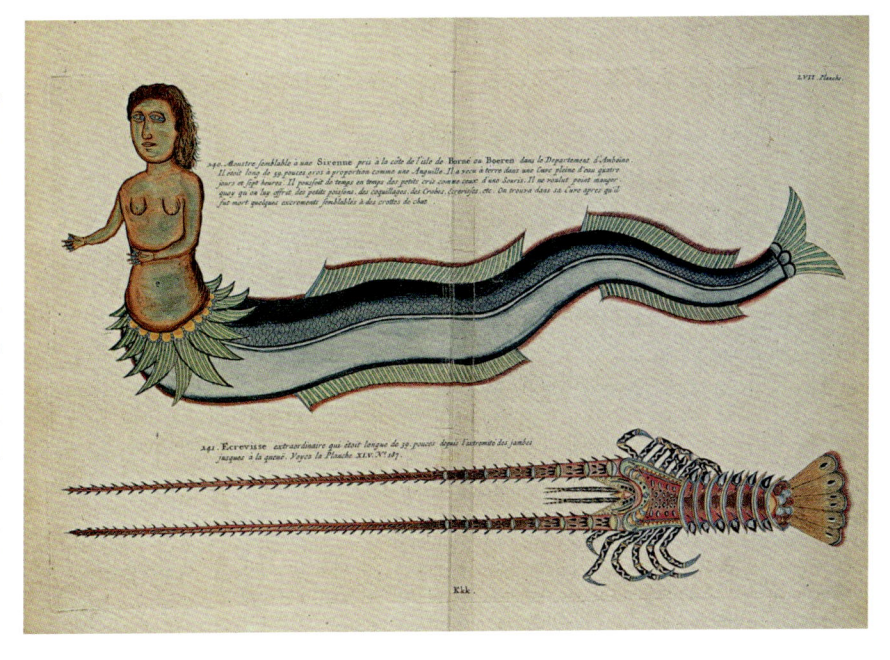

通常會伴隨一隻神聖的蟒蛇,有時是神的使者,有時則是復仇者。在十九世紀末期,奧古布伊德結合非洲其他湖泊與溪流的神祇,並且融合歐洲民間傳說中的美人魚,形成了瑪米瓦塔(Mami Wata,意即水媽媽),其形象可以在許多西非的酒吧和其他的場所裝飾中看到。[18] 瑪米瓦塔一頭長髮和脖子上的蟒蛇源自奧古布伊德;像歐洲的美人魚一樣,瑪米瓦塔擁有女人的上半身和魚的尾巴,有時候還會有手持鏡子與梳子的形象。

美人魚的象徵意義很快地就脫離船隻與港口的範疇,除了作為海浪的統治者外,更成為了新興商業文化的女神;她的微笑變成各類製造商用來推廣自身產品的誘因。美人魚的圖片用來裝飾船隻、酒吧、賓館、紀念品以及各種產品。擁有兩條尾巴的美人魚美露莘就成為星巴克咖啡的商標;而動畫版會唱歌的美人魚則成為品牌「海底雞」(Chicken of the Sea)罐裝鮪魚產品的形象。

歐洲從中世紀開始,一直到維多利亞時期,都有許多報導宣稱捕捉到美人魚,並且當眾展示。當時興起的科學文化甚至提供市場給各種美人魚紀念品,讓業者能夠在歐洲以及北美各地巡迴擺設奇觀展示櫃。在十九世紀中葉,巴納姆(P. T. Barnum)就曾展示出他最為知名的展品「斐濟美人魚」,但事實上這就只是把一隻魚的尾巴接縫在一隻死猴子的軀幹上,最初是由一位日本漁夫為神道教的儀式所製作。如今,巴納姆這個名字幾乎已經等同於江湖騙子的代名詞。

約翰·濟慈(John Keats)的詩作《美人魚酒館的詩行》(Lines on the Mermaid

這個生物又稱為「斐濟美人魚」,最初由巴納姆於1822年在倫敦展出。儘管他對外宣傳這就是一隻美人魚,但事實上,這是將猴子的上半身和魚尾接縫在一起,最初是為了神道教儀式而製作。

Tavern,1818年)可能是唯一成為文學經典的廣告歌曲。就跟美人魚本身一樣,這首詩也擺盪在神話與商業之間:

> 逝去的詩人靈魂啊,
> 你們曾經體驗過哪種樂園,
> 是快樂的田野還是長滿苔蘚的洞穴,
> 這選擇是否比美人魚酒館還更好?
> 你們是否曾品嚐更醇的美酒,
> 超越酒館老闆加那利的佳釀?
> 或是天堂的果實,
> 比那些精緻的鹿肉派更加鮮甜?
> 噢,多麼慷慨的美食!
> 好似勇敢的羅賓漢
> 和他的愛人瑪麗安
> 會一同享用,從角杯和罐中暢飲。
> 我聽說有一天,
> 酒館老闆的招牌被風吹走,
> 無人知曉其去向,直到
> 一位占星家的古老羽毛筆

> 在羊皮紙上寫下這故事,
> 他說他曾見識你的輝煌,
> 在一只新舊交織的招牌下
> 品嚐著神聖的飲品,
> 並心滿意足地
> 為黃道帶中的美人魚舉杯敬酒。[19]

總而言之,美人魚確實就是現代版的神話,可說是過去幾百年來最主要的神話角色。她跟著科學革命與商業擴張而逐漸崛起,事實上這些活動通常都讓美人魚更受歡迎。

自1950年代開始,人類學家瑪麗・道格拉斯(Mary Douglas)以及克勞德・李維史陀(Claude Lévi-Strauss)等人都提出有利的論證,與維多利亞時期的觀點相反,人類學家認為所謂的「原始」民族並非特別容易受騙。然而,現代人也從未放棄自身認為的優越感。至少在過去的幾十年來,像是美洲原住民等原始部落人民會在森林裡與動植物交流,這行為通常就會被看成是原始心態的證據。然而,如果真的是這樣的話,我們該如何解釋現代人跟家中寵物、植物或是自己的汽車對話的現象呢?

儘管美人魚的形象十分商業化,但她依然是道道地地的民間傳說角色。在大探險時代中,就曾出現數百起,甚至數千起美人魚的目擊報告,包含哥倫布、約翰・史密斯(John Smith)以及亨德里克・哈德遜(Hendrik Hudson)等人的船隊都曾目睹過美人魚。這些報告並不稀奇,而是以一般隨性的方式回報,這也反映出當時的水手都對美人魚的存在深信不疑。

威廉‧布雷克（William Blake）的作品《雅各布的梯子》（*Jacob's Ladder*，1800 年）。畫中的天使看起來像是火焰，光芒的射線像木柴，而星星則像壁爐中的餘燼。

第九章
火屬性、風屬性生物

夜幕逐漸降臨人間,火紅漆滿整個房間:
看似溫暖整面屋頂,手中書背閃著光影。
大軍穿過尖塔與大樓,城市置身於燃燒焰火;
我凝視著,目不轉睛,大軍退散,火光零星。
——蘇格蘭詩人羅伯特·路易斯·史蒂文森(Robert Louis Stevenson),
《火焰中的軍隊》(*Armies in the Fire*)

　　一直以來,壁爐或是營火旁都是講故事的理想場所,不僅是因為它所提供的溫暖,更是因為火爐旁總能激發人們的想像力。愛爾蘭的傳統說書人又稱為「沙納奇斯」(shanachies)或是「沙納亞黑」(seanchaithe),其故事靈感來源包含熄滅前的小火花以及火焰投射到小屋牆壁上,那只變化多端的影子。火焰呈現出基本的線條形狀與移動的方式就跟動物或人類一樣,無法預測。

　　威廉·布雷克(William Blake)是英國浪漫主義時期的詩人與視覺藝術家,他經常凝視著壁爐中的餘燼,試圖找尋靈感。他看著火焰突然燃起、閃爍,然後熄滅,燃燒後的木柴嘎嘎作響,漸漸地斷裂並化成灰燼。從不斷變化出現的黃、紅、黑、藍、灰等色調中,他看見各種人物正上演著如史詩般的劇情,故事中的英雄在浩瀚的森林或城市中冒險著。接著,布雷克可能就會將他所看到的影劇都畫下來,而且,為了要向自己的作品靈感致敬,他還會在畫中男女人物的身邊添加細細的火焰線條。

　　身為一名神秘學的學習者,布雷克的做法可能受到帕拉塞爾蘇斯的影響,這位兼具鍊金術士與醫師身分的人將火焰生物稱為「火蜥蜴」。在帕拉塞爾蘇斯關於靈界生物的論著中,他提供關於火屬性生物的相關解釋,認為它們就如火焰般,身形修長且纖細,經常穿梭跑跳於彼此之間。這些生物很少出現在人類面前,然而,一旦它們出現,通常都是即將發生災難的徵兆。火蜥蜴的怪異後代——鬼火——會在水上滑行,並且擁有許多型態。[1]

　　根據帕拉塞爾蘇斯的描述,風屬性生物具有風和雲般的動態與難以捉摸的特質。他通常將其稱為「西爾芙」(sylphs),但有時候也會叫它們「森林之民」或是「風精靈」(sylvestres),因為它們主要就是由空氣所構成。帕拉塞爾蘇斯對於風屬性生物的想法可能源自於「綠人」(Green Men)插畫,這是中世紀手稿頁緣常見的圖像。他認為西爾芙就跟森林中的野人一樣,身材魁梧強壯,

威廉·布雷克,《碧翠斯向但丁致辭》(*Beatrice Addressing Dante*,1827 年)。這幅插畫描繪但丁《神曲・天堂篇》中第 29 首詩。在圖中,一頭獅鷲正拉著碧翠斯的勝利戰車,周圍還有寓言中的人物。其身邊裊裊升起的盤旋紅藍色調似乎象徵著火焰,而煙霧般的雲團圍繞在這些人物身邊。

以植物為食。[2]

然而,現在「西爾芙」一詞所帶來的形象恰好跟帕拉塞爾蘇斯所預想的完全相反;這個名稱常常用來代指纖瘦的女孩,同時也可以用來指涉歐洲民間故事中的精靈以及人們從雲朵中所「看到」的人物形象。然而,帕拉塞爾蘇斯筆下的火與風元素精靈仍算是「幻想」出來的生物,它們位於一種存在與非存在、物質實體與虛無空洞之間的特殊本體論地帶。

最後,如果將博學的鍊金術士語言轉換成日常用語,我們可以發現「風屬性生物」通常代指鳥類,有時候也可以代表蝴蝶或是蜜蜂這類的昆蟲;如果有人使用「火屬性生物」一詞,大多是代表超自然的存在。

太陽

在十九世紀初期到中期,英國民俗學家馬克斯・穆勒(Max Müller)提出一種宏大的理論,認為所有神話故事都源自於對於天體事件的觀察,發生在一個稱為「神話創造」的遠古時期,而當時人類都還沒分化成不同的民族。眾神的名稱最初都是代指天空中的現象和物體,像是雲朵、星星以及風暴等。後來,人類語言變得更加直截了當、不富詩意,文法也將簡單的觀察記錄變成錯綜複雜的神話故事:

> 像是巴德爾(Baldr)、西格德(Sigurd)或阿基里斯(Achilles)等意氣風發的英雄,在青春鼎盛時就英年早逝,這樣的故事不斷地頻繁轉述、結合

地方色彩,並且賦予個人風格。而這最初其實是受到太陽的啟發,在充滿青春活動的巔峰時期逝去,不論是太陽在一日結束之際,被黑暗勢力征服;或者是在陽光明媚的季節結束時,被冬天的荊棘刺傷。[3]

換言之,最初的天體變化紀錄曾經都是非常簡單的描述,但後來因為文法的演變,導致人們必須要根據時間、地點、動機等要素組織相關的事件,扭曲原始的描述方式,進而產生神話。穆勒認為,語言發展所造成的混亂還同時造就出奇幻生物的故事,像是蛇髮女妖和奇美拉等。

現在看來,這個理論不僅不合時宜,還充斥著維多利亞時期的色彩。首先,這是一個非常大膽的學術假設,穆勒僅用稀少的證據,就想把結論外推到其他所有事件當中,反映出當時自認為永不衰退的帝國自信。同時,穆勒理論當中的學究派迂腐氣息也十分符合維多利亞的精神;他這種大膽的想法只有受到詞源學的細節支持而已。另外,這個理論還融合維多利亞人看待遠古時期以及異族人民的輕蔑與懷舊。最後,穆勒還將海希奧德等作者的故事改編,以符合維多利亞時期的情感,將其極端暴力和放縱的性慾轉變成日常生活事件的寓言,像是黎明的到來。穆勒和其支持者試圖用氣象或是天文來詮釋全球各地的神話故事,如今看來更像是詩意的想像,而非科學的方式。現在,穆勒對於神話創造時期所提出的宏觀想法已經不太像是一種理論,反而更像是一種神話。在某種程度上,該理論有點像是亞伯拉罕宗教中的伊甸園,而穆勒對於神話創造的假設就描述一種從恩典中墜落的過程。

然而,穆勒作為比較神話學的鼻祖,同時還翻譯世人至今仍廣泛閱讀的梵文文學,這些貢獻讓穆勒名留青史。穆勒的熱情和魯莽,導致他過度誇大太陽與其他天體在神話中的重要性;雖說如此,穆勒仍是最早發現此一現象的人,他的確值得受到肯定。當然,並不是所有的神話和傳說都可以追溯到天體的現象,但確實有部分內容可以找到這樣的代指。

我們或許太過習慣將太陽簡化成一顆黃色的圓球,有時甚至會在上面畫一個笑臉,但人類對於太陽的感知遠遠不止於此。在晴朗的夏日,當太陽高掛天際,我們無法用肉眼直視太陽,特別是在熱帶地區,這麼做可能會灼傷眼睛。我們都是間接觀察太陽,通常是透過河流、池塘或是湖泊的反射看到太陽。陽光在雲層之間反射,會產生璀璨的色彩,炫目繽紛;尤其是空氣特別潮濕的時候,這些折射就會形成彩虹。冬日的艷陽看起來像是純粹的白;秋日的太陽則更顯橘黃;在日食期間,太陽又會變成黑色。古埃及人將太陽想像成神祇拉(Ra)的船隻,在天空中穿梭航行;古希臘人或羅馬人則認為太陽是阿波羅的戰車。然而,不論是什麼樣的形象,晚霞與彩虹的壯麗輝煌都會讓人不禁聯想到五彩斑斕的鳥羽。

有許多的鳥類都可以象徵太陽,特別是在北半球的文化中更是如此。例如,埃及的不死鳥、美索不達米亞的安祖鳥(Anzu)、

中亞的獅鷲、俄羅斯的火鳥、波斯的胡馬（huma）、猶太的米爾哈姆（Milcham）、土耳其的克爾克斯（kerkes）、阿拉伯的洛克鳥（roc）、近東的西姆魯格（simurg）、中國的鳳凰以及日本的鳳凰鳥（ho-o），這只是其中一部分的例子而已。此外，在過去幾百年間，還有許多旅行者聲稱看到「天堂鳥」，主要出現在亞洲的森林中。這些生物往往具有龐大的身軀、強大的力氣，身上還有炫彩流動的羽毛，這讓民俗學家感到既著迷又困惑。

這些神鳥的故事可能大都是獨立發展而成，在故事重述過程中偶爾會借鑑彼此的元素。我們無法詳細追蹤這些鳥類在神話傳說中的演變，但是舊世界的主要故事可以直觀分類成兩大類：不死鳥與獅鷲。這兩者都是太陽的化身，但是分別代表太陽的不同面向。不死鳥擁有飄逸的羽毛、絢麗的色彩以及生氣蓬勃的飛行姿態，代表著黎明與傍晚的太陽。獅鷲擁有強大的力量、原始的簡約以及雄偉的站立姿態，象徵正午的太陽。

不死鳥

不死鳥就是古希臘版本的貝努鳥（Bennu）（譯按：貝努鳥是古埃及神話當中的神鳥，人們普遍認為貝努鳥就是鳳凰／不死鳥的原型），與神殿位於赫利奧波利斯（Heliopolis）的埃及太陽神拉息息相關。貝努鳥在埃及聖書體文字中，通常是描繪成蒼鷺的形象，有時候會棲身在金字塔頂端休息，象徵著其乘載永恆生命的角色。埃及的《亡者之書》（Book of the Dead）是一部約在西元前二千年中葉編寫的指南，目的在於引導亡靈穿越冥界；其中一個版本的《亡者之書》將貝努鳥描述為：「記載著現存事物與未來事物的卷軸之守護者」。[4]

在希臘文學中，那些曾經提及不死鳥的早期文本可以回溯到海希奧德的作品；但是，最早詳細描述不死鳥，並且在西方文化中確立其重要性的文本則是出自西元前五世紀的歷史學家希羅多德（Herodotus）的記載。他將不死鳥描述成擁有金紅色羽毛的形象，外型酷似老鷹，平常棲身於阿拉伯地區，壽命至少可達五百歲。希羅多德對於不死鳥的描述聽起來有點混亂；他雖然平常是個十分容易輕信他人說法的人，但是這些敘述方式就連他自己也很難接受。根據他的說法，每隔五百年，當年邁的不死鳥仙逝後，不死鳥的後代就會出現，並且製作一個巨大的沒藥球（譯按：沒藥，音同「墨藥」，一種橄欖科灌木或喬木滲出的油膠樹脂，現作為藥材使用。），將老不死鳥的屍身置入其中。接著，再將大沒藥球帶到埃及，存放於太陽神的神廟當中。[5]

新的不死鳥會從球中孵化出來嗎？幾乎所有希羅多德作品的讀者都是這樣認為，但作者其實從來沒有提過這一點。另外，如果某一不死鳥將自己的逝世的父親放在沒藥球中，那它是否也有母親呢？又或是不死鳥從來不會繁殖，因為不死鳥永遠不死？如果是這樣，等這隻不死鳥過了五百年後逝世時，會發生什麼事？這隻不死鳥也會有後代把它的屍身帶到赫利奧波利斯的太陽神廟存放

嗎？假設真是如此，為什麼在五百年間，人們只曾在那裡看到過一次不死鳥呢？而不是兩次、三次以上呢？

然而，很有可能這位傑出的歷史學家所造成的混淆正是打造不死鳥神話的關鍵，因為他這麼做，逼迫後來的作家必須要填補故事的漏洞，並且簡化內容。希羅多德所描述的沒藥蛋暗指毛毛蟲編織的繭，最後，蝴蝶就會破繭而出——這可能是最古老，也最為普遍的重生象徵。在接下來的故事記載中，這個隱含的重生主題也變得越來越明顯。對於希羅多德不死鳥故事的後續接班作者來說，不死鳥就只有一隻，而它同時扮演父親、兒子以及母親的角色。在不死鳥漫長生命的終點，它並不會下蛋，而是形成一堆灰燼；它便在烈火中焚身，並於死灰中重生。

不死鳥越來越頻繁出現在古羅馬與古希臘晚期作者的作品當中，並逐漸變得獨具一格、充滿寓意。作為重生的象徵，不同版本的不死鳥融入猶太教、基督教以及伊斯蘭教的文化當中。米爾哈姆（Milcham），又稱為猶太的不死鳥，是唯一遵守上帝命令的動物，並且拒絕食用生命之樹的果實；因此，上帝賦予米爾哈姆永生作為獎勵。西姆魯格（simurg），又可說是阿拉伯的不死鳥，壽命大約是兩千年，並在知識之樹上平靜地築巢安居。土耳其不死鳥克爾克斯（kerkes）的壽命大約是一千年，壽命將盡之際會用火焚燒自己，並重獲新生；它會一直不斷重複這個過程，直到永遠。克爾克斯每一次重生，都會讓《古蘭經》裡記載的智慧之樹阿巴貝爾（Ababel）長出新的葉子和枝條。俄羅斯版本的不死鳥稱為火鳥，負責守護永生的金蘋果。中國的不死鳥鳳凰從太陽中誕生，不以食物為糧，而是藉由吸收太陽光芒補充能量。日本的不死鳥又稱為鳳凰鳥，它只會在新時代來臨時出現。對於鍊金術士而言，不死鳥對應到太陽，象徵著硫磺元素，這是用來製作火藥的主要原料。西方的不死鳥是基督的象徵，因為這兩者都是從死亡中重生。十三世紀末的動物寓言集曾經這樣描述聖保羅（St Paul）：「他就像是真正的不死鳥，一樣進入自己的化身之處，以其殉道的芬香充盈其間。」[6]

在華萊士・史蒂文斯（Wallace Stevens）的詩作《純粹的存在》（Of Mere Being）中，一隻鳥在一棵棕櫚樹上唱歌，而那棵樹生長於一個幾乎超越所有思維所及的遙遠之地。詩人如此總結：

> 風在樹枝間慢慢吹動；火焰般的鳥羽垂懸而下。[7]

這隻鳥擁有鮮豔的羽毛，顯然就是不死鳥。但是，不死鳥的靈性之高，甚至已經拋棄自身原有的名字了。

獅鷲

不死鳥跟獅鷲有非常多不同的型態，所以我們沒有辦法從解剖學的角度區分出這兩種生物。但是，如果給我們看一幅描繪神話鳥類的圖片，我們通常可以輕易地以直覺判斷這是不死鳥還是獅鷲。基本上，不死鳥通常

葛飾北齋（Katsushika Hokusai）繪製的《不死鳥》（*Phoenix*，1844年）。日本不死鳥，也稱作「鳳凰鳥」（ho-o），與中國的鳳凰一樣，是由多種動物的特徵組合而成，包含鳥、蛇、長頸鹿、鹿、龜以及魚。鳳凰鳥不常現身，它的出現通常代表新紀元的來臨。

凱特・尼爾森（Kate Nielson）1913 年為格林童話《杜松樹》（*The Juniper Tree*）所繪的插畫。故事中，主角的妹妹經過各種儀式，妥當處理好主角的遺骨；此時，一個小男孩在杜松樹裡頭的一團火焰中重生，並化作一隻外型十分像不死鳥的鳥類。

出自十二世紀晚期一本動物寓言集的獅鷲插圖，描述提及獅鷲生活在遙遠北方的極寒山脈（Hyperborean Mountains），很有可能是指現今的蘇格蘭或愛爾蘭，並且強調該動物兇悍無匹的本性，聲稱它們能夠輕易地撕碎人類和馬匹。

是展翅飛翔的形象，身體呈現優美的曲線，身後拖著長長的奢華尾羽。相比之下，獅鷲大多是靜止不動的形象，最多就是以莊重步態行走的樣子；有時候，畫中也會呈現獅鷲飛行的樣子，但強調的是其飛翔的力量，而非優雅。

基本上，獅鷲是獅子跟老鷹的結合，兩者皆為太陽的象徵。獅子因其力量、近乎金黃的毛色，以及臉上鬃毛如太陽光芒般向外發散，而與太陽聯繫在一起。老鷹則是因為龐大的體型、炯炯有神的目光以及飛行的力量，進而代表太陽。太陽統治著天體，如同獅子擁有「萬獸之王」的稱號，而老鷹則稱為「鳥中之王」。獅鷲通常被描繪為擁有老鷹的翅膀、頭部以及前爪，並具有獅子的身軀以及後腿，但獅鷲的呈現方式還是有許多種不同的變化。有時候，獅鷲的臉上會環繞著一圈光環，綻放光芒，猶如太陽的光束。

獅鷲是所有幻想動物中最古老的一種；而且，在埃及與近東各地早已有這類生物的各種描繪。其中，最早的起源可能來自蘇美文明的伊姆杜吉德（Imdugud），該生物在亞述－巴比倫的文化中被稱為安祖（Anzu）。這種生物是一頭長有尾巴羽毛與巨大翅膀的獅子，在振翅飛翔時能掀起狂風。它曾經從眾神手中盜取命運碑（Tablets of Destiny），但最終還是被神祇尼努爾塔（Ninurta）所擊敗。就跟後來的獅鷲一樣，伊姆杜吉德的形象大多用在視覺裝飾，而非敘事描述，並成為許多古建築的裝飾元素。

我們所熟知的獅鷲形象大多出自古希臘。希羅多德曾說過獅鷲在極北之地守護黃金的故事，在那個地方，額頭中央長有一隻眼睛的民族——阿里馬斯匹人（Arimaspians），

第九章 火屬性、風屬性生物

總是想方設法，想要竊取獅鷲的黃金。[8]這些故事通常將獅鷲的位置設定在戈壁沙漠（Gobi Desert），一個的確藏有黃金的地方，同時也可能蘊含啟發這些神話想法的恐龍化石。同樣也代表太陽的斯芬克斯（sphinx）源於埃及，其希臘版本的形象神似獅鷲，擁有老鷹的翅膀、獅子的身軀，以及女人的臉孔。

在中世紀盛期，關於亞歷山大大帝的傳奇故事廣為流傳，當中提及這位希臘征服者曾捕捉兩隻巨大的白鳥，將它們套上軛後，用鏈子固定在牛皮製成的籃子上，自己則坐在籃子內，隨著鳥兒飛翔升空，一路飛往天堂。這時候，一位天使出現，警告他說：「噢，亞歷山大，你還沒有征服整個世界，就想要來探索天堂了嗎？盡快回到地面去吧，否則你會成為這些大鳥的獵物。」這個故事並未明確指出天使口中所說的大鳥為何，但是許多當時的畫家都直接以獅鷲來呈現。[9]

黃銅水罐（Aquamanile）（譯按：在中世紀時期，這是彌撒時洗手用的水盆），紐倫堡製，約 1400 年。圖中的獅鷲顯得格外寧靜、莊重且威嚴，正符合獅鷲在紋章學中的崇高地位。

195

IMAGINARY ANIMALS

獅鷲在西方的紋章藝術中，是王室和貴族的常見象徵，形象豐富多變，種類數不勝數。鷹馬（hippogriff）是獅鷲的一種變形，常常出現在義大利文藝復興時期的圖像中，該生物除了後肢是馬腿而非獅子之外，其餘特徵皆與傳統獅鷲相似。據說鷹馬是獅鷲與母馬交配後產下的後代，象徵同時具有人性與神性的基督。在英國的紋章學中，獅鷲通常以歐皮尼庫斯（opinicus）的形態出現，擁有老鷹的頭部、獅子的身體以及駱駝的尾巴，有時候有翅膀，有時則無。在但丁神曲《天堂篇》當中的第 29 首詩描述，一隻獅鷲出現在煉獄山巔（Mountain of Purgatory）的隊伍中，象徵教會的勝利，牽引著戰車前進。

從十九世紀末到現在，紋章學的式微賦予獅鷲一股全新的生命力，從原先所處的象徵主義領域逐漸轉移，進入虛構文學的世界。在早期文本作品中，相較於其他傳說中的生物，獅鷲幾乎從不說話，因為它似乎與人類保有一段崇高的距離。獅鷲的象徵性極為強大，或許除了神秘預言之外，其他對於該生物的相關描述或語言都顯得黯然失色。然而，它那股高高在上的意涵後來逐漸退去，變得更加接地氣。在路易斯·卡羅爾（Lewis Carroll）的《愛麗絲夢遊仙境》中，獅鷲的角色最初顯得有些粗野，但最後顯露出其親切的一面，與假海龜（Mock Turtle）一同歡快地舞動。[10]

漢斯·布格邁爾（Hans Burgkmair）在十六世紀初期所繪製的獅鷲。它或許是所有奇幻生物中最受紋章學傳統喜愛，並且高度藝術化的一種生物。

由「宅書大師」（Master of the Hausbuch）*繪製的獅鷲，德國，十五世紀晚期。作為與國王相關的生物，獅鷲通常描繪成步伐莊嚴，流露出一種平和而尊貴的氣度。

＊編按：活躍於 1480-1500 年間德國南部的傳奇藝術家，創作了多幅木刻版畫。

洛克鳥

許多曾經前往中亞的旅行者都曾描述過一種巨鳥——洛克鳥（Roc）；在民間傳說

約翰・鄧肯（John Duncan），《赫普圖告別奧布城》（*Heptu Bidding Farewell to the City of Obb*，1909 年）。該藝術家是遵循前拉斐爾派（Pre-Raphaelites）傳統的蘇格蘭畫家。這幅畫作可能是基於全然的幻想，並未描繪任何特定的故事。赫普圖的坐騎是一隻獅鷲，但並未嚴格遵循任何紋章學的模型。

IMAGINARY ANIMALS

中，這種鳥可能跟獅鷲有關，會從高空向下俯衝，用爪子抓住大象後飛走。摩洛哥的旅行家伊本・白圖泰（Ibn Battuta，1304－約1377年）在十四世紀中期廣泛地遊覽亞非地區，遊歷經驗十分豐富。他曾經記錄一次驚魂經歷，當時一座未曾標示在任何地圖上的山脈突然出現在大海中，強風似乎要讓他的船直接撞向山脈。正當船員們都覺得自己性命不保的時候，風勢突然平息。到了第二天清晨，當時的那座山突然飛向天空，人們才看出原來這是一隻洛克鳥。撞見這一幕，船上的人開始互相道別，以為人生走到了盡頭；但這時風向突然轉變，將他們的船隻吹到其他地方，幸運地未被洛克鳥發覺。[11]

愛德華・朱利葉・德特摩德（Edward Julius Detmold）為《天方夜譚》畫的插圖，1924年。這幅畫中的洛克鳥外型結合鷹、隼和貓頭鷹的特徵。根據十三世紀晚期的阿卡茲維尼（A-Qazwini）所著的百科全書記載，洛克鳥可以輕易地捕捉大象，「就像鳶捕捉老鼠一樣」。

威廉・哈維（William Harvey）的《洛克鳥抓走大象》（The Roc Bird Carrying off Elephants），為愛德華・威廉・蘭恩（Edward William Lane）於1834年翻譯的《天方夜譚》插圖。畫中的洛克鳥被描繪為具有細長且流暢的羽毛，可能受到鳳凰的圖像所影響。

在《天方夜譚》（The Arabian Nights' Entertainments）的故事中，經常提到以大象為食的洛克鳥。航海家辛巴達（Sinbad）在中國南海航行時，發現了一座島嶼，島上有一個璀璨如珠的白色圓頂。他的船員破開圓頂，發現一隻洛克鳥的幼崽，並將其殺死當食物吃掉。他們還盡可能地帶走所有的肉，運回船上。結果兩隻巨大的洛克鳥帶著巨石追來，其中一隻洛克鳥將巨石投入水中造成滔天巨浪，另一隻則將巨石砸向船舵，導致

亞瑟·拉克漢（Arthur Rackham）為《亞瑟·拉克漢童話書》（*The Arthur Rackham Fairy Book*，1933 年）中的故事《阿拉丁》繪製的插畫。在這幅畫中，作者不僅賦予可怕的精靈鳥類的翅膀，某種程度上還給它鳥類的姿態，可能是因為該精靈與洛克鳥有所關聯。

所有人落海。辛巴達抓住一塊木頭漂流至另一座島嶼，勉強活了下來，進而展開一段新的冒險。[12]

在《阿拉丁》的故事中，英雄阿拉丁贏得美麗公主巴德魯爾巴杜（Badroulbadour）的芳心，並在一位無比強大的精靈（jinn），或稱為魔神（genie）的幫助下，為她建造一座富麗堂皇的宮殿；這位精靈是阿拉丁透過摩擦神燈召喚出來的。有一天，公主拜託阿拉丁給她一顆洛克鳥的蛋，想懸掛在宮殿大廳的圓頂中央。阿拉丁認為這不過是小事一樁，於是便摩擦神燈，要求精靈代勞。不料，

> 精靈聽完這個請求後發出可怕的吼叫，整個房間都在震動，阿拉丁也被震得搖晃了一下，差點從樓梯上跌下去。「你這個可悲的卑鄙小人！」精靈用一種連最勇敢的人聽到都會害怕地顫抖的聲音怒斥道。「難道我和我的同伴為你做的一切還不夠嗎？你竟然不知感恩，還要求我去抓我的主人，並把它掛在這圓頂中央？」

精靈並沒有報復阿拉丁，因為它知道這個建議並不是出自阿拉丁或是公主，而是一名邪惡魔法師的陰謀；但精靈還是離開了，且再也沒有回來。[13] 阿拉丁殺死偽裝成聖女的魔法師，與公主繼續過著幸福的生活，只是魔法的元素從此消失殆盡。這使得洛克鳥成為這部充滿神祕感的作品中最大的一個謎團。

雷鳥

這些傳說中的巨鳥之間有著足夠的相似性，暗示著它們可能都出自同一種遠古神話。儘管這還只是猜測，不過這些鳥類與雷鳥（Thunderbird）之間可能存在著某種遙遠的民間傳說連結。雷鳥曾出現在大平原地區多數美洲原住民的神話記載中。1675年，雅克·馬凱特（Jacques Marquette）在美國伊利諾伊州密西西比河畔的一塊巨石上發現一幅巨大的畫作，描繪了一種雷鳥的變體。當地原住民向他描述了這個生物：

> 體型如小牛般巨大，頭上長著像是鹿一樣的角，全身帶著可怕的氣息，眼睛紅彤彤的，有著跟老虎一樣的鬍鬚，臉部有些像人，身體覆蓋著鱗片，尾巴非常長，環繞整個身體，穿過頭頂並延伸鑽進雙腿之間。[14]

一隻有著鹿角的怪物巨鳥，圖片出自美國伊利諾伊州皮薩河（Pisa River）附近的史前岩畫。這隻原始的雷鳥與美洲原住民向探險家雅克·馬凱特所描述的那隻鳥類生物驚人地相似。

第九章 火屬性、風屬性生物

雷鳥，由凱恩·凱拉威（Caren Caraway）根據阿伯特灣（Albert Bay）夸基烏特爾族（Kwakiutl）儀式布簾上的圖像所繪製，出自民俗學家阿瑟·沙尼斯（Arthur Shaughnessy）的記錄，1920年代。雷鳥的描繪在各個部落之間有著極大的變化，但不變的是，它一直是風暴的化身。

傳說中的雷鳥擁有舉起鯨魚的能力，與阿拉伯的洛克鳥抓起大象的方式非常相似。雷鳥能夠拍大翅膀掀起暴風，眨眨眼睛就可以產生閃電；它的爪子常抓著蛇，一旦放開爪子，這些蛇就會變成閃電叉刺向大地。

雷鳥的鹿角以及纏繞著鱗片的身軀讓人聯想到中國的龍，龍跟風暴也同樣有著密不可分的聯繫。然而，在舊世界中，與雷鳥最為接近的對應物應該是宙斯的老鷹，它可能是早期的雷神型態。這隻老鷹有時會出現在羅馬的硬幣上，手持閃電，就跟它在北美洲的遠親一樣，都跟風暴息息相關。

日本鬼

日本是全球最容易受到地震、颶風以及海嘯等自然災害影響的地方之一，然而，從木刻版畫到俳句等多種藝術形式當中，日本對於自然的觀點絕大部分卻與靜謐平淡的田園

十九世紀的鷹人（Eagle Man）木刻版畫，祖尼族（Zuni）的戰神。許多美洲的原住民部落都有鷹人這一形象，它可能是怪物，也可能是神祇。

201

生活有關。這種看似矛盾的情況主要是因為日本人認為，這些自然悲劇都是超自然力量的作用，而非純粹的自然現象。日本的民間傳說當中也充滿魔鬼、食人魔、小妖精以及其他各種精靈，正如某位神話學者所言，日本關於這些超自然生物的「範圍、種類以及其特性」都到達「無人能及」的地步。[15]

在所有靈體中，最讓人聞風喪膽的恐怕就是鬼（oni），它們大致上呈現人形，但通常頭上都會突出長角，還有血盆大嘴與尖銳獠牙。其膚色各異，但以黑色、紅色、藍色與黃色最為常見。有些鬼的額頭中央還長有第三隻眼睛。它們身穿以虎皮製成的纏腰帶，身體扭曲且粗糙。鬼大多生活在偏僻的山區，這些地方對人類來說幾乎無法居住；但據說，鬼會進到城市，並且綁架人類，特別是年輕女子，之後再折磨並生吞活剝受害人。隨著時代變遷，鬼的角色也有所轉變，現代日本的生活變得更加繁榮與安全，人們有時候會同情鬼，並認為它們就是高度同質化社會中的疏離象徵。然而，學者認為鬼的起源就是最具破壞性的元素化身，特別是閃電或是雷電等。[16]

鬼和電閃雷鳴等現象的連結在於它們的速度，鬼會快速地出現、消失或是改變型態，就像閃電一樣。其中一位著名的打鬼剋星是武士渡邊綱（Watanabe no Tsuna，953-1025年）。在一則傳統故事中，渡邊綱在京都附近的一座橋上遇到一名聲稱迷路的女子，並請求護送她回家。渡邊綱答應後便幫助該名

河鍋曉齋（Kawanabe Kyōsai），怪物系列，1870年代或1880年代。河鍋曉齋或許可被稱為「日本的耶羅尼米斯·波希」。他是一位政治上的反動者，利用幻想題材諷刺當代日本社會日益增長的制度和官僚現象。

葛飾北齋的《皿屋敷》（*Sarayshiki*，1830 年）。這是侍女阿菊（Okiku）的鬼魂，根據傳說，她因拒絕主人的性騷擾而遭到殺害，屍體還被丟入井中。在十九世紀，日本文化中主要充斥著恐怖的鬼魂、靈體和惡魔，但人們普遍認為阿菊是善良的鬼魂。

IMAGINARY ANIMALS

河鍋曉斎的《鬼魂》（Ghosts，1881 年）的局部。河鍋曉斎的奇幻插畫持續影響著圖畫小說和卡通。在這張圖片中，中央的紅色生物似乎正在用它那個巨大的眼睛凝視著我們。

女子坐上自己的馬匹，此時，她突然恢復真身——名叫茨木（Ibaraki）的女鬼。茨木抓住渡邊頭上的髮髻並帶著他飛向空中，想要把這位英雄帶至遙遠的山嶺。渡邊迅速抽出身上佩劍，一劍斬下茨木的一條手臂。茨木發出一聲慘叫後飛逃而走，斷臂成為渡邊的戰利品。後來，渡邊的養母前來拜訪，要求看看那隻斬下來的手臂。他同意了，帶著養母來到存放手臂的盒子旁。突然間，老婦人變回只有一隻手臂的茨木；茨木不願再次與渡邊交鋒，她抓起自己的斷臂後立刻飛走，逃之夭夭。[17]

火蜥蜴

　　火焰有許多面向，因此古希臘人有好幾位跟火有關的神祇，包括鍛造之神赫菲斯托斯（Hephaestus）；將火帶給人類的神祇普羅米修斯（Prometheus）；壁爐女神赫斯提亞（Hestia）；太陽神海利歐斯（Helios）以及

第九章 火屬性、風屬性生物

柴田是真（Shibata Zeshin）作品《茨木鬼》（The Demon Ibaraki，約1890年）。女鬼茨木曾化身成養母的模樣，欺騙在戰鬥中斬下她手臂的武士渡邊綱，要求看一眼斷臂。這幅筆墨素描呈現茨木搶回自己的斷臂，並準備逃走的瞬間。

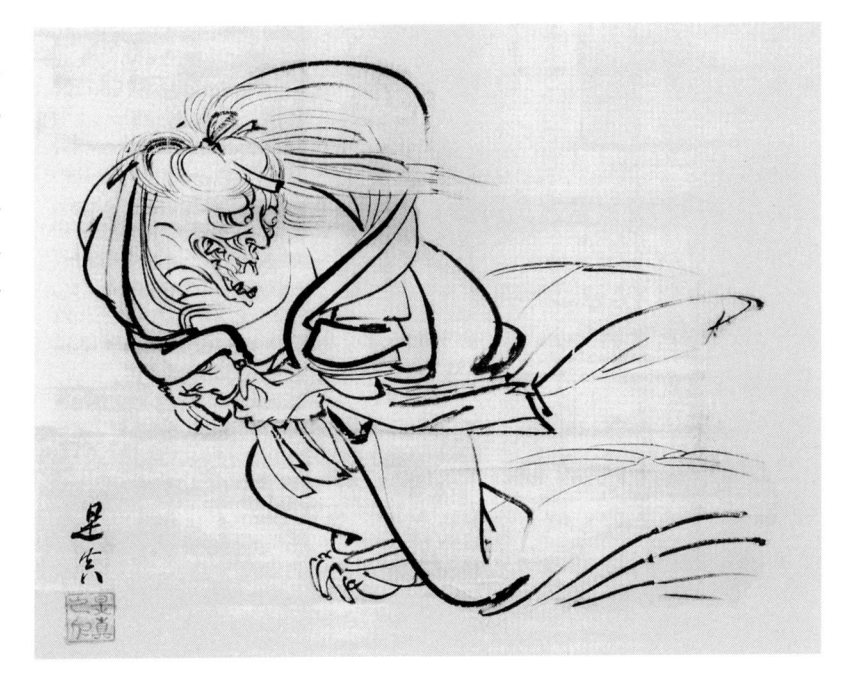

阿波羅，另外還有無數的火焰魔靈。

　古希臘的傳說認為，宙斯擊敗怪物泰豐之後，便將其囚禁於埃特納山之下，而那山頂所噴發的熊熊火焰就是怪物的氣息。西方文化中對於噴火龍的想像有一部分可能是出自於對火山的觀察；而另一部分的影響無疑來自爬行動物的形象，它們紅色的分叉舌頭，不斷地在口中閃動，就像是火焰一樣。

　一些龍的傳說可能也受到歐洲的火蜥蜴（蠑螈）所啟發，這種生物擁有黑色的身體，身上不規則的黃色條紋令人聯想到火焰。它們會在枯木中冬眠，所以常常醒來的時候會發現自己在壁爐裡（譯按：因為人們會拿這些枯木當作木柴，用以點燃家中的柴火壁爐）。火蜥蜴眼睛後方的腺體會分泌出一種乳白色液體，有時能夠用來保護火蜥蜴安全無恙地穿過火焰。這些特性都讓火蜥蜴成為龍的典型形象。雖然西方與東亞的龍在許多面向上都大不相同，但這兩者卻都跟火焰息息相關。例如，曾打敗貝奧武夫的西方龍就會噴火；中國的龍也會吞雲吐霧，其中可能包含形如閃電的火焰，其四肢也常有火焰環繞著。

　第一章提到的英國牧師愛德華・托普塞爾就跟其他的文藝復興作家一樣，都把相對現代的分類方法應用到中世紀的傳說生物上。他表示：

　　有些龍有翅膀但沒有腳；還有些龍有腳卻沒有翅膀；甚至有些龍什麼都沒

有，但它們頭上長有鬃毛，腮下長有髯鬚，所以看起來就跟一般的蛇類不同。[18]

他對大部分的龍都提出非常詳細的描述，但出乎意料的是，他對於火龍（fire drake）的解剖結構並未提供任何說明。這是一種盎格魯—撒克遜（Anglo-Saxon）的民間傳說生物，據說它平常都居住在山洞之中，並且用像是蝙蝠的翅膀飛行。托普塞爾僅指出，這種龍從遠處看就像是流星一樣，其呼吸就似一道噴射火焰[19]；換句話說，火龍其實就是彗星的化身。也許，托普塞爾跟當時的占星家與鍊金術士一樣，認為行星與其他天體都是有生命的。

在飛機或是太空航行出現之前，人們只能透過抬頭仰望來認識天空，而天空中的鳥類看起來不過是一道剪影，很難判斷其相對的大小，距離更是難以估計。光線反射在雲層上，經過潮濕空氣的折射，很容易產生出不死鳥尾羽或是龍鱗的幻影。但是人們真的相信這些生物的存在嗎？我認為人們體驗這些奇幻生物方式已經超乎信仰與懷疑的界線；簡單地說，人們已經不再過問他們眼前所見的景象是否「真實存在」。

加冕火蜥蜴的紋章，為法國國王法蘭索瓦一世（Francois I of France，在位時間為 1515-1547 年）的標誌。國王的座右銘為「滋養與熄滅」（Nutrisco et extinguo），象徵火焰的雙重特質，既能淨化也能摧毀。

火蜥蜴，出自《化學秘籍》（*Secretorum Chymicum*，1687年）。李奧納多·達文西在其筆記中寫道，火蜥蜴「沒有消化器官，僅從火焰中獲取食物，並從中不斷地更新自己身上的鱗片皮膚」。

山德羅·波提且利（Sandro Botticelli）的作品《維納斯的誕生》（*Birth of Venus*，約 1485 年）。這幅畫作描繪海希奧德所寫的故事內容：當天空之神烏拉諾斯被閹割後，其精液滴入海洋中，阿芙蘿黛蒂，或稱為維納斯（Venus）由此誕生。此一暴力情節在文藝復興時期的新柏拉圖主義（Neoplatonism）之下，得到精神層面的昇華。在畫中，西風之神澤菲羅斯（Zephrys）正吹送女神前往岸邊，一位仙女匆忙前來覆蓋她的赤身裸體，而在她腳下接觸之處，花朵綻放、生命萌發。

第十章
地屬性生物

我一直都覺得把地球想像成一種動物非常實用……
但到最近我還是想不到任何適合的特定動物,
總會聯想到一些體型巨大的生物,像是大象或是鯨魚。
然而,在意識到全球暖化的議題後,我開始覺得地球更像是一隻駱駝。
——英國環境科學家詹姆斯・洛夫洛克(James Lovelock),
《蓋亞的復仇》(The Revenge of Gaia)

海希奧德所著的創世神話,特別是在第八章的詳細記述,似乎跟當代的觀點不謀而合,他表示整個地球處於不斷地變化之中,隨著位移創造出山脈、出現地震並且產生大陸。相較於《聖經》中所說,上帝在一天之內就創造出整個世界,上述的記載方式更接近現代的科學知識。直到十八世紀後期,蘇格蘭地質學家詹姆斯・赫頓(James Hutton)的相關研究,讓地球的動態特性在現代世界中得到廣泛的認識。二十世紀的環境科學家詹姆斯・洛夫洛克受到海希奧德所寫的故事啟發,並提出所謂的「蓋亞假說」(Gaia hypothesis),認為地球就像是活生生的有機體一樣,能夠調節自身的溫度,而所有生命都是地球創造動態平衡中的一部分。[1]

地球是什麼?

英文中的「human」(人類)一詞來自於古法文,並且可以再往前回溯到拉丁文中的「humanus」,這個字跟拉丁文的「humus」一詞相關,是「大地」的意思。同時,該字也與「humble」(謙卑)這個字有關,其意思幾乎保留它在拉丁文中的原意,也就是說,我們來自土地,因此人類總會腐朽,這種特性恰好與不朽的神祇形成對比。另外,現在我們會覺得有點過時,但一樣可以用來稱呼人類的字就是「mortals」(凡人)。《聖經》的《創世記》以及其他的神話記載,包含包括黑腳族(Black foot)、約魯巴族(Yoruba)、達雅克族(Dyak)、古埃及人、中國人和波利尼西亞人的神話故事,都告訴我們人類和動物最初都是由土地或黏土製造而成。[2] 富含有機物質的黑土被視為「原初物質」(prima materia);根據鍊金術士所言,這種物質正是創造宇宙的關鍵,或許,這就是現今物理學家所假設的「冷暗物質」(cold dark matter)的隱喻基礎。

我們一直都在試圖清除自己身上的污垢,但它卻不斷地在我們的臉上或是手上積累。污垢來自腐爛的有機體,可能帶有輕微的腐爛植物、肉類或是糞便的臭味。「dirt」(灰

塵、污物）這個字可以用來形容惡意的流言蜚語，形容詞「dirty」通常用來代指腐敗。儘管如此，人們自古以來就意識到污垢或是「大地」就是生命的源泉。如同帕拉塞爾蘇斯所說：

> 隨著春天到來，接著是夏天，各種顏色紛紛綻放，人們很難想像這些繽紛曾經都存在於土地之中⋯⋯如同最高貴和最細膩的色彩都源自於黑暗而汙濁的土地，形形色色的生物也都從最初的無形汙泥中誕生。[3]

即便是在寒冬，森林或田野的表層土壤也都孕育豐富的生命，其中包含挖掘類哺乳動物，如土撥鼠、狐狸、鼴鼠和各種嚙齒類動物。同時，裡頭還有許多蠕蟲、蛇與蜈蚣等；另外，還有不同的昆蟲，特別像是甲蟲、螞蟻、蜘蛛以及其他節肢動物。許多物種都會在土壤中留下自己的蟲卵或是幼蟲，其外形與腐爛物質十分相似，不容易區分出來。對於古代的觀察者而言，這些生物看似都是由有機物腐爛分解後產生；若從更廣義的角度來看，事實的確如此。

「地底」（Cthonic）生物是那些與地球表面下領域有關的生物。這不僅包含各種「爬行」生物，還包括蝙蝠和其他棲息於洞穴中的生物。所有夜行性的動物、黑色動物或是食腐動物都可能看起來跟「地底」有關，例如烏鴉、蝙蝠、貓頭鷹等，都與黑暗密切相關，因此就會跟死亡或腐爛的屍體沾上邊。這些在屍體上鑽洞和啃食的奇異生物提供一種素材，成為陪伴在地獄中失落靈魂旁的惡魔形象之描繪靈感來源。但同時，充滿有機物的土壤滋養著莊稼，讓土地本身看似具有某種生命力。

蜘蛛女

宗教史學家米爾恰・伊利亞德（Mircea Eliade）發現一則普遍存在於世界各地的神話，其中描述一位英雄受到化身為動物形態的靈魂引導，踏上一次深入地底的薩滿式旅程，目的在於找尋治癒力量、秘密智慧，甚至是要將死者帶回人間等。伊利亞德在西方的傳統中，看到這類故事主角的不同變形版本，包含吉爾伽美什、奧德修斯（Odysseus）、奧菲斯（Orpheus）、埃涅阿斯（Aeneas）、基督以及但丁。[4] 然而，更貼切的例子是文化英雄蒂約（Tiyo），這類故事在霍皮族（Hopi）以及美國西南部的幾個其他部落中流傳著不同的版本。

故事描述，為了替乾枯的土地帶來雨水，蒂約沿著科羅拉多河（Colorado River）的一條小溪流走入地下，來到蜘蛛女（Spider Woman）的地下家園。蜘蛛女以人類型態迎接蒂約並與他成為朋友。後來，蜘蛛女變回小蜘蛛的型態，在蒂約的耳邊指點他方向，協助探索靈界。在蛇之國度，蒂約與蛇少女特瓊曼那（Tcuamana）締結連理。接著，蒂約帶著豐富的魔法知識回到自己原本的世界，這其中就包含祈雨儀式。蒂約跟族人分享如何祈雨，並且建立了蛇族與羚羊族。然而，蒂約與蛇女特瓊曼那的孩子咬了族中其

他成員，毒液導致受害者不幸身亡。這些族人紛紛搬離開，導致蒂約、特瓊曼那與他們的孩子只能回到地下世界。蒂約還是想要跟自己的族人團聚在一塊，所以就接受族人的請求，前去對付以怪物型態踩躪大地的死神瑪索烏胡（Masauwuh）。蒂約擊敗瑪索烏胡，並且與之和解，而瑪索烏胡後來也變成一位仁慈的年輕人型態。在這事件後，特瓊曼那與蒂約又生下更多子嗣，身上都不再帶有劇毒，而蛇族祭司直到今日都還繼續透過舞蹈，向這對夫婦致敬。[5]

蜘蛛女至今仍然是霍皮族和納瓦霍族（Navaho）在危機時刻，最先求助的神祇。相傳蜘蛛女曾教導部落中的女子使用天空座標製成的織布機來編織，並利用陽光、閃電、水晶和白色貝殼等材料當作織線。據說，她的住所是一座名為蜘蛛岩（Spider Rock）的砂岩獨石，位於亞利桑那州切利峽谷國家公園（Canyon de Chelly National Park）的納瓦霍保留地。蜘蛛女既神聖又富慈悲心和親和力，在某種程度上，她相當於基督教的聖母瑪利亞或佛教中的觀音。

我們該如何描繪蜘蛛女呢？在西方文化中，我們習慣把物種視為彼此互不相容的模樣，因此擁有雙重身分就象徵著一種複合型態。例如：半人馬上半身就是人類，下半身是馬。在希臘羅馬神話中，因編織手藝十分高超，讓女神米勒娃（Minerva）相形見絀，結果被變成蜘蛛的阿拉克涅（Arachne），通常都被描繪成有著人類臉龐與手臂的蜘蛛。然而，北美洲神話當中的蜘蛛女卻不是一種混合生物。相反地，她是完整的人類，也是完整的蜘蛛。美洲原住民單純以女人或蜘蛛的形象來描繪她，認為她的身分不論在哪一種型態中都可以充分展現。

「人類」是什麼？「動物」是什麼？「植物」又是什麼？在這些問題上，當代生物學家的科學定義並不能完全適用，因為該定義無法解釋這些區分方式在過去數千年來的文化重要性。這些物種間，最明顯的差異就是植物是直接與地球相連在一起（除了少數例外），或許這就有點像是嬰兒跟母親透過臍帶相連一樣。

至少從亞里斯多德的時代開始，在西方文化下的大多數人皆認為動物擁有某些初步的意識，而植物則沒有。然而，如果使用縮時攝影觀察植物的動作，我們會發現植物的行為就跟動物還有人類一樣，都具有目的性。植物會小心翼翼地探索新領域、與競爭者角力，並且刻意繞過障礙物以接觸陽光，其細膩程度並不亞於任何哺乳類動物。另外，如同英國生物學家大衛·艾登堡（David Attenborough）所言：

> 植物透過不同方式吸引動物幫忙傳播種子，包括賄賂、詐欺、自我犧牲以及直接強迫等方式。幾乎在世界的各個角落，你只需要走過茂密的矮樹叢，就會發現自己成為植物傳播的助手。你的褲子、裙子、襪子或上衣等，都很有可能攜帶著種子......[6]

菟絲子是一種類似牽牛花的雜草，能夠迅速感知周圍的番茄或其他可能寄生害蟲的植

弗雷德里克·雷頓（Frederic Leighton），《珀爾修斯與安德洛墨達》（*Perseus and Andromeda*，1891年）。雷頓受到前拉斐爾派的影響，將珀爾修斯和他的飛行馬佩加索斯（Pegasus）進行風格化處理，用以象徵太陽。用翅膀阻擋光線的龍則代表地球。畫中的女主角安德洛墨達正處於昏迷狀態，而英雄似乎是在將她從死亡邊緣帶回來。

物，並伸出莖蔓作為預防性的攻擊，以絞殺其他植物。相較於動物，植物對於刺激的反應速度極為緩慢，但最近的研究則認為這部分有待討論。舉例來說，如果有昆蟲在植物的葉子上產卵，其葉片或根莖就會馬上釋放毒液，甚至改變自身的化學結構。因此，許多人會跟家中植物對話的行為並不難理解。植物似乎是地球與動物之間，乃至生與死之間的調解者。有許多的傳說都曾描述，在人逝世後，他們的墳墓上會長出用以延續其生命的花朵、藤蔓或樹木。在古希臘羅馬時期，畢達哥拉斯學派（Pythagoreans）的人們並不會食用豆類，因為他們相信豆子內可能蘊含人類生命，這種想法可能是由於豆類外型與人類胚胎相似所致。

對於在原住民文化下成長的人來說，植物與動物之間的親密感可能更為顯著；但是對於接受西方文化薰陶的人而言，特別是在現代社會之中，這種親密感並不特別明顯。我覺得這可能沒辦法用抽象的哲學來解釋，其原因可能在於當代的生活節奏日益加快，工作排程也都十分繁複。因為生活的節奏不同，過去的人們更能夠察覺到植物生命當中極為緩慢的變化。特別是對於絕大多數以務農維生的人來說，這種觀察特別重要，因為他們要留心細微的變化，藉此判斷最佳的收割或是播種時機。

如果某種抽象設計不是使用直線和圓形等常規的幾何形狀，那麼該圖像的設計基礎通常就會是從世界各地的植物中發現的曲線圖案，例如葉子、根或是莖等的型態。這些設計經常出現在奇怪的角落或是我們眼睛會隨意亂看的空間，例如科林斯柱（Corinthian columns）的柱頭（譯按：科林斯柱源自於古希臘，是古典建築的一種柱式，其柱身有著葉形裝飾和捲軸的精緻柱頭）、希臘花瓶的邊緣、劍的握柄、美洲原住民的毯子、中國的瓷器以及中世紀手抄本的頁緣等。同時，類植物的曲線設計還會出現在浮雕中，在世界各地的房屋、宮殿以及宗教場所都可以看到。

這些圖案幾乎完全抽象，但其蜿蜒的線條經常形成怪誕的圖像。它們呈現出具節奏性的葉片圖案，從中浮現出動物和人類的形象。蛇、龍以及鳥的身體在錯綜複雜的結紋中交錯；人類與動物的頭部像莓果般從莖幹上生長出來；馬、猴子與海豚如同花朵般在枝條上綻放。[8] 如果透過心靈進行感知，且不受到嚴格的宗教或社會規範約束，動物和植物之間的界線其實並沒那麼明顯。

在伊斯蘭世界中，因宗教對於雕刻圖像的禁令限制了寫實藝術的發展，花卉圖案的設計也因此蓬勃並達到巔峰。對近東沙漠地區而言，曲折的藤蔓與圓滿的果實顯得格外奢華。曲折的線條構成植物和動物的圖案，同時還保有一定的抽象性，避免觸動宗教的敏感神經。有部分的東方傳說最初可能是受到花卉設計所啟發，其中提及從藤蔓或樹木冒出來的活生生頭顱，就像是果實一樣，而這些頭顱通常是人類，有時也可能是動物。這種對植物型態的迷戀很快地就向西擴散到中世紀的歐洲，同時也向東進入印度與中國文化當中。[9]

在民間傳說中，那些模糊動物和植物界

線的生物似乎是所有幻想動物中最為超凡脫俗的存在，人類很難將其分類。一則重要的傳說故事就是受到藤壺所啟發，這是一種小型的海洋生物，能夠附著在堅硬的表面上，像是船板、鯊魚的側腹或是軟體動物的硬殼上。接著，藤壺會在身體四周長出保護性的外殼，只有朝向外部的那面除外，並透過一個通常被稱為「足」的器官，將營養推入口中維生。現代生物學家將藤壺歸類為甲殼類動物，跟螃蟹或龍蝦屬於同一分類，但就外型而言，藤壺顯然不像是任何一種生物。

在中世紀，落入水中的樹幹或樹枝上附著的藤壺催生了關於「藤壺鵝」的傳說。人們認為木頭上的藤壺是樹的芽苞，等到這些新芽生長、成熟後，就會漸漸變成鳥類的形狀。根據傳說，這些芽苞最後會完全發展成鵝的形狀，只用自己的喙吊掛在樹枝上，之後才會掉到地上，並且在找到水源後，就會游走。簡而言之，它們就像桃子或櫻桃一樣，是從樹上長出來的鵝。這故事讓天主教徒將鵝歸類為魚類；因此，在週五的禁肉日中，鵝肉並不在此限制之下。女王伊莉莎白一世時期的花園總監約翰·杰勒德（John Gerard）是個精細的觀察家，他就在自己1597年出版的《大草藥書》（暫譯，Great Herball）中詳細記載藤壺鵝的故事。[10]

如果連鵝都可以從樹上長出來，那麼還有什麼不能呢？十四世紀的約翰·曼德維爾爵士（Sir John Mandeville），或是使用這個名稱作為筆名的其他作者表示，當塔塔爾人（Tartary）說看到樹上長出羊時，他並未感到懷疑。這對他來說並不是驚奇的事，因為他想到了藤壺鵝。有了樹木羊，曼德維爾爵士就可以回應那些宣稱擁有奇蹟的異教徒，並表示自己的國家也有同樣偉大的奇觀。[11]

會說話的樹

從文明開始之際，樹木就一直是人類的夥伴，同時也是競爭對手。樹木覆蓋的範圍越來越大，導致人們開始砍伐樹木，以建立自己的聚落，剛開始是臨時的居處，到後來就漸漸變成固定的住處，在樹林中成立家園。人們使用木材的程度也越來越高，將其當作是燃料或是用來做成各種工具。我們通常將森林視為原始狀態的象徵，這可能是因為在大多數地區，只要人們忽略某一土地，森林就會堅持不懈地在該地重生。

但是從某種角度來看，森林並不比沙漠、苔原或是草原更為原始。北半球的森林可能十分古老，但卻也不是自古就存在。事實上，森林的歷史與人類緊密相連。大約在一萬兩千年前，自從上一次的冰河時期結束後，森林和人類就開始大規模進行擴張。樹木遍布先前曾是苔原或是覆蓋在冰層之下的廣大地區。因此，狩獵變得更加困難，因為獵物變得不容易看見；而人類也漸漸開始發展農業，並且馴化動物。

在植物的領域中，人類一直都與樹木有著最親近的關係。樹木跟人類一樣挺直站立，雖然有些樹的壽命遠超過人類，但大部分通常跟人差不多，約介於六十到一百歲之間。樹木也與人類相似，表面上看起來至少支配著自身所處的領域，像是樹木就成為森林的

主宰一樣。樹木向上生長也象徵著一種超越的渴望，這一特點被許多人認為是人類最親密也最獨特的特質。火焰事實上，或是在象徵意義上，與樹木有著緊密的連結，並經常象徵著靈魂。早在史前時代，人們就藉由摩擦木頭來起火。火焰似乎一直都在木柴中等待著，就像是我們軀體內的靈魂。然而，火花就如同人類的渴望，也有可能突然失控，吞噬滋養自身的樹木。

從最早的古埃及與美索不達米亞文明開始，描繪結合樹木屬性與人類特徵的圖像就十分常見，這些圖像往往還會包含動物的角。有時候，人類的軀體或是一張臉、一隻手臂會從樹幹中生長出來。相反地，枝條和葉子也可能會從人類的身體中長出來。這些圖像通常與生育的神祇相關，而且一直深受歡迎。[12]

在《聖經》創世故事的第一個版本中，上帝用亞當的肋骨創造出夏娃。但在歐洲中世紀與文藝復興時期的畫家卻經常描繪亞當躺在地上的樣子，隨著上帝一個手勢，夏娃從亞當的身體，像是一棵樹一樣從地面生長出來。帕拉塞爾蘇斯曾寫道：「女人就像大地……她是從地上生長出來的樹，而孩子則是樹上誕生的果實。」[13]

許多的宗教傳統都有某種跨越宇宙的世界之樹概念。在北歐神話中，這種世界之樹就是尤克特拉希爾（Yggdrasil），而小松鼠拉塔托斯克（Ratatoskr）就在其枝葉之間穿梭，與諸神、矮人、巨人以及其他神聖生物分享各種八卦。在伊斯蘭的世界裡，有非常多的記載都與一棵承載太陽和月亮之樹的

約斯特・阿曼（Jost Amman）作品《知識之樹》（Tree of Knowledge），出自雅各布・魯夫（Jacob Rueff）的《人類的概念與生成》（*De conceptu et generatione hominis*，1587年）。圖中的樹木被賦予人類的特徵，骨骼是木材，葉子與蘋果則代表肉體，而蛇則象徵著靈魂。

傳說有關；在許多浪漫故事中，都曾提及亞歷山大在印度的邊界中發現一棵這種概念的樹。首先，太陽用希臘語向亞歷山大致敬，稱讚他是一位偉大的征服者；接著，月亮用印度語和他對話，預告他即將在巴比倫逝世。[14]這兩個天體大多都會描繪成莊嚴的樣貌，彷彿意識到就連最偉大的帝王也終將難逃命運之定。

波斯和阿拉伯的文學作品也多次提到位於偏遠島嶼上的瓦克瓦克樹（Waq Waq

IMAGINARY ANIMALS

米開朗基羅·布奧納洛蒂（Michelangelo Buonarotti）的《夏娃的創造》（*The Creation of Eve*，1510-1511年），作品位於梵蒂岡的西斯汀小堂（Sistine Chapel）。值得注意的是，夏娃的身形與亞當倚靠而睡的樹枝曲線互相呼應，夏娃似乎就是從亞當的側邊生長出來，幾乎就像是樹木本身。

Tree），其枝條上生長著許多活生生的頭顱，就跟果實一樣；在部分的故事版本中，這些是女性的頭顱，而在其他的版本則是大象和公羊等動物的頭顱。[15] 在《天方夜譚》中，這棵樹位於中國海域的瓦克七島之一，這些島嶼標誌著世界的盡頭，島上住滿精靈、水神以及魔鬼。樹上長出來的男女人頭會在每天的日出及日落呼喊「瓦克！瓦克！」以讚美上帝。[16]

可追溯至古羅馬時期，到中世紀盛期越來越廣為流傳的一種傳說，提到一種名為曼德拉草（mandragora）的植物，或稱為曼德拉克（mandrake），據說它擁有類似人類的靈魂。某些故事說這類植物只會出現在絞刑架下，因為它是由被處決的罪犯的精液、汗水以及血液所生成。曼德拉草通常被描繪成小

第十章 地屬性生物

奧古斯塔斯・克納普（J. Augustus Knapp），《尤克特拉希爾之樹》（The Tree Yggdrasil），二十世紀早期。在北歐神話中，宇宙中的所有部分都由這顆巨大的光蠟樹連結在一起。

男人或小女人的形象，其附枝形狀看起來像植物的根。據說該植物具有非常多藥用特性與魔法屬性；但是，如果從地底拔起，它就會發出可怕的尖叫聲，可能會使人癱瘓甚至是喪命。相傳要取得該植物的根，草藥學家必須在無月之夜的三更時分前去其生長的絞刑架，並用蜂蠟塞住耳朵；接著，他需將曼德拉草綁在一條狗的尾巴上，離開現場後用喇叭對著狗發出聲響。當狗嚇得跑開時，會連根拔起曼德拉草，並瞬間死亡，這樣草藥學家就可以安全地收割植物。從中世紀時期以來的插畫，曼德拉草的形象一直是一個植

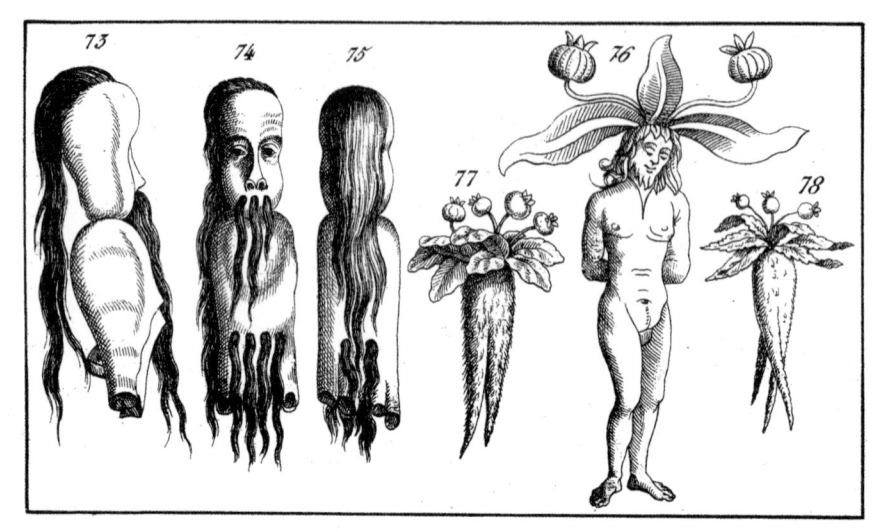

曼德拉克或稱為「曼德拉草」的插圖，德國，十八世紀。這種具有人性的植物如果是種在土底下閒置，看起來十分平靜；但是，如果把這種植物從土裡拔起，它就會放聲大叫，發出嚇人的聲響。

物的根，其身上的皺摺會呈現臉部或身體的樣子，看起來就像是一個小男人或小女人。[17]

在文藝復興期間，希臘神話中的仙女達芙妮（Daphne）變成月桂樹的故事是個十分受歡迎的主題。根據古羅馬詩人奧維德（Ovid）的記載，達芙妮為了逃避太陽神阿波羅的追求，向河神父親求助，於是河神將她變成一顆月桂樹。[18] 她向外伸出雙手，從中長出枝條與葉子的形象讓人備感熟悉，同時也具有指標性，看起來並不太像是變形，而更像是人類和樹木的奇妙複合體。

羅伯特・柯克（Robert Kirk）是來自蘇格蘭阿伯福伊爾（Aberfoyle）的牧師，他在十七世紀末表示，在地底下的某一領域內，植物是有感知的存在，並且擁有各自的名字，能夠與精靈溝通。他在描述自己參加一次精靈舞會的經歷中寫道：「我在那裡看到的生物看起來更像是樹木而非人類，但它們跳起舞來卻很輕盈；其他生物則是身形矮胖，臉上充滿皺褶、風化嚴重，儘管它們的步伐相較於其他夥伴顯得更為穩健，但卻一樣優雅。」[19] 柯克的描述很有可能直接或是間接地成為 J.R.R. 托爾金（J.R.R. Tolkien）的靈感來源，創造出《魔戒》（*The Lord of the Rings*）中樹人恩特（Ents）的角色。在托爾金的書中，這些生物都是上帝在很久以前就已創造出來，作為樹木的守護者，樹人會保護大樹不受到矮人破壞。樹人既堅韌又優雅，幾乎無縫融合樹木與人類的特徵；它們的皮膚像樹皮，而鬍鬚就像是一簇簇的小樹枝。然而，樹人與人類的深厚聯繫反映在它們緩慢而深邃的目光中。樹人的經歷源遠流長，這讓它們變得有耐心、謹慎以及睿智。[20]

瑪麗亞・西比拉・梅里安（Maria Sibylla Merian）的作品，出自《昆蟲起源、食物和奇異變形》（*Ercarum Ortus Alimentam et Paradoxa Metamorphosis*，1718 年）中的插圖。毛毛蟲變成蛹，最終變成蝴蝶的過程也許是傳說故事以及文學作品中，最多變形生物所參考的原型。因為梅里安畢生都在研究昆蟲，對她還有其他當代的人來說，這些昆蟲所帶來的驚奇就跟奧維德的作品一樣令人驚喜。

第十一章
變形生物

描繪一張像獅子的人臉非常容易……
然而，要畫出一隻不像人的獅子則要困難許多。
　　　　——十七世紀法國宮廷畫家　夏爾·勒布朗（Charles Le Brun）

關於型態變化的故事幾乎出現在所有文化的民間文學中，這些故事基本上都與自然界的現象有關。特別是昆蟲與兩棲類動物，從幼小生物成長為成熟個體的過程中，外表會發生巨大變化。例如，蝌蚪看起來跟魚十分相似，完全不像最終蛻變而成的青蛙；蛇會定期脫皮，昆蟲也會褪去外骨骼；大部分的植物都是從種子中萌芽；而鳥類與許多爬行類動物則是從蛋中孵化。其中，最大的變化莫過於毛毛蟲變成蝴蝶的過程，這也成為許多關於身體變形故事的主要參考模型。

「變形」（metamorphosis）一詞源自古希臘文，用來形容任何生物的轉變。字面上的意思是「超越型態」，其概念涵蓋超越自身物理存在的新身分。過去，這個詞是指「魔法般的」型態改變，像是女巫會在夜晚變成一隻貓頭鷹翱翔夜空的情景。許多文化中的薩滿會透過儀式進行變形，進到恍惚狀態以取得鳥類或是其他動物的特質。這些傳統可能是世界各地與變形有關的故事起源。現今，這個詞大多是用來代指某一生物從一種型態發展成為另一種型態的明顯結構變化。此一定義可追溯到十七世紀後期，當時的自然學家與藝術家開始對生物體進行更系統性，也更周全的觀察。

在概念上，神話學者有時候會清楚區分「變形」以及「靈魂轉生」（metempsychosis），也就是死後的靈魂轉移。在靈魂轉生的概念裡，這種改變往往不可逆；然而，在神話故事裡，變形通常只是短暫的偽裝，例如宙斯變成一隻公牛，為了要綁架少女歐羅巴（Europa）。不過，這兩種概念在象徵意義上有許多相似之處。從霍皮族到希臘人，再到日本人，蝴蝶作為靈魂的象徵出現在各式各樣的文化當中，而蝴蝶破蛹而出，也普遍作為人類死亡之際，靈魂離開肉體的隱喻。而靈魂轉生的概念則出現在印度教以及佛教等傳統宗教中，同時，在新時代的信仰裡也可看到其蹤影。

另類自我

在非洲大草原的首領領地中，一些強大秘密社團的成員宣稱自己能夠變形為貓頭鷹或是蛇等動物，但是這些變形的具體方法和本質卻不向社團以外的人透露。在喀麥隆的烏利（Wuli）部落，人們將個人的生命力轉移至動物體內來完成變形；巫師和動物的身體

仍然個別獨立，但是他們卻共享著同一個意志，共同行動。

對烏利族人來說，變形的首選動物就是花豹，與其酋長有著緊密的聯繫。雖然花豹沒有獅子或鬣狗的強健體型和力量，速度也比不上獵豹，但它能夠融入環境，並且隱匿身形，在野外繁衍生息，也就是說，花豹十分擅長隱秘行動。有時候，烏利族的獵人會聲稱自己變成花豹，以便在其他部落的領地上秘密狩獵。烏利族只有在花豹太過接近村莊，而且全身充滿威脅感才會將其獵殺，在這種情況下，族人會懷疑花豹是被不懷好意的巫師靈魂附身。[1]

在原住民的傳說故事裡，不單單只有變形者，動物分身也十分常見，特別是在非洲以及拉丁美洲地區。墨西哥恰帕斯州的澤塔爾馬雅人（Tzeltal Maya）相信，每個人不僅擁有一、兩個靈魂，而是至少擁有四個靈魂，有時甚至超過十個。這些靈魂當中，會有一個擁有人類型態，並且同時存在於一座神聖的山中。而其他的靈魂則可能會以各種形式出現，從閃電雷霆到教會神父都有可能；但它們最常是以動物形式示人，而這些動物也同時擁有自己的平行靈魂存在。大部分的澤塔爾人聲稱他們不知道哪些動物是自己的靈魂，但還是有些例外。一位壯年男子就以擁有美洲豹作為靈魂而自豪，每年都會與這隻豹碰面，餵食火雞、與它嬉戲，還會提醒它小心人類獵人。

澤塔爾人相信人體的每個部分都與某種動物或是昆蟲的身體部分連結；任何對動物靈魂的打擊或是傷害都會在人類的對應器官中

來自奈及利亞的現代伊比比奧（Ibibio）面具，頂部擁有花豹裝飾。花豹以其沉默和隱密著稱。在這裡，它與下方大膽且滑稽的特徵形成鮮明對比，似乎是為了吸引人們的目光而特別設計。

顯現出來。在一則故事裡，有一位男子在辦事途中遇到一些朋友，就與他們喝起酒來，結果喝得酩酊大醉，直到隔天才回家。他的老婆火冒三丈，氣得不想替他準備任何食物。有一次，這名男子在外砍柴，碰見一隻大型的美洲獅坐在巨石上，並意識到這就是他妻子的靈魂。每當他前去任何有提供酒水的地方，這隻美洲獅都會出現，這讓他相信他老婆正在恐嚇他不要碰任何酒精。某天，一位牧場主人射殺這隻美洲獅，而男人的妻子也在同一天離世。她的背上出現一個明顯的大洞，就像是被子彈射穿的那樣；而這正是那隻美洲獅被射中的同一個位置。[2]

動物分身在西方故事中非常罕見，但它們確實存在，只是變形者的內容仍占大宗。老普林尼（Pliny the Elder）曾記載，有一名叫阿瑞斯泰俄斯（Aristaeus）的男子在睡覺時，靈魂會變成烏鴉的形式從他嘴裡飛出。[3] 動物分身最基本的形式就是直接根據一個幾乎普遍的經驗，透過另一個與某人相關的物種，來顯示出個人特徵。很有可能大多數，甚至是說全部的變形者傳說都源自於動物分身的概念，一樣都受到人類與動物真實關係所啟發。隨著自我認知的觀念變得更為狹隘，人們不再認為自己同時存在於不同的身體之間，變形便因此取代動物分身，成為神話和傳說故事中更為常見的主題。

獸人

許多與變形有關的傳說或許可以追溯到獸人（therianthropy）的目擊報告，也就是人類變成動物的變形；在這種情況下，變身的人會相信自己已經轉變成野狼或是其他生物，並且會作出相應的行為。如今，這類現象通常會被視為是一種精神疾病，但過去的想法並非如此。在許多文化當中，戰士可能會變形成危險的動物，例如狼、熊、花豹或美洲豹，藉此增強戰鬥力。薩滿也可能進行精神轉變，化身為其他動物，以獲得治療能力等不同方面的深奧知識。在今天海地巫毒教與其他相關宗教中，信徒會進入恍惚狀態，認為自己被不同的靈體附身，有時候可能是動物靈。國際上還廣泛存在一種有點神秘的次文化，這些人被稱作「獸迷」（furry fans），或稱為「獸控」（furries），他們認為自己其實是狼或熊等動物，但受困在人類的身體之中，所以會透過不同方式找回自己的動物身分，像是服裝、刺青或是行為等。

然而，就使在古代，獸人往往會讓人感覺害怕、滑稽或是極為奇特。這一點就體現在「貓人」的故事當中，這是一則希臘寓言，傳統上認為其作者是智者伊索（Aesop）。目前有許多版本流傳下來，以下是一則出自十九世紀的民俗學家約瑟夫·雅各布斯（Joseph Jacobs）對伊索作品的優雅改編：

> 天上眾神曾經議論紛紛，討論生物是否能夠改變其本性。朱比特（Jupiter）認為「可以」；但維納斯（Venus）則表示「不行」。所以，為了驗證這個問題，朱比特把一隻貓變成一個少女，並且許配給一位年輕男子。婚禮過程十分隆重，這對新婚夫妻坐下來共進婚宴。朱比特對維納斯說：「看吧，她的表現非常得體，有誰能夠想到她昨天還是一隻貓呢？她的本性肯定已經改變了吧？」
>
> 「稍等一下」維納斯回應，並放出一隻老鼠進入婚宴會場。新娘一見到老鼠，便從座位上跳了起來，試圖撲向那隻老鼠。

希臘羅馬的變形者

在希臘羅馬神話當中，變形的主題十分常見，並且特別吸引作家採用；或許，這是因為在相對理性的文化中，變形顯得特別奇

IMAGINARY ANIMALS

豐原周延（Toyohara Chikanobu）的《潔姬與月亮》（*Kiyohime and the Moon*，約 1895 年）。圖片描繪一位少女目睹愛人乘船離她而去，憤怒和悲傷導致她變成一條蛇。少女以蛇的型態在水中追隨愛人並進行復仇。

幻。舉例來說，在《奧德賽》（Odyssey）中，女巫喀耳刻（Circe）把英雄奧德修斯（Odysseus）的同伴都變成了豬。到了西元五世紀，變形就從一種神話概念延伸到哲學領域，主要是因為受到畢達哥拉斯學派的影響，他們相信靈魂的轉生。在柏拉圖對話錄的《斐多篇》（Phaedo）中，蘇格拉底提出，如果人們生前貪婪無厭，下輩子可能就會變成野狼；如果生前愚昧無知，來世就會變成驢子；如果奉公守法，則會投胎變成蜜蜂。[5]

古羅馬詩人奧維德在西元八世紀出版作品《變形記》（Metamorphoses），講述傳統的變形故事，用戲劇化的方式呈現他認為宇宙正在不斷改變的看法。奧維德筆下的變形故事發生在規則十分明確的世界當中，眾神、男人、女人、植物與動物之間的分界涇渭分明，毫無一點模糊之處。這變形的過程同樣十分唐突，而且毫不含糊，象徵著宇宙秩序的短暫中斷，隨後很快就會恢復正常。

對於奧維德以及其他許多思想成熟的羅馬人和希臘人來說，變形幾乎就是一種對於極端情況的反應，不論是出自情愛、悲傷、憤怒、恐懼、痛苦或是無懼。人們認為這類情況會挑戰宇宙平衡，而變形則是一種控制這些情況的方式。例如，少女阿拉克涅超凡的編織技術與其傲氣睥睨群雄，已經超越人類該有的條件，因此女神米勒娃就將她變成一隻蜘蛛。[6] 這裡的變形是一種手段，用以重新調整現實的物質與精神層面，確保一切不會失去和諧。

形式的改變有時候是一種浪漫的昇華，正如奧維德的故事中，女主角愛爾喜昂（Alcyone）和她溺水的愛人錫克斯（Ceyx）都變形成為小鳥，得以重新團聚。[7] 然而，在更多情況下，變形是一種對個人身體完整性的蓄意侵犯。奧維德的許多故事都提到，人類會因為挑戰神祇或是巫師，而被變成動物作為懲罰。例如，獵人阿克塔昂（Actaeon）因為闖入女神黛安娜（Diana）的沐浴之地而被變成一隻雄鹿。[8] 這些將人變形的神祇有點像是公司經理，會透過升遷、降職和調動員工等方式，來確保整體組織能夠高效地運作。

妖狐

在日本與中國的變形故事中，狐狸變成人類算是一種特別常見的主題。狐狸妖女通常出於惡意或是為了惡作劇而試圖迷惑男性，但有時候也會真的愛上這些男人。在中國，沈既濟於七世紀晚期記載一則故事，講述一名士兵與名為任氏的美麗女子結婚。後來，任氏向士兵坦承自己其實是一隻狐狸；但為了真愛，她願意繼續保持人類的型態。然而，其他動物還是可能辨認得出這位狐狸精的真實身分。某天，任氏去市場，周圍的狗嗅到狐狸的氣味，便開始追逐她；任氏馬上變回狐狸的型態，但不久後還是被狗群捉住，並被撕咬成碎片。[9]

在東亞的故事中，狐狸擁有取得人類財富的能力，像是黃金、白銀、精美絲綢或是名望等。但是，這些東西對狐狸精來說一點都不重要，它們大多更重視人們平常視為理所當然的東西，像是一個可以讓它們不受打

多索・多西（Dosso Dossi），《喀耳刻及其情人》（*Circe and her Lovers*，1511-1512 年）。女巫喀耳刻的形象可能是以義大利文藝復興時期一位貴族女子盧克雷齊亞・波吉亞（Lucrezia Borgia）為原型。盧克雷齊亞因其傳奇般的美貌和家族的權勢，不論是否自願，常常被捲入宮廷陰謀中；在權謀鬥爭中，人們往往會失去他們的「人性」。

擾、平靜生活的簡單地洞。在一則十六世紀中期的中國故事中，山東省德州市一名男子的妻子與一隻狐狸結交朋友，並且達成協議：狐狸會為她竊取任何想要的東西，作為回報，妻子會說服丈夫在家後面堆起兩堆乾草，供狐狸居住。這對夫妻變得非常富裕，衣食無虞。後來，他們的孫子決定拆除乾草，並且建造新的房子。狐狸怒斥道：「我讓你們家族世代享受榮華富貴，如果你們背棄信義將我趕走，信不信我會讓你們馬上窮困潦倒？」這位年輕人聽了非常害怕，完全不敢拆除草堆，反而還每年堆上更多的乾草，看起來就跟山一樣高；而他們也成為該地區最富有家族。[10]

在東亞民間傳說中，狐狸可能會以原有的動物形態或人類型態出現，但是它們的心理狀態並不會因為外觀的變化而有所改變。這是因為狐狸本身似乎擁有跟人類十分接近的社交結構。狐狸跟人類一樣，會以家庭群體的形式生活，並且十分聰穎。在東亞，狐狸與人類長期共處，它們經常棲息在廢棄建築物或是房屋底下，與人類生活環境相近。

　　日本有一種說法，認為狐狸只要滿一百歲就會變成妖狐（kitsune），並取得化身為人類的能力。有時候，會是孩子或是老人的型態，但最常見的還是變成年輕貌美的女子。如果有男子看到一位女性在森林中獨自遊蕩，那她很有可能就是妖狐。在這種情況下，最明智的做法就是迅速離開，因為無從判斷她的意圖，就算有些妖狐會成為充滿情

安藤廣重（Ando Hiroshige），《妖狐素描》（*Sketch of a Kitsune*，約 1840 年）。妖狐是一種可以變成人類型態的狐狸，但是它無法改變自己在鏡子中反射出來的映像。

河鍋曉齋,《狐狸》(*Foxes*,約 1864 年)。妖狐表演日本流行的「舞獅」,模仿傳統節慶的舞蹈。

愛、忠誠的伴侶,也別去碰。妖狐是稻荷神(Inari)的使者,稻荷神通常被描繪成狐狸的形象,可能是男性,也可能是女性。作為神道教中掌管稻米和豐饒的神祇,稻荷神在日本擁有非常多的神社,通常都位於耕地附近;人們會拿食物供奉稻荷神,特別是在收割季節之前。

雖然妖狐擁有魔法能力且冰雪聰明,但人們通常不認為妖狐是個威脅。它們對人類充滿好奇,而人類也對妖狐十分迷戀。妖狐跟人一樣身心靈都很脆弱,並且能夠感到情愛、憐憫、憤怒、滿足、怨恨以及羞愧等情感。在日本的民間故事中,妖狐不斷地與人類進行交涉、發生衝突並建立關係,雙方通常勢均力敵,這些故事中的爭鬥都是人類武器與科技對抗狐狸的魔法,而聰明才智往往都是決定勝負的關鍵因素。

根據一則十二世紀末期的日本故事,一

名男子在京都碰到一位靚麗佳人，並希望與她親熱。女子拒絕了，表示如果他們有親密行為，男子會死去。但男子還是堅持，女子最終也點頭應允，並表示自己會代替他死，但男子必須要為她抄寫《法華經》並且迴向給她。在共度激情一夜後的黎明時分，女子起身拿走了男子的扇子並且說道：「我跟你所說的一切都是認真的……我現在將代替你去死。如果你想要證實真偽，可以到宮殿的武德殿（Butoku Hall）附近看看，你就會明白。」男子照她所說的做，發現一隻狐狸真的躺在地上死去，臉上就蓋著男子的扇子。男子悲痛欲絕，抄寫了七次《法華經》並通通迴向給這隻狐狸；在這之後，他夢見她在天堂的景象，周遭圍繞著神靈。[11]

猶太－基督世界的變形者

考慮到變形故事在古代世界中的普遍性，《舊約》或《妥拉》（Torah）（譯按：又可稱為《摩西五經》。）中的變形主題卻是屈指可數，這一點令人驚訝。在伊甸園的故事中，蟒蛇誘惑夏娃後就經歷了一種變形，被迫從此都要在地上爬行（創世記 3:14-15）。此外，當摩西為了向埃及法老展示雅威的力量時，他的手杖變成蛇，這也是一種變形（出埃及記 7:8-13）。基督教中最神秘的奧秘就是聖餐，麵包和酒水變成耶穌的身體與血，這是一種展現上帝力量的非凡事件。

在福音書中，耶穌的肉身從死亡中復活，但並沒有提到靈魂與肉體分離的概念。因為此一觀念是希臘羅馬文化透過聖奧古斯丁（St Augustine）這樣的神學家作品傳入基督教內。自此之後，變形的象徵在基督教中變得極為重要，特別是用以描述人們皈依的過程。就像蝴蝶破蛹而出，如果人們願意將自己奉獻給基督，就是一種「重生」。

奧古斯丁以及其他教會神父認為，動物甚至是植物是沒有靈魂的。因此，在基督教的大部分時期裡，變形故事大多侷限於民間文學中。在但丁的《神曲》中，大多數的亡靈仍然保持它們生前的型態，但還是有少許例外。例如，自我了結的人死後會變成一棵樹，當它的樹枝被折斷，這棵樹就會開始流血並說話。由於這些人在生前蔑視自己的肉身，所以死後肉體就被剝奪了。

狼人

在文藝復興時期，人們普遍認為女巫和巫師能夠變形，並且會在夜晚化身為貓或烏鴉等生物。特別是在十六世紀末到十七世紀初，法國和東歐出現一波關於狼人的恐慌，而狼人就是會在夜晚變成狼的人類。在北歐、希臘羅馬以及其他文明中都有許多與狼人有關的故事記載，但在基督教文化裡，狼人因為跟惡魔連結，所以更令人不寒而慄。狼人和其他類似生物的故事廣泛流傳，這代表它們已經有非常悠久的歷史。在人類文明的演化過程中，這些故事與積累而成的各種模糊恐懼和慾望相互產生共鳴。「狼化妄想症」（lycanthropy）是一種人類心理轉變為狼的現象，好發在古時候的戰士身上，這能夠讓他們在戰鬥中更有勇氣，也更加兇

悍。許多古希臘和古羅馬的作家著作都曾提及此一現象，包含荷馬（Homer）、希羅多德、帕薩尼亞斯（Pausanias）以及普林尼（Pliny）等人。

奧維德講述一則故事，提到古羅馬的至尊神朱比特因人類的罪行而憂心，便化身為凡人，前去拜訪阿卡迪亞（Arcadia）的國王利科翁（Lycaon）。國王利科翁提供人肉大餐招待朱比特時，朱比特馬上現出真身，並用閃電擊中了宮殿。利科翁倉皇逃跑到附近的田野，當他準備開口說話時，發現自己只能發出狼嚎，而非人類語言；原來朱比特早就已經把他變成一隻狼，讓他對羊群發洩其嗜血本能，而不會再有人類受害。[12]

羅馬作家佩特羅尼烏斯（Petronius）於尼祿皇帝（Emperor Nero）在位期間出版著書《薩提爾狂歡》（Satyricon），其中提到一位名叫尼塞羅斯（Niceros）的自由民（譯按：自由民是指從奴役中解放而擁有人身自由的人），這或許是最為著名的狼人故事。故事中，尼塞羅斯在護衛陪同下，在滿月之夜拜訪一名寡婦。他們抵達墓園時，護衛停下腳步表示自己想解手。尼塞羅斯在一旁稍候，並四處走走看看，他發現護衛把身上衣服脫個精光，並且在他們周圍畫圈撒尿。接著，護衛突然變成一隻狼，嚎叫著跑走了。驚恐萬分的尼塞羅斯趕到寡婦的家，寡婦跟他說，家中穀倉突然闖入一匹狼，咬死一隻羊，然後被她家中的奴隸用長矛刺傷了脖子。尼塞羅斯回到家後，發現一起出門的護衛正躺在床上，治療自己脖子上的傷口，這時他才意識到這名護衛就是殺死羊的那匹狼。[13]

當時，羅馬的知識分子不太相信狼人的存在，佩特羅尼烏斯在他的故事中巧妙地融合了恐怖與幽默的元素。當然，他也是有意識地將狼人與戰士身分連繫起來，而這故事顯示出戰士形象的衰落。就算得到超自然力量的幫助，這個狼人也只能殺死一隻羊，然後甚至還被一個未經專業軍事訓練的人重傷。

在近代早期的狼人審判中，也流傳一些與此非常相似的故事，這類審判在波羅的海國家和法國特別常見。這些所謂的狼人通常會因為在狼型與人型時保留的傷口，或其他身體特徵而被人「辨識」出來。1588年，在法國的奧弗涅（Auvergne）村就有一起狼人審判案件，有一隻狼被指控襲擊獵人。根據法庭紀錄，這名獵人成功砍掉這隻狼的一隻爪子，隨後狼逃回森林裡。後來，當獵人從袋子裡拿出這隻狼爪給朋友看時，發現袋子裡的爪子變成一隻女人的手，手指上戴著他老婆的婚戒。獵人回到家後，發現老婆的一隻手被砍掉了，正試圖用蠟燭燒灼消毒傷口。獵人便把她帶到村裡的地方官那裡，最終她被綁在火刑柱上燒死。[14]

當時的人們普遍相信狼人與其他變形者就算是在人類型態下，也會保留某些野獸的特徵。因此，如果被懷疑是狼人，法庭就會仔細檢查嫌疑人，看看是否在不該有毛髮的部位長出毛髮，這樣的特徵就會被視為變形的證據。如果某人的眉毛相連在一起，這可能是隱密狼人身分的證明；背部如果隆起，就可能代表是殘留的尾巴；而大鼻子則可能被視為狼的口鼻部位。

漢斯・魏迪茨（Hans Weiditz），《一名變成狼的女巫襲擊旅行者》（A witch, transformed into a wolf, attacking travellers），此插畫出自約翰・蓋勒・馮・凱澤斯伯格（Johann Geiler von Kayserdberg）的作品《螞蟻》（*Die Emeis*，1517 年），斯特拉斯堡出版。即使是在狼的型態下，狼人的表情中或多或少還是透露出一絲絲人性。

　　這些審判的影響延續到後來的面相學上，這是一種根據人的外貌推測其性格的做法，起源於古代，但在十六世紀一直到十九世紀晚期尤為流行。面相學家認為不同的人格特質對應到不同的動物類型，所以可以透過相應的動物，判斷一個人的內在本質。例如，柏拉圖的半身塑像有著寬大的鼻孔，這代表狗的特質；而他的高額頭暗示他有良好的判斷力，整體而言他最像一隻雄鹿，代表理性能夠戰勝慾望。人們認為臉部長得像兔子的人會放蕩不羈；鼻子像鷹喙的人擁有雄心壯志；頭骨看起來足夠強壯以撐起牛角的人比較容易發怒。為了展示這些類型，像賈姆巴蒂斯塔・德拉・波爾塔（Giambattista della Porta，1535-1615 年）和夏爾・勒布朗（Charles Le Brun，1619-1690 年）等藝術家創作出人類頭部與動物頭部重疊或緊密並置的複合形象，例如豬人、狼人、鼠人等。[15] 這些藝術家發展出將人類和動物特徵融合在一起的方式，雖然沒有科學的支持，這些技巧後來大多都在像是法國的 J. J. 格蘭維爾（1803–1847 年）以及美國的蓋瑞・拉爾森（Gary Larson，1950 年至今）等畫家的漫畫作品中延續下去。

IMAGINARY ANIMALS

類或昆蟲等。他們經常引用奧維德的《變形記》，並將其中的變形故事解讀成物理過程的寓意。

透過讓人們習慣生物形態並非永恆不變的概念，鍊金術士為達爾文與華萊士的進化論做好了準備。在達爾文於 1859 年發表《物種起源》後的一百多年內，流行文化將進化描繪成一種變形，其中生物會經歷一連串的固定階段，逐漸進化成更複雜的物種。人們將一條魚描繪成走出海洋的樣子，變成爬行

老盧卡斯·克拉納赫（Lucas Cranach the Elder），《狼人》（*Werewolf*，1512 年）。在近代早期，狼人通常是完全變成狼的人，但在這張圖中，狼人是一個擁有蓬亂長髮而且姿勢像狼的男人。畫中對食人行為的暗示，使這位狼人留下的血腥蹤跡顯得更加恐怖。

J. J. 格蘭維爾，《具有意外性格特質的顱相學標本》（Phreonological Specimens with Unexpected Character Traits，約 1850 年）。這位藝術家用顱相學家發展出來的技術，但同時諷刺他們的科學假設。在這幅畫作中，我們可以看到一條友好的毒蛇、一隻殘忍的羔羊，以及一頭敏感的狼。

現代世界中的變形者

在文藝復興時期的全盛文化中，變形成為鍊金術的基礎。冶金學自古以來就是許多型態變化的靈感來源，因為加熱和鍛打不僅能徹底改變金屬礦石的形狀，還能改變其質地與顏色。許多鍊金術士的實驗都涉及從泥土和廢料中創造生命，像是嘗試製造出人

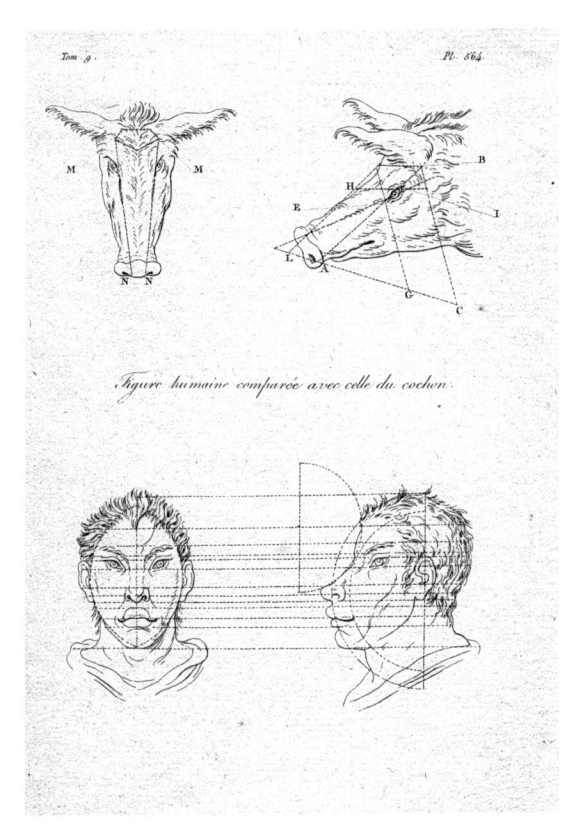

夏爾・勒布朗,《人臉與豬臉的比較》(*Human Face Compared to that of a Pig*),十七世紀晚期。國王路易十四認為勒布朗是「史上最偉大的法國畫家」,而勒布朗相信人類的內在性格可以透過他們與動物的相似性顯現出來。

類動物,再來變成哺乳類動物、猿猴等,最終才變成人類。在十九世紀晚期,生物學家恩斯特・海克爾(Ernst Haeckel)發展出一個現在已經被否定掉的理論,他說人類胚胎從受精卵到新生兒的發展過程中,經歷了與「進化階梯」相似的階段。這種將生命視為固定進程的觀念也很可能促成人們普遍認為人類死後可以變成天使。

對於像勒內・笛卡兒(René Descartes)、約翰・洛克(John Locke)這樣的哲學家而言,道德問題僅涉及個人與上帝以及與其他人類的關係,它並不包含動物或環境。後來在生物學領域的發現,特別是達爾文與華萊士的進化論,使得這種人類例外主義(human exceptionalism)越來越難以被視為理所當然。

然而,如果把進化論解釋成進步和階層的概念,人們就容易把特定群組視為更「高級」,從而為種族優越感找到理由。因此,在十九世紀與二十世紀初期,像是黑人或愛爾蘭人等容易受到歧視的群體通常都被描繪成具有類人猿的特徵。那些具有特殊特徵的人,像是全身滿身體毛等,則可能會被貼上標籤,認為是在進化階段中「退化」的象徵。[16] 動物與人類之間的界線變得日趨模糊,非人化(dehumanization)成為十九世紀與二十世紀歐洲文學的重要主題。在法蘭茲・卡夫卡(Franz Kafka)的《變形記》(*The Metamorphosis*,1915年)中,主人公一早醒來,發現自己變成一隻蟲。他漸漸地接受這個新身分,甚至滿足於整日躺在房間裡凝視天花板。然而,他的家人卻對照顧他感到厭倦,最後他因被忽視而孤獨死去。[17] 這故事反映出一個主題,在枯燥的日常還有僵化的人際關係中,人類的地位可能會因此而受到質疑。

在現代流行文化中,變形者通常已經由人獸混合的形象所取代。例如,在主流文化中,狼人已經不再是轉變成另一種生物的人,而是類似於1941年的電影《狼人》(暫

譯，*The Wolf Man*）中，那種長著狼臉，全身都是毛髮的男性。二十世紀的流行文化充斥著各種混合生物，如蜘蛛人這樣的漫畫英雄，就出自一個被放射性蜘蛛咬傷的青少年，獲得爬牆和吊掛在天花板的能力，還可以透過蜘蛛絲來回擺盪。主流的文學和電影也充滿猿人、貓女、蝙蝠人等角色。在當代電影、影視表演以及小說中，最為常見的怪物可能就是吸血鬼，它們通常看起來就像是普通人，但只要張開嘴巴，就會發現它們滿嘴獠牙。如果其中一個吸血鬼吸食人類血液，受害者也會因此變成吸血鬼。如同基督教曾經將各種變形都賦予靈性，現代社會中的世俗文化也將此一現象心理化。不只是吸血鬼，蜘蛛人和蝙蝠俠也都描繪成不斷因自己與普通人類社會的差異與疏遠而掙扎。

超越二十一世紀

進入二十一世紀，我們發現個人的身分和人類本身的認同變得越來越模糊不清。人類會透過整形手術來大幅改變外貌，如果條件允許，有些人甚至可以改變生理性別。來自不同物種之間的器官以及基因物質的移植現象也變得日益普遍。[18] 例如，人類的基因物質有時候可以植入豬隻身上，以培育出可以安全移植到人類體內的器官。因此，這些豬隻就有部分成為人類，而器官的接收者在某種程度上也部分成為豬。研究人員有時候只將個別植物和動物視為基因物質的載體，可以拿來進行無限的重組。在網路上，人們可以嘗試不同個性的身分，甚至是在多使用者領土（Multi-User Domain，MUD）中擁有數位身體，在虛擬現實中與他人互動。他們可以選擇自己喜歡的外觀，讓自己變成奇幻動物、一般動物，或單純變成另一個不同的人類。這個虛擬自我可以佈置自己的家居、購買島嶼、穿梭宇宙，或從事任何想要做的事情。[19]

變形者概念的前提就是其身分不會受到任何物體型態的限制。一個人必須要能夠變成鯨魚或螞蟻等不同型態，但同時仍保持自我本質。換句話說，他必須具備某種不會改變的核心特質。變形的概念涉及恆常與變化之間的平衡。如今，科學家認為幾乎沒有任何事物能夠永恆不變；生物會演化、大陸板塊會飄移，就連空間和時間的結構也會受到重力的影響而扭曲。物理定律中的恆定性也開始受到質疑。這種變化遠超過奧維德所提出的範疇，例如，奧維德認為星星是永遠不會改變的。正如許多哲學家所主張的那樣，如果靈魂對於人類和動物來說，都是一種幻覺，那麼傳統意義上的靈魂轉生也就不可能發生。然而，雖然我們沒有辦法驗證或推翻靈魂轉世的概念，但這種想法仍然普遍存在於當今世界各地的文化中。輪迴是一種解釋方式，說明為什麼從螞蟻到鯨魚等動物，似乎都具有令人難以置信的「人類」特徵。

馬克斯・恩斯特（Max Ernst），《賽勒貝斯》（*Celebes*，1921年）。這件作品結合大象、公牛和蛇等元素，這些都是象徵巨大力量的動物。畫中還有一個無頭人偶在介紹這個機械，它可能是第一次世界大戰的受害者。這幅畫或許描繪希臘神話的現代版本，在這個故事中，宙斯化身為公牛誘惑少女歐羅巴。

第十二章
機械生物

小傢伙,希望你在天堂過的很幸福。現在我正在照看你的小孩。
他長得和你一模一樣,行為舉止也和你如出一轍,所以我知道他一定是你的孩子。
對不起,當年你年紀大了,我沒能救你,還常常讓你處於暫停狀態。
謝謝你成為我擁有過最棒的塔麻可吉。
　　　　　　　　　　——小傢伙的墓誌銘,年約四十八歲,死因是「電池沒電」,
　　　　　　　　　　　　　　　　　　　　　　　出自「塔麻可吉墓園」。

「童書」從來就不只是為孩子們而寫。這些書是成年人藏匿自己秘密嗜好的地方,包含那些他們喜愛,但覺得太過輕佻、瘋狂或太過於私密,而不願公開承認的事物。這些書籍的市場定位不僅僅是孩童,實際上也廣受成年人喜愛。然而,將其歸類為兒童文學,為作者和成年讀者提供了一層掩護,使他們在朋友或是同事面前保持某種莊重感。實際上,就算他們拿著這本書,也可以說:「我雖然帶著這本書,但它其實不是為我準備的。」

閱讀童書的成年讀者就像是撰寫學術論文來討論色情的學者,目的是為了有個藉口,可以從事某些社會禁忌的活動。但從另一個角度來看,這些讀者的動機恰恰相反。童書能夠提供成人一個機會,讓他們在這個著迷於性行為的社會中,享受一個完全單純的世界,同時不會被批評為壓抑或古板。大多數的童書缺乏情色內容不僅僅是為了保護年幼的心智。

然而,我在這裡更關心的秘密樂趣無關乎有沒有「性」;而是一種對奇幻動物的喜愛。自從有了兒童文學,奇幻生物就一直在這類文本中大量出現。此一傳統可能可以追溯到古蘇美阿卡德(Sumero-Akkadian)的動物諺語,專家認為這可能是最早的兒童文學。這傳統延續到後來的伊索寓言以及中世紀動物寓言故事集,並在十八世紀後期到十九世紀的英國達到巔峰,當時兒童書籍的數量大量增加。

哈利波特

由 J. K. 羅琳(J. K. Rowling)創作的哈利波特(Harry Potter)系列作品在 1990 年代末期極為成功、轟動一時,吸引許多年輕人開始享受閱讀的樂趣,這一影響至今仍持續存在。[1]這系列小說講述一位才華洋溢的年輕巫師學徒哈利的冒險故事,他在霍格華茲魔法與巫術學院以及稱為「麻瓜」(Muggles)的普通人世界之間來回穿梭,並在魔法世界擊敗宇宙邪惡勢力。霍格華茲幾乎不使用工

業革命後出現的技術。那裡沒有電腦、打字機、相機、電視機或收音機，就連鋼筆也會看起來太過於現代，人們仍然使用羽毛筆和墨水瓶來書寫。信件不是透過飛機或卡車來運送，而是用貓頭鷹傳遞。除了魔法咒語外，似乎也沒有任何醫學護理，那裡唯一接受麻瓜世界的物品就是自來水跟沖水式馬桶。

當然，電腦是給麻瓜用的，但霍格華茲終究還是有電腦文化，因為魔法咒語就具有類似數位產品的功能和環境。哈利使用的第一把飛天掃帚叫做「光輪兩千」（Nimbus 2000），這個名字聽上去就像是某種新款的時尚辦公設備。巫師報紙中的圖片有著會說話的影像，就像是電腦視覺一樣，而魔法書籍也能傳遞類似電子郵件的訊息。

現實中的科技創新往往在民間傳說、文學和宗教中就已經出現過，像是傳說中的飛天魔毯或飛天船就變成我們現在的飛機和火箭。民間故事在幾個世紀前，甚至是幾千年前，就已經預想過自動櫃員機（ATM）和自動感應門等設備，但直到二十世紀末，這些裝置才成為我們日常生活中的一部分。例如，在《天方夜譚》中，阿里巴巴發現一個藏有寶藏的洞穴，並知道使用「芝麻開門」這個魔法詞就能夠打開入口。他將這個秘密告訴他的兄弟卡西姆（Qasim），但卡西姆進到洞穴後，卻忘記要怎麼再次開啟大門。他試過很多類似的魔法詞，像是「大麥開門」等咒語卻都無效，結果就被困在洞穴裡出不來。對於習慣使用密碼或秘密代碼登入網站的現代讀者來說，卡西姆的困境可能似曾相識。對我們而言，這是技術操作問題；對阿里巴巴以及卡西姆來說，這是一種魔法。不論你怎麼稱呼它，這兩者的體驗幾乎是一樣的。[2]

曾經是魔法師助手的家神（spiritus familiaris）或者熟悉的靈體，如今已經演變成電腦，隨時隨地待命，準備好回答任何問題，或是執行主人的指令。電腦程式以及其中隱晦難懂的符號，與魔法咒語有著驚人的相似性。

區分科技跟魔法其實沒有想像中容易。電腦跟網路與日常生活中的各個面向息息相關，這就是所謂的「科技」。然而，對於從小就在數位時代長大的人，電腦與網路早就融入日常，並不會特別覺得這是獨立存在的東西。在這種情況下，電腦與網路其實已經不算是「科技」，而是一種「魔法」或者至少是其他類似概念的東西。曾經被安全封印在書籍裡頭的魔法，現在已經離開書本，出現在我們的大街小巷上遊走。而在霍格華茲，科技就是一種魔法。

就像人與動物之間的界限一樣，近幾十年來，生命體和非生命物體（這裡指的是機器）之間的分界也變得越來越模糊。沒有人能準確定義「意識」究竟是什麼。科幻作家一直以來都在猜想，電腦是否可能具有意識，或者可能至少在未來的某一天會演化出自我意識。我們每個人或多或少都曾思考過這個問題。J. K. 羅琳認為，科技可以創造出一種類似於民間傳說和童話中的萬物有靈的世界氛圍。從我們體驗世界的角度來看，電腦革命似乎讓我們回到某種狀態，更接近工業時代前的社會，而非十八、十九世紀那種

出現在《哈利波特》電影中的家事小精靈多比（Dobby）的模型頭像。多比擁有容易引起人們同情的大而無邪的眼睛，以及有點像蝙蝠的大耳朵。

階層分明的宇宙觀。

動畫電影和電子遊戲因新興科技而大量出現許多幻想動物；而基因控制的科學技術也帶來在實驗室中創造出類似神話或傳說中生物的可能性。例如，把螢火蟲的基因嵌入煙草植物中，就能夠在黑夜裡發光。科學家甚至使用模具來培養細胞，在一隻老鼠的背上長出人類耳朵，這種生物看起來就像從耶羅尼米斯·波希的畫作中走出來的一樣。[3]

為了陪伴孤獨人士或是協助盲人導航，人們也正在開發機器人。這些發展帶來一系列困難的問題，涉及我們傳統上對於生物的分類方式，以及人類的身分定義。同時，這些發展也模糊我們普遍接受的幻想與現實之間的區別。然而，儘管生物科技與人工智慧或許能回應人類對於奇蹟的渴望，但仍然不能完全滿足這份幻想。這些技術激發我們的好奇心、滿足實際需求，有時還會觸動情感，卻沒辦法滿足我們的想像。

雖然機械生物的地位在我們日常生活中越發重要，但真實的動物才是真正繼續縈繞在我們的幻夢之中。現在有越來越多的現實動物正面臨滅絕的威脅，像是老虎這樣的生物重新獲得其在古代所具有的神秘特質。這類動物會出現在人們的言談之間，也會成為身體上的刺青圖案，更是廣告商利用的題材。就算這些動物可能會絕種，但老虎、雪豹、藍鯨以及山地大猩猩等生物，會繼續在人類的想像中進化，甚至可能會跟獨角獸和飛馬等神話生物並列。

雖然在哈利波特的世界裡，科技幾乎不存在，或是與現實脫節；但我們在現實中重置魔法世界時，卻是毫不掩飾、甚至是自豪地大量使用科技。哈利波特系列作品衍生出許多電影，都與原著書籍一樣受到廣泛歡迎。電影中的龍、半人馬、巨型蜘蛛和其他生物都是使用電影中的「魔法」來呈現，像是電腦生成技術、機械裝置、精緻服裝、燈光特效等技術。總結來說，我們可以說霍格華茲禁止使用科技並不是因為它們與魔法作對，而是因為科技太像是魔法了。在這一系列的作品中，把科技與魔法放在一起的話，可能會造成極大的混淆。

J. K. 羅琳筆下的動物幾乎不像是蘇斯博士（Dr. Seuss）那樣的獨創生物，而是主要出自希臘羅馬神話或中世紀的民間傳說，這一點與 C. S. 路易斯（C. S. Lewis）在《納尼亞傳奇》（The Chronicles of Narnia）中的做法相似。哈利的導師阿不思·鄧不利多

（Albus Dumbledore）擁有一隻名為福克斯（Fawkes）的不死鳥，以曾經試圖炸毀倫敦國會大夏的蓋伊·福克斯（Guy Fawkes）命名，每年的11月5日，英國人都會進行焚燒他的人偶的儀式。不死鳥福克斯擁有鮮紅色的羽毛、金色的尾羽，還有強壯的鳥喙與爪子。它在許多戰鬥中與主人並肩作戰，甚至為了戰勝敵人而犧牲自己，但後來又再次重生。當鄧不利多去世時，福克斯哼唱美妙的輓歌，然後銷聲匿跡，從此在野外生活。

在哈利波特系列中，不死鳥福克斯的對手就是蛇怪巴西利斯克。如同中世紀的傳說所述，巴西利斯克是邪惡的魔法師創造出來的，他們使用公雞下的蛋，並讓蟾蜍將蛋孵化，藉以創造出這隻怪物。巴西利斯克是巨大的蜥蜴，擁有綠色的皮膚與黃色的眼睛，只要一個凝視，就能夠將人石化，就連鬼魂也逃不了。蛇怪的牙齒含有劇毒，只有不死鳥的眼淚能夠治療中毒的受害者。邪惡的薩拉札·史萊哲林（Salazar Slytherin）就放一隻巴西利斯克在霍格華茲以守護密室，而哈利波特正是在密室中受到蛇怪攻擊。然而，在故事中，福克斯成功弄瞎巴西利斯克的眼睛，從而拯救哈利不受到石化的威脅。

在羅琳的系列作品中，另一個幻想動物就是巨大蜘蛛阿辣哥（Aragog），在它還是一顆卵的時候，就遭人從遙遠的地方偷偷走私進到英國。它的身形跟一頭大象一樣大，並且能夠學會人類語言。阿辣哥跟當時的巫師學生魯霸·海格（Rubeus Hagrid）結為好友，因而抑制自己對於吃人肉的渴望，但是它所掌管的其他蜘蛛族群卻沒有這項限制，可以自由地吞噬人類。在霍格華茲的一場重大戰役中，阿辣哥以及它的族群選擇支持哈利，一同對抗邪惡的佛地魔。這只是哈利波特系列作品中眾多幻想動物的一部份，該系列還包括人頭獅身鯊齒的波斯怪獸蠍尾獅（manticores）、獨角獸、人魚、半人馬、鷹馬還有各種類型的龍。

電子動物

J. K. 羅琳敏銳地察覺到，現在的年輕人，有時被稱為「數位原生代」（digital natives），從小就生活在一個充滿由電子技術創造出來的幻想動物環境當中，這些生物在電腦螢幕和電玩遊戲中的呈現越來越栩栩如生。然而，或許最能夠喚起人們的回憶，聯想到霍格華茲裡的魔法生物就是「數位寵物」，它們被設計成外型古怪且獨一無二的樣子。這些生物的特點就是能夠接受關愛、需要照顧，並且會逐漸「成長」，但就像是真實的動物一樣，它們並不總是聽主人的話。

一直以來，人類科技都是藉由模仿動物而創造出來。例如，史前時期的工具似乎就是依照鳥喙的形狀製作而成；很有可能現在的捕捉技術最初就是藉由觀察蜘蛛結網而深受啟發；建造水壩的想法也可能源自海狸；最早的犁田可能是模仿豬隻翻土尋食的動作。有許多現代發明都可以明確地找到其動物的對應，例如鬧鐘就是用來取代犬吠聲或是雞啼聲。甚至還有一些發明是直接借用動物的名稱，像是蒸汽火車，其最初的名稱叫做「鐵馬」（iron horse）。

數百年來，人類模仿動物的技術不僅沒有過時，反而變得更加高端。美國前總統艾森豪（Dwight Eisenhower）與其他任總統曾配戴的熱門窩路堅（Vulcain）「蟋蟀」（Cricket）手錶，其鬧鐘機制就是模仿昆蟲鳴叫而設計，這些昆蟲的叫聲雖然纖細，卻能夠迴盪在整片田野中。魔鬼氈則是觀察蒼蠅和壁虎在垂直平面上行走的方式，進而升級改造。現今，航空工程師都在研究蜻蜓等昆蟲的飛行方式，了解其精準地懸停在某一地方，或是往任何方向移動的能力。[4] 諸多機械裝置都從動物身上汲取靈感，導致這些設備的外型看起來就像是被過去的生物附身一樣。

把這些技術稱作是「幻想動物」雖然不太準確，但確實有點吸引力。這些裝置在模仿動物特質的同時，不免俗地也帶來許多野性的聯想，或許這就是許多人會跟自己汽車對話的原因。工業革命時期的巨型機械，甚至可能激發人們對於史前巨獸的遠古記憶，這也許可以解釋這些機械為何會引起諸多人類恐懼和敬畏。在二十世紀初期，義大利未來主義者（Italian Futurists）的作品中，將巨型機械動物化的觀點特別明顯，這些藝術家利用新興工業的力量和發展速度作為題材，啟發其法西斯主義政治理念。他們幾乎把大型機器當作是具有動物特徵的神祇來崇拜，認為工廠或戰爭中的去人性化是對人類自我存在的神秘瓦解。這種觀點在立體主義（Cubists）的藝術作品中也十分明顯，他們將有機型態與機械型態結合在一起；同時，在馬克斯・恩斯特（Max Ernst）和薩爾瓦多・達利（Salvador Dalí）等許多超現實主義者（Surrealists）的作品中也能看到這些特色。事實上，這是那個時期大多數歐洲藝術都有的共通特徵。

後來，重工業逐漸式微，機器的尺寸普遍縮小，並且失去許多神秘感。它們看起來不再像是神祇，反而更多地像人類；其動作變得更加流暢、溫和，觸感也更臻細膩。Google 開發出一款配備感應器的汽車，能夠在沒有駕駛的情況下，自如地穿梭在交通繁忙的曼哈頓。如今的電腦病毒就像是真正的生物一樣繁殖和演化，並且跟實際的病毒一樣，難以根除。

現在，越來越多的裝置不僅模仿動物或人類行為，同時還仿造其自主性與情感。提款機就是個簡單的例子，在每次完成交易之後，它都會告訴使用者「很高興為您服務」。其他裝置則會以更細膩的方式與人類互動，就像動物一樣，特別像是人類寵物。據我所知，目前還沒有根據不死鳥福克斯或是哈利波特的寵物嘿美（Hedwig）製作而成的電子／數位寵物（編按：本書於 2013 年出版。2023 年日本推出的「哈利波特電子雞」可飼養福克斯與嘿美）。然而，更值得注意的是，除了電腦遊戲之外，似乎幾乎沒有數位犬頭人、半人馬、蛇怪或其他古代世界的生物。數位寵物的創造者看起來更偏向採用大家熟悉的動物模型，像是小狗或小貓等，抑或是完全從零開始創造出自己的幻想動物。

數位和機器的創造物可以也看作是一種「幻想動物」，因為它們不僅是為了要執行實際任務，更重要的是提供人類一種陪伴

感。換句話說，它們必須要以一種充滿生命力和自主性的方式與人們互動。這些創造物可能擁有情感，甚至可能會有自己的道德標準，這讓它們能夠與人類建立雙向的交流與互動。

在最早設計出來模仿人類情感的機器人中，有一個名叫基斯米特（Kismet，土耳其語意為「命運」）的機器人，於1990年代末期由麻省理工學院（Massachusetts Institute of Technology，MIT）創造出來。基斯米特是一個機械頭部，配備視覺、聽覺和動態感應器，其唯一目的就是要活靈活現地模擬活生生動物的情感反應。它的面部特徵非常獨特，單純用來表達情感，看起來不像任何特定的物種。基斯米特擁有類似青蛙的大圓眼睛，但又有著人類眼神的深邃。它的寬嘴讓人聯想到黑猩猩，耳朵形狀則像蝙蝠。這個機器人能夠透過改變這些特徵，以「表現」出各種不同的情感。它會移動眼睛注視著同一個人來表示關注，也會透過緊張反應來表達對於突發動作的恐懼。它還能模仿憤怒、厭惡、無趣、愉悅或驚訝等情緒。基斯米特還能根據人類聲音中的口氣做出反應，甚至還能用同一種口氣回應，雖然它只會基礎的文法，但語調的變化十分豐富。[5]

塔麻可吉

塔麻可吉（Tamagotchi）（譯按：「塔麻可吉」早期中文通稱為「電子雞」，又有「電子寵物蛋、寵物機、寵物蛋」等多種名稱。）是一種手持型的電子寵物，外型像一顆蛋，色彩鮮豔，中間有個小螢幕，售價約二十美元。通常塔麻可吉的主人是小孩子，當機器啟動並設定好內部時間後，這個名為塔麻可吉的小生物就會在畫面中「孵化」出現。主人會在這時候知道塔麻可吉的性別，並可以為它命名，長度限制通常是五到八個字元。之後，主人就必須肩負養育塔麻可吉的責任，必須進行數位餵食、鍛鍊、玩耍，甚至要清理它的排泄物。如果塔麻可吉看起來有點沮喪，通常讚美它會有幫助。每一隻塔麻可吉都是獨一無二的，它們會發展出各自的「個性」。如果忽視塔麻可吉，它可能會變得暴躁；如果過度溺愛，它可能會變胖。人類世界過一天大約就等同於塔麻可吉的一年，它會歷經嬰兒期、幼年期、青春期、成熟期以及老年期等階段。更先進的塔麻可吉可以與其他夥伴進行無線通訊，雄性與雌性的塔麻可吉甚至可以「交配」，繁殖下一代。塔麻可吉是由日本萬代（Bandai）公司創造，截至本書出版為止，自1996年問世以來，總銷量已將近一億台。

就像大部分的數位和機器動物一樣，塔麻可吉並沒有單一對應的生物原型。由於它是從蛋中孵化出來，我們或許可以將它視作某種鳥類。如同基斯米特，塔麻可吉幾乎只有頭部，擁有大大、無辜的雙眼，以及寬大的嘴巴。許多塔麻可吉還有巨大、突出的耳朵，有點像老鼠的耳朵。塔麻可吉被分為不同的類型，包含「恐龍」、「雞」、「猴子」以及「章魚」等，雖然它們和這些生物的相似程度並不算高。如果真要找一個塔麻可吉的最終原型，那可能就是甲蟲之類的昆蟲，

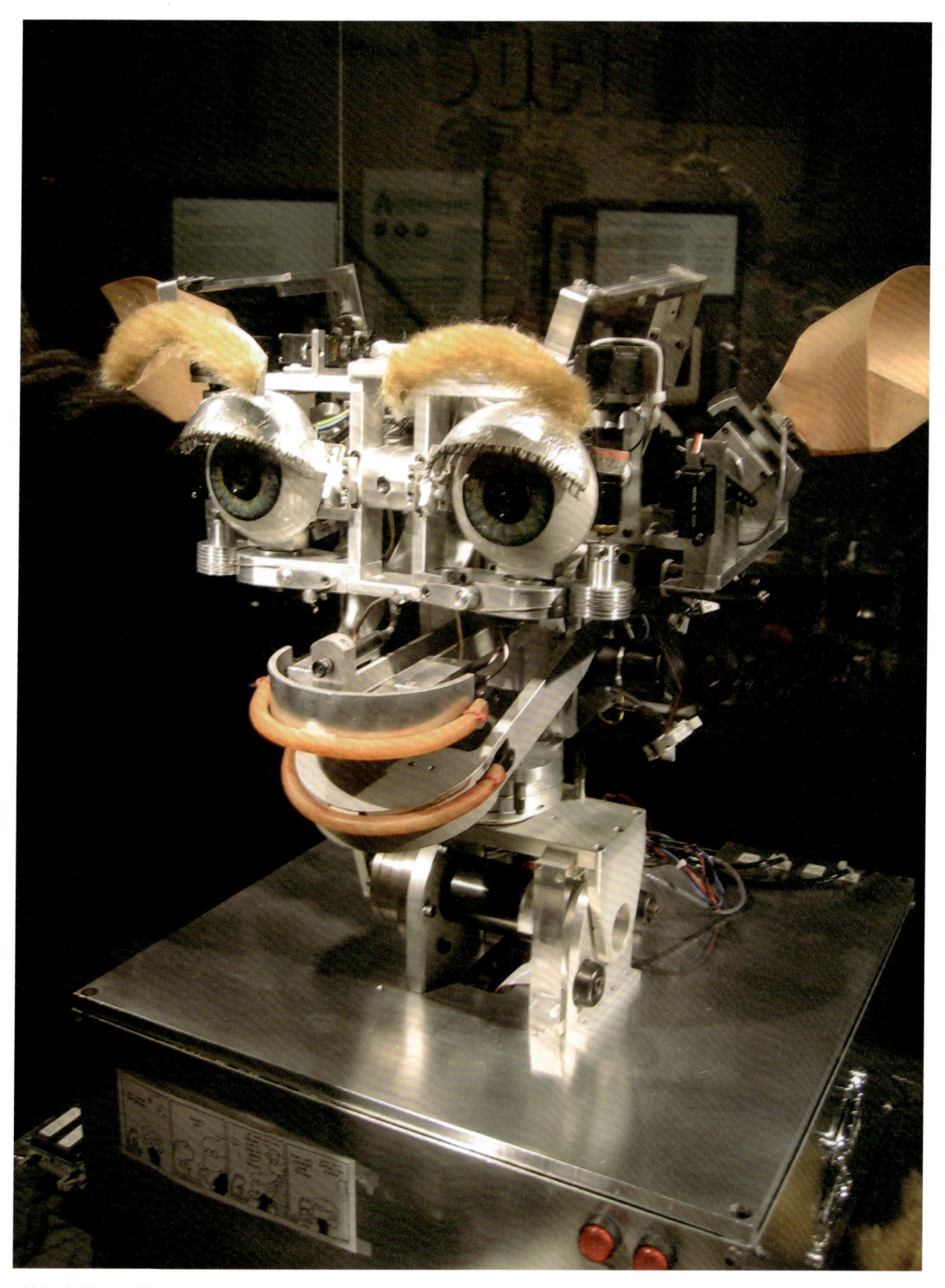

基斯米特是一款由麻省理工學院在 1990 年代製造出來的機器人,用以模擬人類情感的表達。這款機器人一項特別之處在於,其製造者幾乎不打算掩蓋它的機械特性,也不打算讓它看起來更像人類。

它們在歐洲和北美大多被視為害蟲，但在日本卻常被當成寵物。

一位母親曾對我說：「如果你給孩子一隻塔麻可吉，就要準備好面對他們的淚水。」即使是塔麻可吉也會死去。有些是因為主人忘記餵食而「死亡」；有些則是因為意外，像是主人不慎將機器摔在人行道上；還有一些是因為自然老死，塔麻可吉在自己世界滿一百歲後就會過世。主人通常可以按下「重置」鍵來取得新的電子寵物，但是新的塔麻可吉並不會有跟之前一樣的經歷。因此，許多主人會出於對原本塔麻可吉的情感，而選擇不按下重置鍵。塔麻可吉一旦死亡，就會在線上的「塔麻可吉墓園」中安息。在其中一個虛擬墓園的入口處，有個標語寫著：「這裡安葬著備受尊敬的塔麻可吉。請盡量放低音量，尊重它們安眠。如果您不幸失去心愛的塔麻可吉，請前去我們的殯葬師那裡，他將協助您處理一切後事。」

每一隻逝去的塔麻可吉都有一塊虛擬的墓碑，紀錄它們的年紀、主人姓名、寵物名稱、品種和死亡原因，甚至還有訃文或銘文。「Joe」是一隻恐龍型塔麻可吉，八歲時因「意外摔落」而死。主人在訃文中寫道：「我可憐的 Joe，我的長子。它過著幸福的生活，也得到很好的照顧。不幸的是，它的生命在牛仔褲口袋裡戛然而止。我們都會非常想念它。」；「PeeWee」是一隻外星人型的塔麻可吉，在五歲時「餓死」。訃文寫道：「你真的很可愛，你自己也知道。但你真的有需要就這樣走了嗎？你這個傻瓜。我永遠愛你。」；另一隻猴子型的塔麻可吉在九歲的時候因為「火災，掉下去還發生奇怪的聲音」而不幸離世；還有一隻恐龍型的塔麻可吉在十一歲的時候，由於「意外重置」而死，讓主人悲痛欲絕：「我親愛的小 Billy（痛哭）。它非常完美，我從來沒有因為它而煩惱過。它與我形影不離，陪伴我度過每一刻，直到那個悲劇的『大摔落』的命運之日來臨前，都是如此。噢，我的小 Billy，沒有你我該怎麼辦？（淚流滿面）。」；一隻數位龍型的塔麻可吉的墓碑上，刻著一句簡單卻深情的紀念語：「Jimmy 永遠活在我們的心中。」[6]

顯然，這些哀悼之詞都是發自內心，我們很難不被這些文字感動。然而，為了機器所產生的影像哀悼，似乎又顯得有點奇怪。但真的是這樣嗎？在人們的心底，雖然這個想法聽起來不夠成熟，但總會存在一種疑問，塔麻可吉或許真有生命。畢竟，它們看起來就是活生生的生物，我們又要怎麼證明它們並沒有生命呢？但在另一方面，即使是擁有塔麻可吉的孩子，他們在某種程度上似乎也意識到，這些電子寵物與家中的寵物狗等動物不一樣，它們並沒有感知能力。如果我們認為塔麻可吉是活的，那麼虐待它們的人可能會被抓去關，或至少要被罰款。我們甚至可能會指控那些無意按下「重置」鍵的人犯下過失殺人罪。也許，孩子們真正哀悼的是他們生活當中的某個階段，或者是某些面向。這算是一種純真的喪失嗎？

如果我們更深入地思考，或許塔麻可吉墓園最讓人感到奇怪的是它在大多時候看起來並沒有太過異常。塔麻可吉反映出一種扁

平化的經驗，在這過程中，許多原本對立的概念都逐漸模糊，自我與他人、現實與幻想、知識與情感等。人與人之間的關係，以及人與動物之間的關係總是充滿無限的探索空間。一隻動物，不論是作為寵物還是家庭成員，都讓我們進行無限的反思，它們令人感到既陌生又熟悉，就像是林布蘭（Rembrandt）的肖像畫或米勒（Millet）的田園風光畫作一樣。[7] 然而，對於塔麻可吉而言，這層關係僅限於肉眼所見，缺乏更深層的含義。主人很少會提及或談論塔麻可吉自己所經歷的奇幻冒險。

在二十與二十一世紀充斥著複雜和矛盾情感的人際關係中，這種簡單的關係顯得格外令人耳目一新。人們常常在與寵物互動，特別是從狗狗身上尋找慰藉，因為人們普遍認為狗的陪伴沒有虛偽，毫不含糊，而塔麻可吉則進一步將這種關係簡化。

其他數位與機器寵物

如今，對於想要擁有數位寵物的人來說，塔麻可吉只是眾多選項之一。與之齊名的老牌玩具是在 1998 年風靡一時的菲比小精靈（Furby）。菲比小精靈是一種電子玩偶，全身覆有毛皮，並且有著巨大的眼睛。它結合貓頭鷹與老鼠的外觀特徵。菲比小精靈的設定是剛開始只會胡言亂語，廠商將這個語言稱為「菲比語」（Furbish），主人必須常常跟它說話，這些玩具就會漸漸「學會」說英文。現在，許多的菲比小精靈都搭載視覺感應器以及語音辨識系統。

此外，有一些數位寵物只存在於虛擬世界中，它們的主人可以為自己的寵物購買旅遊行程或是相關配件。尼奧寵物（Neopets）讓人們能夠購買獅鷲等神話生物，類似哈利波特故事中的生物。這些寵物生活在一個名為「尼奧世界」（Neopia）的星球上，它們可以進行各種活動，像是對抗海盜或訪問史前時代等。這個社群還有自己的經濟體系，甚至擁有股市，並根據該世界的貨幣尼奧點數（Neopoints）來運作。另一方面，Foo Pets 平台主要提供各種虛擬的貓和狗。來自英國的莫希怪物（Moshi Monsters）則推出奇幻生物的玩具，外型相對擬人，擁有兩隻手臂、兩條腿，以及比較大的頭部跟巨大的眼睛。每個玩具都附有收養證書和一組代碼，讓主人能在網路上參與數位遊戲。每一隻莫希怪物都可以笑，並且能夠說出幾句話。同時，其背後的製造商 Mind Candy 還販售一系列與這些創造出來的動物有關的各式商品，如珠寶、盒子以及雜誌等。

大多情況下，人們還是以相對實際的方式使用這些基於真實動物設計出來的數位或機器寵物。例如，Paro 就是一種專為老年人和失智症患者所設計的海豹機器人。如果主人撫摸它，就會表現出高興的樣子做出回應，這不僅能夠安撫主人，還能夠幫助他們避免陷入迷茫狀態。

電子寵物是否終將取代真實寵物？數位版的寵物通常成本較低，照顧起來也比真正的動物容易。如同現代的汽車早已取代馬匹，作為主要交通工具；電子安全系統也取代看門犬；早上叫我們起床的不再是公雞，而是

鬧鐘。現在可以想像，如果我們以試管肉作為食物來源，並透過塔麻可吉來滿足情感需求，那麼真實動物在我們生活中的角色可能就會變得過時，儘管我們可能會因此失去真實感。

在討論動物或電腦是否擁有感知能力時，人們常常過於簡單地將意識與覺察或智力劃上等號。事實上，模擬意識其實相對容易，因為數位訊息含有精準的重點，可以馬上得知其意圖；然而，要模仿無意識心智則是困難許多。數位寵物缺少的正是想法和情緒當中的無意識層面。或許可以進一步地說，無意識心智就是生命的精髓，就只有藝術家以及有遠見的人才會真正地重視這個價值。不過，也有人認為，我們電腦深處的文件，以及那些不太使用或是已經過時的應用程式，彷彿構成一種初階的無意識心智。就像我們埋藏的記憶有時候會造成印象錯亂或辨識錯誤一樣，這些隱藏在深處的文件有時也會影響電腦的運作。

電腦現在較少用於計算，更多是進行模擬。因此即使是編寫程式的工程師也沒辦法事先知道電腦在特定情況下的反應為何。[8] 與電腦的互動正在快速地轉變，就好像與其他人類互動，或是與動物互動一樣，都難以預測。因此，我們不應該認為人類可以透過編寫程式碼來控制電腦。人類的主宰地位是罪惡感與自負感的源頭，藉由過分強調人類團結、人類自主以及人類有能力改變意識選擇帶來的結果等創造出一種幻覺，同時也對其他物種的自主性視而不見。

有些人堅持人類是因為站在「食物鏈」的「頂端」，而擁有主導地位。確實，我們在避免被熊或鱷魚等大型掠食性動物吃掉這方面做得很好；但是，這項成就的主要原因在於我們在許多地區都讓這些動物走向滅絕的邊緣。然而，在逃避細菌或病毒等小型掠食者上，人們並沒有做得很好；雖然我們在部分狀況下能夠躲避它們，但都只是暫時性成功而已，因為細菌或病毒很快地就會適應我們的藥物和抗生素，我們始終都處於被動的防禦狀態。而且，不管棺材封得多緊，或是在血管中注入各種化學物質，這些微生物最終還是會吞噬我們。除此之外，大多情況下，人類並不會認為位於食物鏈的「上層」，就擁有優越性。例如，蛇可能會吃掉猴子，但是人們傳統上還是認為猿猴比爬蟲類動物更聰明。

英文中的「domesticate」（馴化）一字，與「dominion」（統治）和「dominate」（主宰）一樣，都源自拉丁文中的「dominus」，意指「主人」或「領主」。然而，研究人員已不再認為馴化狗或是其他動物是人類單方面決定的結果。相反地，他們認為這是雙方在不自覺的情況下，發展而成的共生關係。[9] 我們與動物之間的關係不斷地演變，這多半不是有意識選擇的結果。例如，沒有人決定讓十九世紀的歐洲與美國中產階級大規模飼養寵物，也沒有人決定在二十世紀後期將畜牧業工業化；這些發展是如何迎合「人類利益」一直都還是未解之謎。同樣地，沒有人能夠自信地預測未來幾百年間，人類與幻想動物或與真實動物之間的關係會如何演變；唯一可以肯定的就是，這關係很有可能不

J. J. 格蘭維爾，《狗牽人散步》（A Dog Walking His Man），出自《動物世界》。人們通常認為自己控制著狗，但是狗本身卻不這麼認為。

會一成不變。

人類的主宰地位很大一部分是一種視角上的錯覺。在日本仙台市，烏鴉就學會利用交通來打開核桃。它們會在紅燈時，從樹上俯衝下來，在汽車的前輪放置一個核桃。等到綠燈時，車輛開過去碾壓核桃，烏鴉就可以輕鬆享用裡面的果肉。這樣烏鴉很有可能就會認為，車子和卡車存在的主要功能就是要幫它們壓碎食物的硬殼。以同樣的邏輯，如果老鼠也有相似的思考方式，它們可能會認為超市就是已經安排好的場所，確保自己能夠取得穩定的食物殘渣供應。

然而，現在真正挑戰人類控制極限的並不是動物，而是機器，特別是現在的趨勢變得越來越明顯，電腦已經不只是服從人類指令的工具而已。家庭中的寵物狗可以取得食物、住所和醫療等實質性的照顧，它們提供給人類的則是陪伴等非物質性的回報。雖然這麼說不恰當，但這種關係之間的不對稱性讓我們更容易解釋成人類的主宰。對於電腦而言，因為這些設備不斷地與人類交換資訊，並深入參與著各層政府與產業內部的決策過程，所以我們很難忽視人機之間的互惠關係。像是塔麻可吉等裝置就在人類與人工智慧（AI）不斷變化的關係當中，揭露出那層較少受人關注的面向，包含我們對 AI 的強烈依賴性。[10] 如果有外星人從外太空前來造訪我們當代的已開發社會，那它可能會認為電腦就是生命的主宰，而人類唯一存在的目的就是要建立並且滿足電腦，讓機器能夠發揮其潛能。為什麼人類要做這些服務機器的工作呢？外星人或許會認為，那是因為人類早就被設定做這些事情了。

結論

宇宙浩瀚無垠，但就我們所知，
大部分的地方都空蕩蕩、單調乏味並且十分寒冷。
如果人類持續現在的行徑，終將消滅地球上最後這些宏偉且恐怖的野獸；
那麼，在接下來的漫長歲月裡，無論我們走到哪裡，永遠不會再遇見類似的其他生命。
我想，唯一比抵達 LV-426 星球，然後發現一群外星生物更可怕的事，
就是不論我們到達哪一顆已知或未知的星球，都只發現一片荒蕪。
　　──美國作家大衛‧逵曼（David Quammen），《上帝的怪物》（Monster of God）

　　在本書前幾個章節中，我提出一個論點，反對嚴格劃分幻想動物以及真實動物之間的界線。我同意，這一種評論的確會受到相對主義者的質疑。有些人可能會說：「基本上，此想法難道就不是認為真實和虛假之間沒有差別嗎？」

　　這種批評沒有辦法證實，也難以駁斥，而且我們大概可以感受到當中可笑的成分，因為這類的說法也幾乎可以套用在任何人們不熟悉的哲學或是宗教理念之中。基督徒經常批評不信教的人就是相對主義者；無神論者也對基督徒提出相同的指控。另外，這種指控還可以用來針對存在主義者、解構主義者、結構主義者、實證主義者以及基本教義派主義者等。

　　然而，我沒辦法想出任何一位當代或是歷史上的思想家，曾明確放棄對真理的信仰。相對主義並不是一種固定的哲學理念。相反地，這是一種所有思想都有的基本特質，可能在當代尤其明顯。相對主義似乎潛伏在我們周圍，並可能在各種非自身擁護的哲學或宗教觀點中，隱隱約約地出現。我們的生活就處在混亂的邊緣，而真理就存在於荒謬與相對主義的交界處。真理的本質其實非常脆弱，並且難以捉摸，所以我們更應當好好珍惜。

　　如果我們深入、持續地審視文化當中的道德與知識基礎，就會開始發現這一切都反覆無常，令人感到不安。人類擁有權利的根據是什麼？要怎麼確定其他人都有意識？造成不必要的痛苦有何不妥之處？我們要怎麼確定今天有效的物理定律到了明天也能夠適用？坦白說，這類問題還真不好回答。如果我們認真對待這些問題，我們很有可能不僅無法說服懷疑者，還會讓自己陷入無盡的懷疑當中。然而，為了要過上有秩序又完整的生活，我們不能一直沉涵於文化與科學遺產中，那種易逝又脆弱的本質。我們可以在「哲學導論」這類的課程當中，假裝懷疑周遭的一切事物；但在日常生活中，我們就必須放下這些疑慮。目前並沒有確切的詞彙可以用來描述這種過程，但「信念」（faith）

一詞或許最接近這個狀態。

許多學者認為,「怪物」能透過具象化我們內心的恐懼來幫助我們。[1] 現今人們較沒有注意到的是,像是獨角獸等「珍奇異獸」就是將人類希望正當化。然而,所有的幻想動物,也可以說是所有動物,基本上都算是怪物與珍奇異獸的結合,幫助人類轉移和緩解各種不確定性。從象徵性、典範性、紋章性、風格化、詩學、文學或是刻板印象等各種不同的動物中,將「幻想」動物區分出來並不容易。什麼是現實?在我們可以自信地回答這個問題之前,真實動物和幻想動物之間的分界仍然模糊不清。在每個猿猴身上都包含雪怪的元素;每匹馬也都藏有一絲飛馬的特質。男人和女人也不僅是舊俗套中天使與惡魔的組合,他們還融合半人馬、狼人、曼德拉克以及斯芬克斯等不同的特質。

所有的動物,不論是否存在,也不管它們是用什麼方式存在,都是現實與想像之間辯證過程的產物。因此,想像創造出新的動物,並且講述其背景故事,本質上就是一種持續不斷的哲學探究過程,是一種神聖的遊戲。幻想動物所帶來本體論上的不確定性並不會因為新的分析而消散,而是存在於它們的本質當中。

正因為如此,幻想動物會讓人感到困惑,甚至那些看似無害的動物也可能成為恐懼的源頭。它們都是人類存在不安全感的產物,這種不安全感似乎是人類本質的一部分。事實上,人類想像力非常豐富,所以那些關於鬼怪和妖精的故事都不斷地讓我們對於現實的認識變得更加模糊。有時候,這些想像會

J. J. 格蘭維爾的《幻想動物》(Fantasy Animal,約1850年)。所有動物都兼具怪異與奇妙之處。

突破傳統或哲學的束縛,讓人類陷入怪物氾濫的世界。1808 年,印度政府甚至不得不禁止人們講述關於各種恐怖怪物的故事,像是「飛天頭顱、動物妖怪、蛇怪、火魔」等。[2] 與此同時,我們或多或少也可以想像,如果世界上沒有幻想動物會多麼空虛。這些動物透過自身不明確的社會與哲學地位,產生能夠創造越來越多新興可能性的連結,成為人類超越現實的希望。

英文中的「transcendence」(超越)來自拉丁文裡的「transcendere」,是「攀越」或「超越」的意思。其背後的隱喻是攀爬城牆,最初可能是指圍繞著城鎮的城牆。我們現今的城市中,已經沒有石頭建成的城牆

了。現在的邊界可能不那麼具體，但同樣真實，一邊區隔出人類的領域，另一邊則是自然或超自然的範疇。

將動物完全劃入人類思考的範疇中非常困難，或者說是幾乎不可能。我們對於動物的泛泛之談，如果不是過於瑣碎，通常都不會完全正確；但反過來說，也都不會完全錯誤。我們在討論動物是否具有「意識」、「自我認知」，或是「道德感」時，事實上都是在強加「人類」的思想在它們身上，同時還有特定的文化範疇。如果你問動物是否具有「道德感」？首先要問的問題是，你是在指哪一種「道德感」？是那種二十一世紀美國中產階級的道德感嗎？還是黑手黨教父、維京戰士或是儒家學者的那種道德感呢？

動物是否具有時間感？這取決於你所討論的時間感為何。是現代社會中，西方人普遍認識的線性時間嗎？但這種觀念正喪失其主導地位；還是古代世界中盛行的循環時間概念呢？還是說，你所指的時間是永恆的當下？或是指荷馬、佛陀、牛頓或愛因斯坦等人對時間的理解？還是指美國經濟大蕭條時期，流浪漢所感受到的時間？澳洲原住民的時間觀？或是忙碌 CEO 的時間呢？

再來討論自我意識是什麼？這是指我的自我，還是你的自我？是佛家僧侶的自我、克羅馬儂（CroMagnon）獵人的自我，還是愛斯基摩巫師的自我？法國國王路易十四曾經表示，「朕即國家。」（L'état, c'est moi），真的有動物擁有這種自我嗎？

那麼意識呢？這或許是最難以捉摸的概念。我們通常會認為自己具有意識，但對於意識的定義要麼過於抽象而沒有實質意義；要麼過於具體而顯得十分平庸。無論如何，不管意識到底是什麼，人類都試圖要擺脫它。佛教僧侶透過冥想來尋求超脫的意識，巫毒教與其他相關信仰的教徒則會藉由狂喜的恍惚來逃避意識。藝術家在創作中尋求忘我，讓潛意識主導整個過程。如果動物真的沒有意識，也許我們應該要羨慕它們。

動物是否能夠理解死亡？那麼人類可以理解嗎？如果會的話，是哪些人能夠認識死亡的意涵呢？是那些將死亡看作是前往天堂或地獄入口的人嗎？還是認為死亡只是生命形式的轉換，也就是輪迴轉世的人呢？或者是將死亡視為整體生命神秘結合的人？最初提出這個問題的動物研究學者可能是根據世俗知識界普遍接受的死亡觀，也就是完全滅絕等類似的概念。他們當然有權對此抱持著自己的觀點，但這種觀念不應該成為全體人類的共同看法，更不應成為衡量動物對於死亡理解方式的標準。

正如馬克·德爾（Mark Derr）所說，狗對人類來說非常重要，因為

> 它們是我們與其他世界範疇之間的連結。然而，人類社會並不擅長處理模糊不清、心理矛盾、充滿悖論以及邊界地帶等情況，所以我們往往傾向於忽略狗的野性本質，並且對自己創造出來的矛盾感到遺憾；這種情形就足以讓一隻狗走向毀滅。[3]

同樣的觀點也可以適用於所有動物,尤其是那些存在於想像中的生物。

在對於動物是否具有意識等特質的大部分研究中,不僅是以人類為中心,還極度圍繞在特定種族文化的觀點。這不只是將人類作為衡量一切生物的標準,更是把二十一世紀的西方世俗觀點當作是衡量所有人類的尺度。在我看來,這同樣也適用於動物權利相關的「擴展圈」(expanding circle)理論,這本質上就是將當代人類的法律、體制以及觀念擴展到其他生命形式。[4] 這種方法或許能夠提供一點保護,針對少數與人類看起來最相似的動物;同時也能夠讓我們自我安慰,認為我們的哲學觀並非歷史的偶然,而是絕對真理的反映。在某種程度上,這甚至可能有助於促進人道實踐。然而,如果這種觀點昇華成為普世原則,那麼擴展圈方法實際上就會透過強加人類的概念、期望以及價值到動物身上,藉以削弱它們自身的價值。最後,透過否定動物的獨特性和自主性,減少了我們所居住世界的豐富性。

我認為我們應該努力走進動物的世界,而非將動物拉近人類的社會中。這需要我們加強想像力,揣摩包含人類在內的各種物體在其他生物的眼中是什麼形象。我們可能需要學習接受非常多的不確定性,並且依賴我們

J. J. 格蘭維爾的作品,出自《動物的公開與私人生活》(*Vie Publique et Privée des Animaux*,1842 年)。就跟格蘭維爾的其他作品一樣,這幅畫也藉由諷刺挑戰人本中心的觀念。圖片中,評論家皮斯托萊(Pistolet)發現自己成為眾人關注的焦點,也許是因為他看起來比起其他生物更加「人性化」。然而,如果更加仔細觀察,你就會發現他其實比他自己認為的樣子還要更具動物特質。

結論

的詩意想像。當一隻蝙蝠是什麼感覺？松鼠呢？青蛙？老虎？馬蹄蟹？蝴蝶？飛龍？塔麻可吉？我們永遠無法得到這些問題的最終答案，但是透過藝術與科學，我們可以找到有用且有趣的答案。

與人類相比，動物因為自身同時具有親密和陌生的特質而獨樹一幟；它們與人類具有非常多的相似之處，同時又有深刻的差異。幻想動物的創造都是基於現實的動物，將動物「虛構化」本質上就是加強這種矛盾的特性。如果一匹馬有了翅膀，它的異質性就會凸顯出來，但同時也會更接近人類，因為我們就更容易賦予它象徵性的解釋。動物不會通過鏡子測試（譯按：這是一種自我認知能力的測試，主要是想了解動物是否有能力辨別自己在鏡子中的影像。），動物本身就是人類的鏡子測試。正如克勞德‧李維史陀著名的評論所言，動物不僅是值得人類「深思的對象」，同時也是引人遐想的對象。

幻想生物讓我們聯想到《哈姆雷特》中所說：「霍雷肖（Horatio），天地之間，還有許多事情遠超出你所理解的哲學範疇。」（第一幕，第五場）。如此可見，這些生物暗中提醒人類避免傲慢。在哥德式教堂中，它們警示我們不要盲目狂熱；在宮廷裡，它們提醒我們世俗權力的限制；在圖書館中，它們則成為自負與懷疑的制衡。這些奇幻動物引領我們感受日常生活、社會規範、宗教教條，甚至是宇宙定律的侷限，並指引我們超越這些限制。

J. J. 格蘭維爾的作品，出自《動物世界》。圖片中的這隻昆蟲能否通過所謂的「鏡子測試」呢？

253

美國詩人瑪麗・奧利弗（Mary Oliver）在描述一群天鵝飛過沙丘時寫道：

> 我們所愛，型態優雅且純粹，
> 不是用來捕捉，
> 而是用來相信。
> 然後它們便煙消雲散，
> 消逝在不可及的遠方。[6]

本書中所討論過的美人魚、獅鷲、獨角獸、犬頭人、龍和其他生物，可能都有類似於上述的寓意。

可能是河鍋曉齋的作品，出自十九世紀末至二十世紀初的日本明信片，上頭描繪狐妖以及其他神話動物。值得注意的是，圖片左下角的惡魔似乎在對一隻狐狸耍花招。妖狐要麼在鏡子中沒有反射，要麼呈現出狐狸的形象；但這隻狐狸卻錯誤地將一幅女性畫像認為是自己在鏡中的倒影。

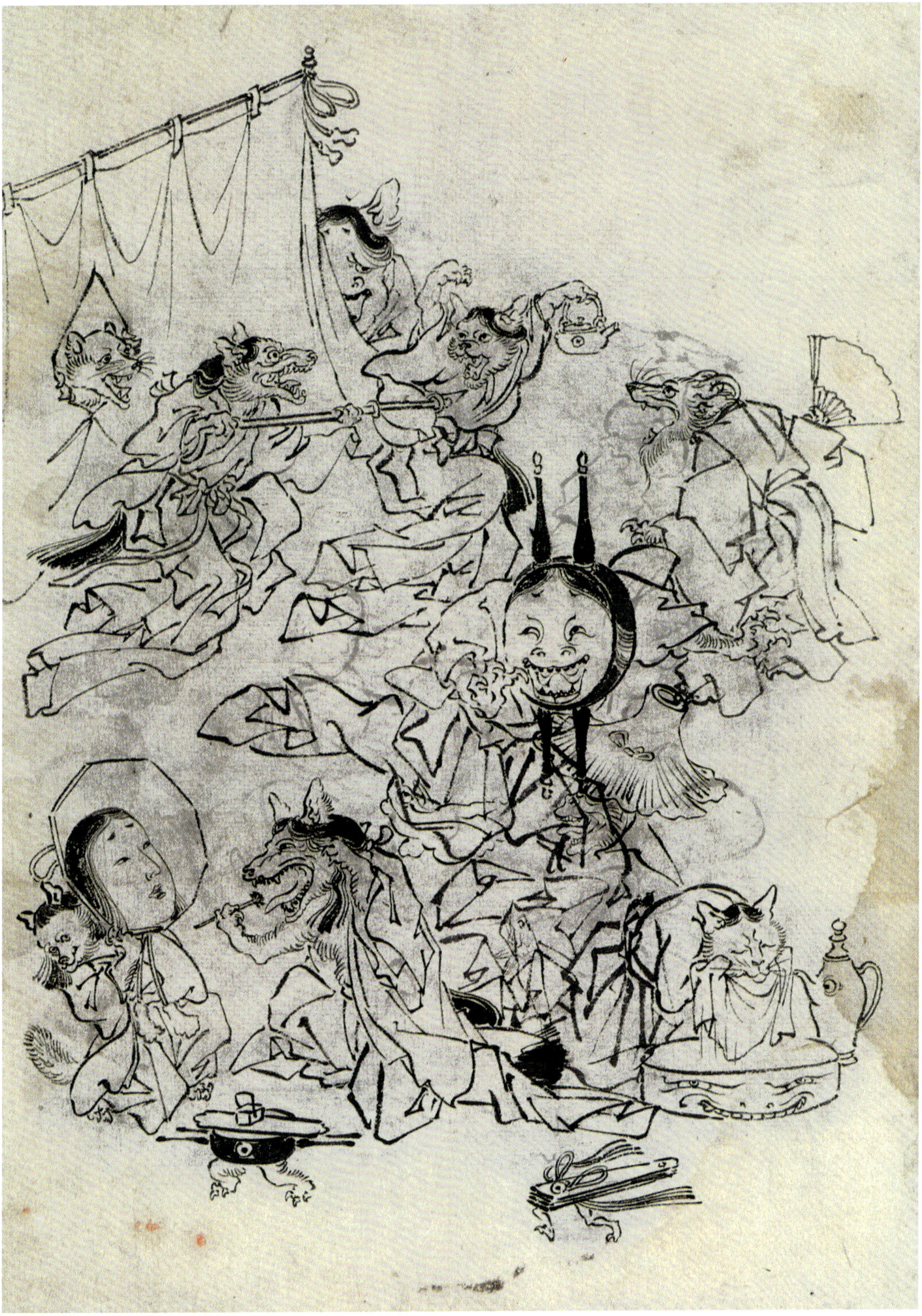

參考資料

第一章 真實的獨角獸

1 Edward Topsell, *The History of Four-footed Beasts and Serpents and Insects* [1658] (New York, 1967), p. 552. In this and the subsequent quotations from this book, I have somewhat modernized the English.
2 同上, vol. i, Dedication.
3 Didymus of Alexandria (attrib.), *Physiologus*, trans. Michael J. Curley (Austin, tx, 1979), pp. 150–200.
4 Topsell, *The History of Four-footed Beasts*, vol. iii, p. 889.

第二章 與動物相遇

1 Michael Pastoureau, *The Bear: History of a Fallen King*, trans. George Holoch (Cambridge, ma, 2007), pp. 60–85.
2 Harriet Ritvo, *Humans and Humanists (and Scientists)* (2010), National Humanities Center, available at http://onthehuman.org, accessed 22 March 2010.
3 Carol Kaesuk Yoon, *Naming Nature: The Clash between Instinct and Science* (New York, 2009), pp. 119–21.
4 Signe Howell, 'Nature in Culture or Culture in Nature? Chewong Ideas of *"Humans" and Other Species'*, in *Nature and Society: Anthropological Perspectives*, ed. Philippe Descola and Gísli Pálsson (New York, 1996), pp. 152–68.
5 Paul Shepard, *The Others: How Animals Made Us Human* (Washington, dc, 1996).
6 Keith Thomas, *Man and the Natural World: Changing Attitudes in England, 1500–1800* (London, 1983); Harriet Ritvo, *The Animal Estate: The English and Other Creatures in Victorian England* (Cambridge, ma, 1989).
7 Nona C. Flores, 'Effigies Amicitiae . . . Veritas Inimicitiae', in *Animals in the Middle Ages: A Book of Essays*, ed. Nona C. Flores (New York, 1996), pp. 167–95.
8 電視節目 Fatal Attractions (於 the Animal Planet 頻道播出)，從 2010 年 2 月開播以來至今持續放映，其中包含好幾部紀錄片，拍攝那些醉心於與危險動物建立關係的個案與其過程。網址 http://animal.discovery.com. 訪問日期：2012 年 2 月 9 日。
9 Karl A. Menninger, 'Totemic Aspects of Contemporary Attitudes toward Animals', in *Psychoanalysis and Culture*, ed. G. B. Wilbur and W. Muensterberger (New York, 1951), pp. 62–3.
10 Boria Sax, 'Are There Predators in Paradise?', *Terra Nova*, I/2 (1997), p. 63.
11 Thomas, *Man and the Natural World*, p. 29.
12 想進一步了解中世紀歐洲狩獵的價值、習俗、做法以及象徵意義，請參閱 John Cummins, *The Hound and the Hawk: The Art of Medieval Hunting* (London, 1988).
13 關於這些故事的文化與歷史背景的延伸討論，請參閱 Michael Pastoureau, *Les Animaux célèbres* (Paris, 2008), pp. 88–117.
14 Aaron H. Katcher, 'Man and the Living Environment: An Excursion into Cyclical Time', in *New Perspectives on Our Lives with Companion Animals*, ed. Aaron H. Katcher and Alan M. Beck (Philadelphia, 1983), p. 526.
15 Joanna Bourke, What It Means to Be Human:

Historical Reflections from the 1880s to the Present (Berkeley, ca, 2011), pp. 19–20; Roberto Marchesini, 'Alterità non umane', *Liberazione: Rivista di Critica Antispecista*, 6 (2008); Roberto Marchesini, *Alterity and the NonHuman*, trans. Boria Sax, Humanimalia (Spring 2010), 網址 http://www.depauw.edu/humanimalia. 訪問日期：2012年5月7日。
16 Jacques Derrida, *The Animal That Therefore I Am*, trans. David Willis (New York, 2008), p. 9.
17 這個概念的其他版本，請參閱 Gilles Deleuze and Félix Guattari, *A Thousand Plateaus*, trans. Brian Massumi (Minneapolis, mn, 1987).
18 Donna J. Haraway, *When Species Meet* (Minneapolis, mn, 2008), p. 20.

第三章 什麼是「幻想動物」？

1 Carol Kaesuk Yoon, *Naming Nature: The Clash between Instinct and Science* (New York, 2009), pp. 7–10, 252–60.
2 同上, p. 98.
3 Joe Nigg, *The Book of Gryphons: A History of the Most Majestic of All Mythical Creatures* (Cambridge, ma, 1982), pp. 90–91.
4 Samuel Sadaune, *Le Fantastique au Moyen Âge* (Paris, 2009), p. 7, my translation.
5 Rita Carter, 'The Limits of Imagination', in *Human Nature: Fact and Fiction*, ed. Robin Headlam Wells and Johnjoe McFadden (New York, 2006); Antonio Damasio, *Descartes' Error: Emotion, Reason, and the Human Brain* (New York, 2005), pp. 83–113.
6 Roel Sterckx, *The Animal and the Daemon in Early China* (Albany, ny, 2002), p. 28.
7 Philippe Descola, *Par-delà nature et culture* (Paris, 2005), pp. 21–52.
8 Tim Ingold, 'Rethinking the Animate, Reanimating Thought', *Ethnos*, lxxi/1 (2006), p. 10.
9 Gilbert Ryle, *The Concept of Mind* (Chicago, 2000), pp. 18.
10 Damasio, *Descartes' Error*, pp. 223–52; Susan Blackmore, *Consciousness: A Very Short Introduction* (New York, 2005), pp. 50–98.
11 Descola, *Par-delà nature et culture*, pp. 321–37.
12 同上, pp. 183–320; Philippe Descola, 'Constructing Natures: Symboloic Ecology and Social Practice', in *Nature and Society: Anthropological Perspectives*, ed. Philippe Descola and Gísli Pálsson (New York, 1996), pp. 108–20.
13 Edward O. Wilson, 'Biophilia and the Conservation Ethic', in *The Biophilia Hypothesis*, ed. Stephen R. Kellert and Edward O. Wilson (Washington, dc, 1993), p. 31.
14 Roberto Marchesini and Karin Anderson, *Animal Appeal: Uno studio sul teriomorfismo* (Bologna, 2001), pp. 23–55.
15 Joanna Bourke, *What It Means to Be Human: Historical Reflections from the 1880s to the Present* (Berkeley, ca, 2011), pp. 285–330.
16 Louisa May Alcott, *Transcendental Wild Oats* [1873] (Carlisle, ma, 1981), p. 48.
17 現代關於肉類的其他細微禁忌的探討，請參閱 Hal Herzog, *Some We Love, Some We Hate, Some We Eat: Why It's So Hard to Think Straight About Animals* (New York, 2010).
18 Elizabeth Lawrence, 'The Sacred Bee, the Filthy Pig, and the Bat out of Hell: Animal Symbolism as Cognitive Biophilia', in *The Biophilia Hypothesis*, ed. Kellert and Wilson, p. 334.
19 Bettina Bildhauer and Robert Mills, 'Introduction: Conceptualizing the Monstrous', in *The Monstrous Middle Ages*, ed. Bettina Bildhauer and Robert Mills (Toronto, 2003), p. 21.
20 René Girard, *Violence and the Sacred*, trans. Patrick Gregory (Baltimore, md, 1993), pp. 143–68; Lucian Boia, *Entre l'ange et la bête: Le Mythe de l'homme différent de l'Antiquité à nos*

jours (Paris, 1995); Marchesini and Anderson, *Animal Appeal*.

21 Aesop, *Fables of Aesop*, trans. S. A. Handford (London, 1987), fable 17.

22 T. H. White, ed., *The Book of Beasts: Being a Translation From a Latin Bestiary of the Twelfth Century* [c. 1150] (New York, 1984), pp. 14–15.

23 Farid al-Din Attar, *The Conference of Birds* [1177], trans. Afkham Darbandi and Dick Davis (London, 1984).

第四章 幻想的真實動物

1 恩培多克勒斯的完整作品沒有保存下來，但我們有許多由其他作者記錄的片段。關於這些片段的彙整，請參閱 John Burnet, *Early Greek Philosophy* (London, 1903).

2 Sigmund Freud, *Civilization and Its Discontents*, trans. and ed. James Strachey (New York, 1961).

3 David D. Gilmore, *Monsters: Evil Beings, Mythical Beasts, and All Manner of Imaginary Terrors* (Philadelphia, pa, 2009), pp. 92–5.

4 Stephen Jay Gould, *Wonderful Life: The Burgess Shale and the Nature of History* (New York, 1990).

5 Heinz Mode, *Fabulous Beasts and Demons* (London, 1975), pp. 12–14.

6 Ariane Delacampagne and Christian Delacampagne, *Here Be Dragons: A Fantastic Bestiary* (Princeton, nj, 2003), pp. 84–5.

7 關於美洲原住民傳說中的一些奇幻生物的概述，請參閱 Gilmore, *Monsters*, pp. 90–114.

8 關於史前遺骨對神話，尤其是希臘羅馬神話，可能產生的影響，請參閱 Adrienne Mayor, *The First Fossil Hunters: Paleontology in Greek and Roman Times* (Princeton, nj, 2000).

9 Stanley Charles Nott, *Voices from the Flowery Kingdom* (New York, 1947), pp. 240–47.

10 Steven Mithen, 'The Hunter-Gatherer Prehistory of Human–Animal Relations', *Anthrozoös*, xii/4 (1999).

11 Delacampagne and Delacampagne, *Here Be Dragons*, p. 71.

12 André Leroi-Gourham, *Treasures of Prehistoric Art*, trans. Norbert Guterman (New York, 1967), pp. 128–9, 447, 512; quotation on p. 121.

13 同上, pp. 131–3.

14 Mithen, 'The Hunter-Gatherer Prehistory', p. 200.

15 Mark Derr, *How the Dog Became the Dog* (New York, 2011), pp. 25–8.

16 Leroi-Gourham, *Treasures of Prehistoric Art*, p. 446.

17 同上, p. 166.

18 Michael S. Gazzaniga, *Human: The Science Behind What Makes Your Brain Unique* (New York, 2008), pp. 310–12.

19 Mircea Eliade, *History of Religious Ideas*, trans. Willard R. Trask (Chicago, 1998), vol. i, p. 5.

20 Joseph Campbell, *Historical Atlas of World Mythology* (New York, 1988), vol. ii, Part 2, pp. 224–5, 34.

21 Jocelyne Porcher, *Vivre avec les animaux: Une Utopie pour le xxe siècle* (Paris, 2011), pp. 32–3, 103–4.

22 Walter Burkert, *Creation of the Sacred: Tracks of Biology in Early Religions* (Cambridge, ma, 1996), pp. 40–47; Paul A. Trout, *Deadly Powers: Animal Predators and the Mythic Imagination* (Amherst, ny, 2011), pp. 206–8.

23 Natalie Angier, 'Quest for Evolutionary Meaning in the Persistence of Suicide', *New York Times* (5 April 1994), pp. c1–c10.

24 Ernest Seton-Thompson, *Wild Animals I have Known* (New York, 1911), p. 12.

25 Temple Grandin and Catherine Johnson, *Animals in Translation: Using the Mysteries of Autism to Decode Animal Behavior* (New York, 2005), pp. 27–68.

26 同上, p. 67.

27 我之所以認為這種可能性存在，是因為在波希

的畫作中，人物臉部表情與其所處場景很少匹配。不論是在《人間樂園》、一個村莊，還是地獄的描繪中，他筆下的大部分人物都呈現出一種茫然的神情。

28 若要取得關於格里爾的詳細發展過程，請參閱 Jurgis Baltrušaitis, *Le Moyen-Âge fantastique* (Paris, 1993).

29 Leroi-Gourham, *Treasures of Prehistoric Art*, pp. 182–6.

30 Baltrušaitis, *Le Moyen-Âge fantastique*, p. 20.

31 Mode, *Fabulous Beasts and Demons*, p. 11.

32 Janetta Rebold Benton, *The Medieval Menagerie: Animals in the Art of the Middle Ages* (New York, 1992), pp. 109–11.

33 Janetta Rebold Benton, 'Gargoyles: Animal Imagery and Artistic Individuality in Medieval Art', in *Animals in the Middle Ages: A Book of Essays*, ed. Nona C. Flores (New York, 1996), p. 147–63.

34 Michael Pastoureau, *Les Animaux célèbres* (Paris, 2008), pp. 95–7, 166–7.

35 Aelian, *On the Characteristics of Animals* [c. 200], trans. A. F. Scholfield (Cambridge, ma, 1971); Michel de Montaigne, 'Apology for Raymond Sebond', trans. Donald M. Frame, in *The Complete Essays of Montaigne* (Stanford, ca, 1959).

36 J. G. Wood, *Man and Beast: Here and Hereafter* (New York, 1875), pp. 41–2.

37 Lynn Barber, *The Heyday of Natural History*, 1820–1870 (Garden City, ny, 1980), p. 286.

38 J. G. Wood, *Illustrated Natural History* (New York, 1893).

39 我在 Google NGram Viewer 中輸入「Bigfoot」和「Sasquatch」進行相關的驗證，這個工具可以計算從 1800 年以來，在書籍中使用這些詞彙的相對使用頻率。這兩個詞在二十世紀下半葉的使用頻率大幅增加。「Bigfoot」的使用頻率在 2002 年左右達到暫時的高點，而「Sasquatch」的使用則持續急劇上升。Google Books Ngram Viewer, 2012, 網址：http://books.google.com/ngrams, 訪問日期：2012 年 4 月 24 日。

40 Amanda Petrusich, 'Howling at Nothing: A Hunt for Bigfoot', *New York Times* (22 April 2012), Travel section p. 11. 同一組織還推出電視節目 Finding Bigfoot，我有時候會看。

41 Boria Sax, *City of Ravens: London, its Tower, and its Famous Ravens* (London, 2011–12), pp. 1–89.

42 Harold A. Herzog and Shelley L. Calvin, 'Animals, Archtypes, and Popular Culture: Tales from the Tabloid Press', *Anthrozoös*, v/2 (1992).

43 Jan Harold Brunvand, *The Vanishing Hitchhiker: American Urban Legends and their Meaning* (New York, 1989), pp. 2–19, 24–46, 62–74.

第五章 真實的幻想動物

1 在 1930 年代，加拿大和美國許多報紙曾報導，英屬哥倫比亞地區的美洲原住民籠罩在一種名為「Sasquatches」的毛茸茸生物的恐懼中，他們認為這些生物是一個本已認定滅絕的原住民族群中倖存的成員，這些族群成員一直隱居於洞穴中，並開始逐漸現身。United Press, 'Hairy Tribe of Wild Men in Vancouver', *Wisconsin State Journal* (10 June 1934), p. 1.

2 David D. Gilmore, *Monsters: Evil Beings, Mythical Beasts and All Manner of Imaginary Terrors* (Amherst, ny, 2011), pp. 91–116.

3 作者不詳, *The Epic of Gilgamesh*, trans. N. K. Sandars (New York, 1970), p. 61.

4 同上, p. 63.

5 Krishna-Dwaipayana Vyasa, *The Mahabharata*, trans. Protap Chandra Roy (Calcutta, 1890), pp. 342–51.

6 Ctesias, 'Indica' [c. 400 bce], trans. J. W. McCrindle, in *The Book of Fabulous Beasts: A Treasury of Writings from Ancient Times to the Present*, ed. Joseph Nigg (New York, 1999), pp. 44–5.

7   H. Stanford London, *The Queen's Beasts* (London, 1953) 50.
8   Michael Pastoureau, *The Bear: History of a Fallen King*, trans. George Holoch (Cambridge, ma, 2007), pp. 1–184.
9   同上, p. 146.
10 London, *The Queen's Beasts*, p. 18; Michael Pastoureau, *Les Animaux célèbres* (Paris, 2008), pp. 140–50.
11 Vladimir Propp, 'Folklore and Literature', trans. Adriana Y. Martin and Richard P. Martin, in *The Classic Fairy Tales*, ed. Maria Tatar (New York, 1999), p. 379.
12 Stith Thompson, *Motif-Index of Folk Literature: A Classification of Narrative Elements in Folktales, Ballads, Myths, Fables, Mediaeval Romances, Exempla, Fabliaux, Jest-Books and Local Legends*, revd edn (Bloomington, in, 1958).
13 Jorge Luis Borges and Margarita Guerrero, *The Book of Imaginary Beings*, trans. Peter Sis (New York, 2005), pp. 153–6.

第六章 怪物

1   Lucian Boia, *Entre l'ange et la bête: Le Mythe de l'homme différent de l'Antiquité à nos jours* (Paris, 1995), pp. 13–25.
2   Rudolf Otto, *The Idea of the Holy*, trans. John W. Harvey (New York, 1958), pp. 1–40.
3   Mary Douglas, *Purity and Danger: An Analysis of the Concepts of Pollution and Taboo* (New York, 2002), pp. 42–58.
4   Stephen T. Asma, *On Monsters: An Unnatural History of Our Worst Fears* (New York, 2009).
5   Paul A. Trout, *Deadly Powers: Animal Predators and the Mythic Imagination* (Amherst, ny, 2011).
6   David Attenborough, *The First Eden: The Mediterranean World and Man* (Boston, ma, 1987), pp. 68–71.
7   Timothy K. Beal, *Religion and Its Monsters* (New York, 2002), p. 79.
8   Jurgis Baltrušaitis, *Le Moyen-Âge fantastique* (Paris, 1993), pp. 154–75.
9   Stefano Zuffi, *Angels and Demons in Art*, trans. Rosanna M. Giammanco Frongia (Los Angeles, 2003), p. 248.
10 Lorenzo Lorenzi, *Devils in Art: Florence from the Middle Ages to the Renaissance*, trans. Mark Roberts (Florence, 2006), pp. 26, 150.
11 關於波希的一些批判性理論（但並非全部），請參閱 Roger H. Marijnissen and Peter Ruyffelaere, *Hieronymous Bosch: The Complete Works* (Antwep, 1987).
12 Bettina Bildhauer and Robert Mills, 'Introduction: Conceptualizing the Monstrous', in *The Mostrous Middle Ages, ed. Bildhauer and Mills* (Toronto, 2003), pp. 1–27.
13 Joscelyn Godwin, *Arktos: The Polar Myth in Science, Symbolism, and Nazi Survival* (Kempton, il, 1996), p. 49.
14 關於美露莘傳說的詳細摘要報告與討論，請參閱 Boria Sax, *The Serpent and the Swan: Animal Brides in Folkore and Literature* (Knoxville, tn, 1998), pp. 81–97, 238–45.
15 Jean D'Arras, *Mélusine: Roman du xive siècle* [1394] (Dijon, 1932)，關於該傳說的討論，請參閱 Sax, *The Serpent and the Swan*, pp. 81–112, 238–45.
16 Jacob Grimm and Wilhelm Grimm, *The Complete Fairy Tales of the Brothers Grimm*, trans. Jack Zipes (New York, 1987), tale 108.
17 Apollodorus, *The Library of Greek Mythology*, trans. Robin Hard (New York, 1997), pp. 97–8, 136–40. 在希臘羅馬文化中，有許多其他關於這個故事的紀載，內容大致上差不多，只有少數細節不同。例如，阿波羅多洛斯（Apollodorus）描述忒修斯是用拳頭而不是更常見的劍來殺死牛頭怪。
18 Michael Pastoureau, *Les Animaux célèbres* (Paris, 2008), pp. 38–48.

19 Pliny, *Natural History: A Selection*, trans. John F. Healy (New York, 1991), book 8, section 78.
20 Alexander Neckam, *De naturis rerum* [c. 1180], ed. Thomas Wright (London, 1863), chap. 75.
21 Boria Sax, 'The Basilisk and Rattlesnake; or, a European Monster Comes to America', *Society and Animals*, ii/1 (1994), p. 7.
22 同上, pp. 7–14.
23 想知道熱沃當事件的詳細資訊、文化背景、死亡案件的可能原因以及人們從中受到的啟發，請參閱 Jay M. Smith, *Monsters of the Gévaudan: The Making of a Beast* (Cambridge, ma, 2011).

第七章 珍奇異獸

1 Walt Whitman, *The Complete Poems*, ed. Francis Murphy (New York, 2005), section 31, l. 669.
2 St Adamnan, 'The Life of St Columba', trans. Alan Orr Anderson and Marjorie Ogilvie Anderson, in *The Book of Fabulous Beasts: A Treasury of Writings from Ancient Times to the Present*, ed. Joseph Nigg (New York, 1999), pp. 147–8.
3 Helen Waddell, *Beasts and Saints* (New York, 1995), pp. 20–21.
4 Patrick F. Houlihan, *The Animal World of the Pharaohs* (New York, 1996), pp. 1–2.
5 Dorothea Arnold, *An Egyptian Bestiary* (New York, 1995), p. 4.
6 Mary Elizabeth Thurston, *The Lost History of the Canine Race: Our 15,000-Year Love Affair with Dogs* (New York, 1996), pp. 59–65.
7 Rudolf Wittkower, *Allegory and the Migration of Symbols* (New York, 1977), pp. 46–7.
8 Paul B Courtright, *Ganes'a: Lord of Obstacles, Lord of Beginnings* (New York, 1985), p. 3.
9 Wu Ch'êng-ên, *Monkey* [c. 1582], trans. Arthur Waley (New York, 1970), Preface.
10 Wu Ch'êng-ên, *Journey to the West* [c. 1582], trans. Anthony C. Yu (Chicago, 1977), vol. iv, chap. 49.
11 Roel Sterckx, *The Animal and the Daemon in Early China* (Albany, ny, 2002), p. 110.
12 Harald Gebhardt and Mario Ludwig, *Von Drachen, Yetis und Vampiren: Fabeltier auf der Spur* (Munich, 2005), p. 47.
13 Sterckx, *The Animal and the Daemon*, p. 287.
14 Andrea Aromatico, *Alchemy: The Great Secret*, trans. Jack Hawkes (New York, 2000), pp. 20–36, 98–9.
15 Jakob von Uexküll, *Umwelt und Innenwelt der Tiere* (Berlin, 1909).
16 Paracelsus, 'Liber de nymphis, slyphis, pymaeis et salamandris et de ceteris spiritibus' [c. 1540], in *Theorphrastus von Hohenheim, genannt Paracelsus, Sämptliche Werke*, ed. Karl Sudhoff (Berlin, 1933), vol. xiv, pp. 115–52.

第八章 水屬性生物

1 關於這種全球同質化及其解釋的討論，請參閱 Boria Sax, 'The Magic of Animals: European Witch Trials in the Perspective of Folklore', *Anthrozoös*, xxii/4 (2009), pp. 320–22.
2 Rachel Loxton, 'Loch Ness Monster Lessons Get the World Talking', *Herald Scotland* (24 June 2012), p. 1, 可至 www.heraldscotland.com. 查閱
3 Jeremy Black and Anthony Green, *Gods, Demons and Symbols of Ancient Mesopotamia: An Illustrated Dictionary* (Austin, tx, 1992), pp. 63–5.
4 Mircea Eliade, *Myth and Reality* (New York, 1975), p. 48.
5 Stephanie Dalley, ed., *Myths from Mesopotamia* (New York, 1992), pp. 228–77.
6 Hesiod, *Theogony / Works and Days* [750 bce], trans. M. L. West (New York, 1988), ll. 129–91.
7 同上, ll. 804–39.
8 同上, ll. 29–331.
9 關於賽德娜和其他相關的故事版本的討論，

請參閱 Jacqueline Thursby, 'Sedna: Underwater Goddess of the Artic Sea', in *Goddesses in World Culture*, ed. Patricia Monaghan (Santa Barbara, ca, 2010), vol. iii, pp. 193–204.

10. Thursby, 'Sedna: Underwater Goddess of the Arctic Sea', pp. 197–8.
11. Dalley, ed., *Myths from Mesopotamia*, pp. 254–7.
12. Elijah Judah Schochet, *Animal Life in Jewish Tradition* (New York, 1984), pp. 28–9, 84–5.
13. 作者不詳, 'The Voyage of St Brendan' (selection), in *The Book of Fabulous Beasts: A Treasury of Writings from Ancient Times to the Present*, ed. Joseph Nigg (New York, 1999), pp. 173–4.
14. Nigg, ed., *The Book of Fabulous Beasts*, pp. 261–9.
15. 作者不詳, 'Great Sea Serpent', *The London Aegis* (7 August 1818).
16. 想了解關於大海蛇的相關目擊報告詳細資料，請參閱 J. P. O'Neil, *The Great New England Sea Serpent: An Account of Unknown Creatures Sighted by Many Respectable Persons between 1638 and the Present Day* (Camden, me, 1999).
17. Bartholomaeus Anglicus, 'On the Properties of Things' (selection), trans. Robert Steele, in *The Book of Fabulous Beasts*, ed. Nigg, p. 141.
18. Sabine Jell-Bahlsen, 'Ogbuide: The Igbo Lake Goddess', in *Goddesses in World Culture*, ed. Monaghan, vol. i, pp. 249–62.
19. John Keats, 'Lines on the Mermaid Tavern', *Golden Treasury*, ed. Francis Turner Palgrave (London, 1884), p. 114.

第九章 火屬性、風屬性生物

1. Paracelsus, 'Liber de nymphis, slyphis, pymaeis et salamandris et de ceteris spiritibus' [c. 1540], in *Theorphrastus von Hohenheim, genannt Paracelsus, Sämptliche Werke*, ed. Karl Sudhoff (Berlin, 1933), vol. xiv, pp. 127, 35, 38, 49–50.
2. 同上, pp. 127, 49–50.
3. Max Müller, 'Chips from a German Workshop' [1871], in *Peasant Customs and Savage Myths: Selections from British Folklorists*, ed. Richard M. Dorson (Chicago, il, 1968), vol. i, pp. 67, 103.
4. 作者不詳, *The Egyptian Book of the Dead*, trans. E. Wallis Budge (New York, 1995), p. 367.
5. Herodotus, *History of Herodutus*, trans. G. C. Macaulay, Sony e-book edn (London, 1890/2010), chap. 73.
6. 作者不詳, 'Bestiary: Being an English Version of the Bodelian Library, Oxford ms Bodley 64' [c. 1250], trans. Richard Barber (Woodbridge, 1999), p. 143.
7. Wallace Stevens, 'Of Mere Being', in *Selected Poems* (New York, 2011), p. 318.
8. Herodotus, *History of Herodutus*, chap. 115.
9. 作者不詳, 'The Romance of Alexander' (selection), trans. Richard Stoneman, in *The Book of Fabulous Beasts: A Treasury of Writings from Ancient Times to the Present*, ed. Joseph Nigg (New York, 1999), pp. 171–2.
10. Lewis Carroll, in *The Annotated Alice: The Definitive Edition*, ed. Martin Gardner (New York, 1999), pp. 94–9.
11. Joe Nigg, *The Book of Gryphons: A History of the Most Majestic of All Mythical Creatures* (Cambridge, ma, 1982), p. 194.
12. 作者不詳, *The Arabian Nights: Tales of 1,001 Nights*, trans. Malcolm C. Lyons (London, 2011), vol. ii, Night 556.
13. 同上, vol. iii, Night 1,001.
14. David D. Gilmore, *Monsters: Evil Beings, Mythical Beasts, and All Manner of Imaginary Terrors* (Philadelphia, pa, 2009), pp. 102–3.
15. 同上, p. 135.
16. Noriko T. Reider, *Japanese Demon Lore: Oni from Ancient Times to the Present* (Logan, ut, 2010), pp. 23–4, 51.
17. 同上, p. 17.

18　Edward Topsell, *The History of Four-Footed Beasts and Serpents and Insects* [1658] (New York, 1967), vol. ii, p. 705.

19　同上 , vol. ii, pp. 713–14.

第十章　地屬性生物

1　James Lovelock, *The Revenge of Gaia: Earth's Climate Crisis and the Fate of Humanity* (New York, 2006).

2　David Leeming and Margaret Leeming, *A Dictionary of Creation Myths* (Oxford, 1994), p. 60.

3　Paracelsus, *Paracelsus: Selected Writings*, trans. Norbert Guterman (Princeton, nj, 1979), p. 15.

4　Mircea Eliade, *Shamanism: Archaic Techniques of Ecstasy*, trans. Williard R. Trask (Princeton, nj, 1974).

5　G. M. Mullett, *Spider Woman Stories: Legends of the Hopi Indians* (Tucson, az, 1991), pp. 11–43.

6　David Attenborough, *The Private Life of Plants: A Natural History of Plant Behavior* (Princeton, nj, 1995), p. 23.

7　Natalie Angier, 'Sorry, Vegans: Brussels Sprouts Like to Live, Too', *New York Times* (21 December 2009).

8　Jurgis Baltrušaitis, *Le Moyen-Âge fantastique* (Paris, 1993), pp. 109–24.

9　同上 , pp. 109–54.

10　John Gerard, 'Herball', in *The Book of Fabulous Beasts: A Treasury of Writings from Ancient Times to the Present*, ed. Joseph Nigg (New York, 1999), pp. 270–72.

11　John Mandeville, *The Travels of Sir John Mandeville* [c. 1366] (London, 1983), chap. 29.

12　Heinz Mode, *Fabulous Beasts and Demons* (London, 1975), pp. 187–8, 97.

13　Paracelsus, *Paracelsus: Selected Writings*, p. 25.

14　Baltrušaitis, Le Moyen-Âge fantastique, p. 126.

15　關於這些傳說故事的詳細歷史記載（已出現在阿拉伯文、波斯文、中文以及西方語言的手稿中），請參閱 Baltrušaitis, *Le Moyen-Âge fantastique*, pp. 124–50.

16　作者不詳 , *The Arabian Nights: Tales of 1,001 Nights*, trans. Malcolm C. Lyons (London, 2011), vol. iii, Nights 820–39.

17　David Attenborough, *The First Eden: The Mediterranean World and Man* (Boston, ma, 1887), pp. 140–41; Mode, *Fabulous Beasts and Demons*, p. 224.

18　Ovid, *Metamporphoses*, trans. Rolfe Humphries (Bloomington, in, 1955–7), book 1, ll. 449–591.

19　Robert Kirk, *The Secret Life of Elves and Fairies* [1692], ed. John Matthews (New York, 2004), pp. 18, 80–81. 20 J.R.R. Tolkien, *The Fellowship of the Ring: Being the First Part of Lord of the Rings* (New York, 2005), book 3, chap. 4.

第十一章　變形生物

1　Viviane Baeke, 'Les Hommes et leurs "douleurs animales" : Cameroun Occidental (région des Grassfields)', in *Animal*, ed. Christiane Falgayrettes-Leveau (Paris, 2007), pp. 253–69.

2　Pedro Pitarch, *The Jaguar and the Priest: An Ethnol gra phy of Tzeltal Souls* (Austin, tx, 2010), pp. 1–5, 40–43.

3　Pliny, *Natural History: A Selection*, trans. John F. Healy (New York, 1991), book 7, chap. 174.

4　Aesop, in Joseph Jacobs, ed., *The Fables of Aesop, Selected, Told Anew* (London, 1910), pp. 180–81.

5　Plato, *The Last Days of Socrates: Euthyphro, Apology, Crito, Phaedo* [c. 399–429 bce] trans. Hugh Tredennick (New York, 1993), sections 82a–b.

6　Ovid, *Metamorphoses*, trans. Rolfe Humphries (Bloomington, in, 1955–7), book 6, ll. 1–145.

7　同上 , book 6, ll. 409–748.

8　同 上 , book 3, ll. 138–250; 同 上 , book 1, ll.

205–55.

9 王際真, *Traditional Chinese Tales* (New York, 1944), pp. 24–34.

10 Xiaofei Kang, 'Fox Lore and Worship in Late Imperial China', in *What Are the Animals to Us? Approaches from Science, Religion, Folklore, Literature, and Art*, ed. Dave Aftandilian, Marion W. Copeland and David Scofield Wilson (Knoxville, tn, 2007), p. 22.

11 Royall Tyler, ed., *Japanese Tales* (New York, 1987), tale 81.

12 Ovid, *Metamporphoses*, book 1, ll. 163–245.

13 Petronius, *Satyricon* [c. 60 ce], trans. Michael Heseltine (Cambridge, ma, 1987), sections 61–2.

14 Charles Mackay, *Extraordinary Popular Delusions and the Madness of Crowds* [1841] (New York, 2011), pp. 274–5.

15 Elizabeth de Fontenay, *Le Silence des bêtes: La Philosophie à l'épreuve de l'animalité* (Paris, 1998), pp. 684–9.

16 關於這一過程的討論，請參閱 Boria Sax, *Animals in the Third Reich: Pets, Scapegoats and the Holocaust* (New York, 2000), pp. 47–55.

17 Franz Kafka, *The Metamorphosis*, trans. Willa Muir and Edmund Muir (New York, 1987).

18 Bourke, *What It Means to be Human*, pp. 327-386.

19 關於虛擬實境的詳細討論，請參閱 Edward Castronova, *Synthetic Worlds: The Business and Culture of Online Games* (London, 2005).

第十二章　機械生物

1 J. K. Rowling, *Harry Potter Paperback Box Set, Books 1–7* (New York, 2009).

2 作者不詳, *The Arabian Nights: Tales of 1001 Nights*, trans. Malcolm C. Lyons (London, 2011), Night 294.

3 想進一步了解生物科技，特別是基因技術與操作，請參閱 Emily Anthes, *Frankenstein's Cat: Cuddling Up To Biotech's Brave New Beasts* (New York, 2013).

4 關於這些藉由模擬動物行為的相關科技的討論，請參閱 Agnès Guillot and Jean-Arcady Meyer, *How to Catch a Robot Rat: When Biology Inspires Innovation*, trans. Susan Emanuel (Cambridge, ma, 2010).

5 Guillot and Meyer, *How to Catch a Robot Rat*, pp. 134–6.

6 塔麻可吉墓園，2011。網址 http://shesdevilish.tripod.com/grave.html. 訪問日期：2011 年 8 月 15 日。

7 關於科技和電腦文化中模擬的詳細討論，請參閱 Sherry Turkle, *Life on the Screen: Identity in the Age of the Internet* (New York, 1995).

8 關於數位寵物及相關產品的詳細研究，請參閱 Sherry Turkle, *Alone Together: Why We Expect More from Technology and Less from Each Other* (New York, 2011).

9 Mark Derr, *How the Dog Became a Dog: From Wolves to Our Best Friends* (New York, 2011).

10 想獲得更多資訊，請參閱 Boria Sax, 'What Is This Quintessence of Dust? The Concept of the Human and Its Origins', in *The End of Anthropocentrism*, ed. Rob Boddice (London, 2011), pp. 21–37; Roberto Marchesini, *Post-Human: Verso nuovi modelli di esistenza* (Turin, 2002), esp. pp. 43–104, 510–50.

結論

1 David D. Gilmore, *Monsters: Evil Beings, Mythical Beasts, and All Manner of Imaginary Terrors* (Philadelphia, pa, 2009), pp. 189–94.

2 Paul A. Trout, *Deadly Powers: Animal Predators and the Mythic Imagination* (Amherst, ny, 2011), p. 176.

3 Mark Derr, *How the Dog Became a Dog: From Wolves to Our Best Friends* (New York, 2011), p. 61.

4 例如，哲學家湯姆・里根（Tom Regan）和彼得・辛格（Peter Singer）就是採取這種方法。羅伯托・馬切西尼（Roberto Marchesini）認為，這是因為無法認識到異質性或是不願賦予異質性任何重要性而起，而我認為這種觀點是正確的。Roberto Marchesini, *Post-Human: Verso nuovi modelli di esistenza* (Turin, 2002), p. 512.
5 Claude Lévi-Strauss, *Totemism, trans.* Rodney Needham (Boston, ma, 1962), p. 89.
6 Mary Oliver, 'Swans', *Evidence* (Boston, ma, 2009), pp. 2–3.

延伸閱讀

關於一般的幻想動物

以下是我推薦的幾本關於幻想動物主題的延伸閱讀書籍。當然，這個主題的相關文獻量十分龐大，以下選錄的幾本書或多或少還是會有一點我個人的偏好。在這選擇過程中，我盡量挑選過去幾十年才出版的書籍，內容包含第二手文獻，討論範圍十分廣泛。雖然其他語言寫成的學術作品非常豐富，但這次的選書都還是以英文作品為主。當然，這些書籍當中還會包含很多的延伸閱讀書目，也都可以讓讀者當作是個出發點，繼續鑽研此一主題。

Asma, Stephen T., *On Monsters: An Unnatural History of Our Worst Fears* (New York, 2009)
這本著作主要探討民間傳說、文學和電影中恐怖內容的歷史，與其中孕育出來的怪物，強調恐怖與美妙之間關係。

Beal, Timothy K., *Religion and Its Monsters* (New York, 2002)
這是一份研究，主要探討來自《聖經》和猶太基督教傳統中的怪物，像是利維坦和貝赫莫特等。

Borges, Jorge Luis, and Margarita Guerrero, *The Book of Imaginary Beings*, trans. Peter Sis (New York, 2005)
關於奇幻生物的辭典，雖然描述不甚詳細，但充滿了強烈的奇妙感。

Delacampagne, Ariane, and Christian Delacampagne, *Here Be Dragons: A Fantastic Bestiary* (Princeton, nj, 2003)
插圖精美的書，探索了人類歷史上描繪的奇幻動物，並且記錄它們在人類潛意識中傳達的訊息。

Gilmore, David D., *Monsters: Evil Beings, Mythical Beasts, and All Manner of Imaginary Terrors* (Philadelphia, pa, 2003)
本書從人類學的角度討論神話和傳說中的怪物，特別值得注意的是對美洲原住民和太平洋文化傳說的探討。

Mode, Heinz, *Fabulous Beasts and Demons* (London, 1975)
這是一部學術性很強的綜述，出版後的幾十年間被視為關於神話動物的權威之作。雖然在某些方面已顯過時，但仍然是寶貴的資訊和分析來源。

Nigg, Joseph, ed., *The Book of Fabulous Beasts: A Treasury of Writings from Ancient Times to the Present* (New York, 1999)
從《吉爾伽美什史詩》到路易斯・卡羅爾的《愛麗絲夢遊仙境》，本書全面記錄關於神話和傳說生物的主要素材。

South, Malcolm, ed., *Mythical and Fabulous Creatures: A Sourcebook and Research Guide* (New York, 1988)
一本學術著作，主要致力於追踪如獅鷲和獨角獸等神話生物的起源和歷史發展。

Wittkower, Rudolf, *Allegory and the Migration of Symbols* (New York, 1977)
一本插圖精美的經典書籍，內容詳細追蹤視覺圖案在不同文化之間的傳播過程，特別是奇幻動物的圖案，時間跨度從希羅多德時期一直到十九世紀初。

Zell-Ravenheart, Oberon, and Ash DeKirk, *A Wizard's Bestiary* (Franklin Lakes, nj, 2007)

這可能是諸多關於神話動物的百科全書中，記錄最詳盡和全面的一部。

關於特定的迷思或傳說動物

在過去幾十年中，僅與獨角獸有關的學術書籍就出版了二十幾本，但我只是想為讀者提供深入探究的跳板；因此，每種傳說動物我只提及一本，刻意避免提供過多的資料。同時，我也將範圍限縮在那些擁有神話基礎的知名生物上，雖然其中大部分生物也出現在科幻作品中。

Courtright, Paul B., *Ganes'a: Lord of Obstacles, Lord of Beginnings* (New York, 1985)

一本研究擁有人類身體以及大象頭部的印度神祇著作。

Gotfredsen, Lise, *The Unicorn*, trans. Anne Born (New York, 1999)

本書插圖精美，可能是近年來關於獨角獸在神話、傳說和藝術中的眾多歷史研究中最全面的一本。

Marigny, Jean, *Vampires: Restless Creatures of the Night*, trans. Lorry Frankl (New York, 1994)

本書囊括吸血鬼的歷史和短篇作品合集，強調其結合恐怖與情色的特點，在流行文化中激發出人們獨特的迷戀。

Nigg, Joe, *The Book of Gryphons: A History of the Most Majestic of All Mythical Creatures* (Cambridge, ma, 1982)

這部作品記錄獅鷲從古代美索不達米亞到現代的歷史內容，強調其作為一種太陽動物的重要性。

O'Neil, J. P., *The Great New England Sea Serpent: An Account of Unknown Creatures Sighted by Many Respectable Persons between 1638 and the Present Day* (Camden, me, 1999)

本書詳細探究船員對於水生怪物目擊事件的主要報告，並討論這些目擊事件的可信度。

Turkle, Sherry, *Alone Together: Why We Expect More from Technology and Less from Each Other* (New York, 2011)

本書檢視像是塔麻可吉等數位寵物對社會與個人的影響。

White, David Gordon, *Myths of the Dog-Man* (Chicago, 1991)

這是一部非常學術性的研究報告，探討中國、印度以及美國的傳說中，犬頭人的歷史，以及其作為原始或野蠻象徵的意涵。

致謝

本書所有關於《聖經》的引用內容均來自《耶路撒冷聖經》。

本書的部分內容改編自我先前所出版的內容，包含：Boria Sax, 'Metamorphoses', *Encyclopedia of Human–Animal Relationships*, 4 vols, ed. Marc Bekoff (Westport, ct, 2007), vol. iv, pp. 1056–60; Boria Sax, 'Who Patrols the Human–Animal Divide?', *The Minnesota Review*, 73–4 (2009), pp. 165–70; Boria Sax, 'Storytelling and the Information Overload', *On the Horizon*, xiv/4 (2006), pp. 165–70。

我想要特別感謝我的妻子琳達（Linda），她給我許多實用且寶貴的建議，而且大多意見都可以在本書中看到，並謝謝她協助校對這本書的手稿。她在哈德遜歷史山谷擔任歷史解說員，展示早期的手工藝和各種生活要項，因此她提供的評論不僅展現了優秀的文學素養，還反映出她對歷史的深刻洞見。

圖片來源

出自 Ulisse Aldrovandi, *Monstorum historia* (Bologna, 1642): pp. 29（左）, 47, 80, 96, 118, 125, 139, 141（下）, 143, 153; 出自 *The Arabian Nights: Tales from The Thousand and One Nights* (London, 1924): p. 198（上）; 出自 *The Arthur Rackham Fairy Book . . .* (London, 1933): p. 199; Archives du Royaume, Paris: p. 68（上）; 出自 Ludovico Ariosto, *Roland Furieux* (Paris, 1879): p. 177; 出自 *Der Bapstesel vom Rom* (Wittenberg, 1523): p. 54（右）; 出自 F. J. Bertuch, *Bilderbuch für Kinder* (Weimar, 1801): pp. 6, 52; Bibliothèque Nationale, Paris: pp. 40, 134; British Library, London: pp. 26, 194; British Museum, London: pp. 137, 138, 86, 188; Chateau d'Angers, France: p. 105; Detroit Institute of Arts: p. 129; 出自 Hans Egede, *The New Survey of Old Greenland* (London, 1734): p. 181; Ferens Art Gallery, Hull: p. 94; from Conrad Gesner, *Historia Animalium libri i–iv. Cum iconibus. Lib. i. De quadrupedibus viviparis* (Zürich, 1551): p. 8（上）; 出自 S. G. Goodrich, *Johnson's Natural History . . .* (New York, 1867): p. 103; 出自 Philip Henry Gosse, *The Romance of Natural History* (London, 1860): p. 50; 出自 J. J. Grandville, *Un autre Monde* (Paris, 1844): pp. 30, 71, 160; 出自 J. J. Grandville, *Les Metamorphoses du Jour* (Paris, 1854): pp. 20, 124; 出自 J. J. Grandville, *Scenes de la Vie Privée et Publique des Animaux* (Paris, 1842): pp. 24, 140（右）, 142, 160, 164（左下和右下）, 247, 252, 253; Gulbenkian Museum of Oriental Arts, Durham: p. 151; 出自 Joannes Jonstonus, *A Description of the Nature of Four-Footed Beasts . . .* (London, 1678): p. 16（右）; 出自 Johann Geiler von Kaysersberg, *Die Emeis: Dis ist das Buch von der Omeissen . . .* (Strassburg, 1517): p. 231; Kunsthistorisches Museum, Vienna: p. 132; 出自 Edward William Lane, *The Thousand and One Nights: The Arabian Nights' Entertainments* (London, 1834): p. 198（下）; 出自 Andrew Lang, *The Red Romance Book* (London and New York, 1921): p. 17; 出自 Olaus Magnus, *Historia de Gentibus Septentrionalis* (Rome, 1555): p. 178; 出自 Maria Sibylla Merian, *Erucarum Ortus, Alimentum et Paradoxa Metamorphosis* (Amsterdam, 1718): p. 220; Metropolitan Museum of Art, Flanders: pp. 9, 10, 11, 12; 出自 Konrad von Megenberg, *Buch der Natur* (Augsburg, 1478): p. 54（左）; Metropolitan Museum of Art, New York: pp. 22, 107; 出自 *Monstrum in Oceano Germanica* (Rome, 1537): p. 99; 出自 Pierre Denys De Montfort, *Histoire Naturelle de Mollusces* (Paris, 1802): p. 167; Musée Condé, Chantilly: p. 111; Musée du Louvre, Paris: pp. 13, 109; Museo del Prado, Madrid: pp. 112, 114, 115, 116; National Gallery, London: p. 108; National Gallery of Art, Washington, dc: p. 226; Giovanni Battista Nazari, *Della Tramutatione metallica sogni tre . . .* (Brescia, 1599): p. 156; Österreichische Nationalbibliothek, Vienna (Handschriftensammlung, cod. min. 129, 130): pp. 216, 218; Pierpont Morgan Library & Museum, New York: p. 101; private collections: pp. 130, 141（上）, 197; 出自 J. W. Powell, ed., United States Bureau of Ethnology, *Second Annual Report*, (Washington, dc, 1880–81): p. 82; 出自 *Punch*, 6 March 1901: p. 90; 出自 Louis Renard, *Poissons, ecrivisses et crabes de diverse couleurs* (Amsterdam, 1754): p. 183; Rijksmuseum Kröller-Müller, Otterlo: p. 33; Royal Fine Arts Museum of Belgium, Brussels: p. 133; 出自 Jacob Rueff, *De conceptu et generatione hominis . . .* (Frankfurt, 1587): p. 215; 出自 *La Sainte Bible* (Tours, 1866): p. 174; San Brizio chapel, Orvieto: p. 110; Santa Marina de Carmine, Florence: p. 27; 出自 Paulus Scaliger, *Pauli Principi de la Scala primi tomi miscellaneorum, de rerum caussis & successibus atque secretiori* imaginary animals *methodo ibidem expressa, effigies ac exemplar, nimirum, vaticiniorum & imaginum Joachimi abbatis Florensis Calabriæ explanatio* (Cologne, 1570): p. 16 (左); from *Secretorum Chymicum* (Frankfurt am Main, 1687): p. 206; Sistine Chapel, Rome: p. 216; Smithsonian American Art Museum, Washington, dc: p. 175; 出自 Johan Stabius, *De Labyrintho* (Nuremberg, 1510): p. 123; Tate, London: pp. 120, 236 (© adagp, Paris and dacs, London, 2013); 出自 John Taylor, *The Devil Turn'd Round-head: or, Pluto become a Brownist . . .* (London, 1642): p. 15 (右); from Edward Topsell, *The History of Four-footed Beasts and Serpents* (London, 1658): pp. 14; Uffizi Gallery, Florence: p. 208; Victoria & Albert Museum, London: p. 162; Walker Art Gallery, Liverpool: p. 212.

國家圖書館出版品預行編目(CIP)資料

神獸、怪物與人類：想像的極致，反映人心與社會的幻想動物 / 伯利亞．薩克斯 (Boria Sax) 著；顏冠睿譯.
-- 初版 . -- 新北市：日出出版：大雁出版基地發行, 2024.10
272 面 ; 19*25 公分
譯自：Imaginary animals : the monstrous, the wondrous and the human
ISBN 978-626-7568-31-6(平裝)
1.CST: 神話 2.CST: 動物 3.CST: 妖怪 4.CST: 文化研究
298   113014485

神獸、怪物與人類
想像的極致，反映人心與社會的幻想動物

Imaginary Animals: The Monstrous, the Wondrous and the Human by Boria Sax
was first published by Reaktion Books, London 2013.
Copyright © Boria Sax 2013
This edition arranged with Reaktion Books
through BIG APPLE AGENCY, INC., LABUAN, MALAYSIA.
Traditional Chinese edition copyright:
2024 Sunrise Press, a division of AND Publishing Ltd.
All rights reserved.

作　　　者	伯利亞‧薩克斯（Boria Sax）
譯　　　者	顏冠睿
責任編輯	李明瑾
封面設計	Bianco
內頁排版	陳佩君
發 行 人	蘇拾平
總 編 輯	蘇拾平
副總編輯	王辰元
資深主編	夏于翔
主　　　編	李明瑾
行　　　銷	廖倚萱
業　　　務	王綬晨、邱紹溢、劉文雅
出　　　版	日出出版
發　　　行	大雁文化事業股份有限公司
	地址：新北市新店區北新路三段 207-3 號 5 樓
	電話：(02) 8913-1005　傳真：(02) 8913-1056
	劃撥帳號：19983379 戶名：大雁文化事業股份有限公司

初版一刷　2024 年 10 月
定　　價　800 元
版權所有‧翻印必究
ISBN 978-626-7568-31-6

Printed in Taiwan‧All Rights Reserved
本書如遇缺頁、購買時即破損等瑕疵，請寄回本社更換